■2025年度高等学校受験用

京華高等学校

収録内容一覧

★この問題集は以下の収録内容となっています。また、編集の都合上、解説、解答用紙を省略させていただいている場合もございますのでご了承ください。

（○印は収録、－印は未収録）

入試問題と解説・解答の収録内容		解答用紙
2024年度	英語・数学・国語	○
2023年度	英語・数学・国語	○
2022年度	英語・数学・国語	○
2021年度	英語・数学・国語	○
2020年度	英語・数学・国語	○
2019年度	英語・数学・国語	○

★当問題集のバックナンバーは在庫がございません。あらかじめご了承ください。

●凡例●

【英語】

≪解答≫

〔　〕　①別解

②置き換え可能な語句（なお下線は置き換える箇所が2語以上の場合）

(例) <u>I am</u>〔I'm〕glad〔happy〕to～

(　)　省略可能な言葉

≪解説≫

1, 2…　本文の段落（ただし本文が会話文の場合は話者の1つの発言）

〔　〕　置き換え可能な語句（なお〔　〕の前の下線は置き換える箇所が2語以上の場合）

(　)　①省略が可能な言葉

(例)「(数が) いくつかの」

②単語・代名詞の意味

(例)「彼（＝警察官）が叫んだ」

③言い換え可能な言葉

(例)「いやなにおいがするなべにはふたをするべきだ（＝くさいものにはふたをしろ）」

//　訳文と解説の区切り

cf.　比較・参照

≒　ほぼ同じ意味

【数学】

≪解答≫

〔　〕　別解

≪解説≫

(　)　補足的指示

(例)（右図1参照）など

〔　〕　①公式の文字部分

(例)〔長方形の面積〕＝〔縦〕×〔横〕

②面積・体積を表す場合

(例)〔立方体ABCDEFGH〕

∴　ゆえに

≒　約、およそ

【社会】

≪解答≫

〔　〕　別解

(　)　省略可能な語

____　使用を指示された語句

≪解説≫

〔　〕　別称・略称

(例) 政府開発援助〔ODA〕

(　)　①年号

(例) 壬申の乱が起きた（672年）。

②意味・補足的説明

(例) 資本収支（海外への投資など）

【理科】

≪解答≫

〔　〕　別解

(　)　省略可能な語

____　使用を指示された語句

≪解説≫

〔　〕　公式の文字部分

(　)　①単位

②補足的説明

③同義・言い換え可能な言葉

(例) カエルの子（オタマジャクシ）

≒　約、およそ

【国語】

≪解答≫

〔　〕　別解

(　)　省略してもよい言葉

____　使用を指示された語句

≪解説≫

〈　〉　課題文中の空所部分（現代語訳・通釈・書き下し文）

(　)　①引用文の指示語の内容

(例)「それ（＝過去の経験）が ～」

②選択肢の正誤を示す場合

(例)（ア，ウ…×）

③現代語訳で主語などを補った部分

(例)（女は）出てきた。

／　漢詩の書き下し文・現代語訳の改行部分

京華高等学校

所在地	〒112-8612 東京都文京区白山5-6-6
電　話	03-3946-4451（代）
ホームページ	https://www.keika.ed.jp
交通案内	都営地下鉄三田線 白山駅A1出口より徒歩３分 東京メトロ南北線 本駒込駅１番出口より徒歩８分 東京メトロ千代田線 千駄木駅団子坂出口より徒歩18分

普通科

男子

くわしい情報はホームページへ

▌応募状況

年度	募集数			受験数	合格数
2024	推薦	S特進	10名	2名	2名
		特進	40名	22名	22名
		進学		27名	26名
	一般	S特進	10名	9名	9名
		特進	40名	67名	66名
		進学		91名	64名
2023	推薦	S特進	10名	2名	2名
		特進	55名	14名	14名
		進学		42名	42名
	一般	S特進	10名	16名	16名
		特進	70名	56名	56名
		進学		65名	47名
2022	推薦	S特進	10名	6名	6名
		特進	70名	15名	15名
		進学		42名	42名
	一般	S特進	15名	20名	18名
		特進	60名	62名	60名
		進学		81名	56名

※合格数には他コース合格を含む。
他に，海外帰国生入試（帰国生特別入試・帰国生入試）あり。

▌試験科目 （参考用：2024年度入試）

A推薦：特進・進学＝作文，面接
　　　　S特進＝適性検査（国・英・数），面接
B推薦：適性検査（国・英・数），面接
一般：国語・英語・数学，面接
帰国生特別：国語・数学または英語・数学，
　　　　　　面接（受験生・保護者）
帰国生：国語・英語・数学，
　　　　面接（受験生・保護者）

編集部注―本書の内容は2024年5月現在のものであり，変更されている場合があります。正確な情報は，学校のホームページ等で必ずご確認ください。

▌本校の特色

本校は，「天下の英才を得て之を教育す」を建学の精神に掲げる。グローバル社会のリーダーたるに必要な“実行力”を身につけ，世界を舞台に活躍するたくましい男子の育成を目指している。

生徒の希望進路に対応した学習が進められるよう，以下の３つのコース制を導入している。

S特進コース：東京大学をはじめとする難関国公立大学を中心に，難関私立大学合格も目指すコース。豊富な選択授業や受験対策講座など，ハイレベルな学習プログラムが組まれている。

特進コース：国公立・難関私立大学合格を目指すコース。１年次は各教科を偏りなく学び，２年次から特進文系・特進理系に分かれて，充実したカリキュラムを展開していく。

進学コース：有名私立大学への現役合格を目指すコース。受験科目を強化する無駄のないカリキュラムで，希望進路の実現をサポートする。

▌進路状況

◎主な大学合格実績 〔2024年３月／現役のみ〕
電気通信大，千葉大，宇都宮大，高崎経済大，三条市立大，早稲田大，東京理科大，明治大，青山学院大，立教大，中央大，法政大，日本大，東洋大，獨協大，芝浦工業大，東京電機大など。

▌イベント日程 （予定）

オープンキャンパス：7/21（日），8/24（土）
高校説明会：9/22（日・祝），10/12（土），
　　　　　　11/9（土）
個別相談会：11/30（土），12/7（土），12/26（木）
※詳細は本校ホームページでご確認ください。

出題傾向と今後への対策 英語

出題内容

	2024	2023	2022
大問数	5	5	5
小問数	40	36	50
リスニング	×	×	×

◎大問数５～６題，小問数35～50問程度で，年度によって差がある。ここ数年は，長文読解２～３題と和文英訳問題が必ず出題されている。

2024年度の出題状況

1 長文読解総合―エッセー

2 長文読解総合―説明文

3 長文読解―適語選択―Ｅメール

4 書き換え―適語補充

5 和文英訳―完全記述

解答形式

2024年度	記述／マーク／併用

出題傾向

出題構成が変わる年度があるものの，難易度は変わらない。長文読解のジャンルは説明文や物語，エッセーなどさまざまで，長さは標準的である。設問は適語選択，内容真偽，文脈把握，内容一致などである。文法題は，書き換えや誤文訂正がよく見られるが，年度によって異なる。英作文は完全記述式で，ときに語数指定がある。

今後への対策

記述式なので問われた単語や構文などを正確に書く基礎力が求められる。基礎力をつけるには，まず教科書を徹底的に復習し，次に問題集を１冊決めて繰り返し解くとよい。日頃の学習で疑問が生じたら辞書や参考書で調べるか，先生に質問するなどして早く解決すること。最後に過去問を解き，時間配分や形式を確認しよう。

◆◆◆◆◆ 英語出題分野一覧表 ◆◆◆◆◆

分野			2022	2023	2024	2025予想※
音声	放送問題					
	単語の発音・アクセント					
	文の区切り・強勢・抑揚					
語彙・文法	単語の意味・綴り・関連知識		●			△
	適語(句)選択・補充			■		△
	書き換え・同意文完成		●		●	◎
	語形変化					
	用法選択					
	正誤問題・誤文訂正					
	その他					
作文	整序結合			●	●	◎
	日本語英訳	適語(句)・適文選択				
		部分・完全記述	●	●	■	◎
	条件作文					
	テーマ作文					
会話文	適文選択			●		△
	適語(句)選択・補充					
	その他					
長文読解	内容把握	主題・表題				
		内容真偽	●	■	■	◎
		内容一致・要約文完成	●	★	●	◎
		文脈・要旨把握				
		英問英答	●			△
	適語(句)選択・補充		★	●	★	◎
	適文選択・補充					
	文(章)整序			●		△
	英文・語句解釈(指示語など)		●	●	●	◎
	その他					

●印：１～５問出題，■印：６～10問出題，★印：11問以上出題。
※予想欄　◎印：出題されると思われるもの。　△印：出題されるかもしれないもの。

出題傾向と今後への対策 数学

出題内容

2024年度 作 証 グ

大問６題，20問の出題。①は小問集合で，６問。数と式の計算，方程式，平面図形からの出題。②は２個のさいころを用いた確率題２問。③は一次方程式，連立方程式の応用で，カレー店での注文数に関するもの。④は関数で，放物線と直線に関するもの。図形の知識も要する。⑤は平面図形の計量題３問。長方形と半円を題材に，円周角の定理や相似を利用するもの。⑥は空間図形の計量題３問。正四角錐を題材に，線分の長さや比，切断した立体の体積を，中点連結定理や相似などを利用して求めるもの。

2023年度 作 証 グ

大問６題，20問の出題。①は小問集合で，７問。数と式の計算，方程式，平面図形からの出題。②はさいころと五角形を利用した確率題２問。③は連立方程式の利用で，食塩水に関するもの。④は関数で，放物線と直線に関するもの。オーソドックスな問題。⑤は平面図形の計量題３問。円を題材に，円周角の定理や特別な直角三角形を利用するもの。⑥は空間図形の計量題３問。正四角錐を題材に，側面の面積や体積，線分の長さを，三平方の定理などを利用して求めるもの。

作…作図問題　証…証明問題　グ…グラフ作成問題

解答形式

2024年度　記　述／マーク／併　用

出題傾向

大問６題，設問20問の出題。①は小問集合，②は小問集合か確率，③以降は方程式の応用や関数，図形などから出題。関数は，一次関数や比例・反比例に関するものと，放物線と直線に関するもの。図形は，平面図形と空間図形。基本～標準レベルで，頻出パターンの問題が多く，ふだんの学習の成果が試される内容といえる。

今後への対策

まずは教科書や基本問題集を使って，基礎の確認を。定理や公式はきちんと覚え，活用できるようにしておこう。基礎を確認したら，標準レベルの問題集を使って少しずつ問題に慣れるようにしよう。併せて，いろいろな解法を身につけていこう。各分野から出題されているので，偏りのない学習を心がけよう。

◆◆◆◆◆ 数学出題分野一覧表 ◆◆◆◆◆

分野	年度	2022	2023	2024	2025 予想※
数と式	計算，因数分解	★	★	★	◎
	数の性質，数の表し方		●		△
	文字式の利用，等式変形				
	方程式の解法，解の利用	■	■	■	◎
	方程式の応用		■	★	◎
関数	比例・反比例，一次関数	★			△
	関数$y=ax^2$とその他の関数	★	★	★	◎
	関数の利用，図形の移動と関数				
図形	（平面）計量	★	★	★	◎
	（平面）証明，作図				
	（平面）その他				
	（空間）計量	★	★	★	◎
	（空間）頂点・辺・面，展開図				
	（空間）その他				
データの活用	場合の数，確率	■	■	■	◎
	データの分析・活用，標本調査				
その他	不等式				
	特殊・新傾向問題など				
	融合問題				

●印：１問出題，■印：２問出題，★印：３問以上出題。
※予想欄　◎印：出題されると思われるもの。　△印：出題されるかもしれないもの。

出題傾向と今後への対策　国語

出題内容

2024年度

一 小説	二 論説文
三 漢字	四 漢字

課題文

一 辻村深月『この夏の星を見る』
二 阿部真大『会社のなかの「仕事」社会のなかの「仕事」』

2023年度

一 小説	二 論説文
三 漢字	四 漢字

課題文

一 ねじめ正一『泣き虫先生』
二 山竹伸二『「認められたい」の正体』

2022年度

一 小説	二 論説文
三 漢字	四 漢字

課題文

一 水野瑠見『十四歳日和』
二 奥野一成『先生，お金持ちになるにはどうしたらいいですか？』

解答形式

2024年度	記述／マーク／併用

出題傾向

設問は，それぞれの読解問題に8問前後付されており，読解問題だけで15問程度の出題となっている。これに，毎年漢字の読み・書き取りが5問ずつ出題される。読解問題の設問には，記述式解答を要求する設問も含まれている。また，読解問題の設問の8割以上が，内容理解に関する設問となっている。

今後への対策

小説と論説文の読解問題を，重点的に勉強するとよい。大半が内容理解に関する設問なので，少しずつでよいから，基礎学力を養成するための問題集をやっていくのがよいだろう。また，40字程度の記述式解答にも慣れておく必要がある。漢字の読み書きについては，問題集で練習して，確実に得点に結びつけたい。

◆◆◆◆◆ 国語出題分野一覧表 ◆◆◆◆◆

分野		年度	2022	2023	2024	2025予想※
現代文	論説文・説明文	主題・要旨	●		●	◎
		文脈・接続語・指示語・段落関係	●	●		◎
		文章内容	●	●	●	◎
		表現	●			△
	随筆・日記・手紙	主題・要旨				
		文脈・接続語・指示語・段落関係				
		文章内容				
		表現				
		心情				
	小説	主題・要旨		●	●	◎
		文脈・接続語・指示語・段落関係				
		文章内容	●	●	●	◎
		表現	●			△
		心情	●	●	●	◎
		状況・情景				
韻文	詩	内容理解				
		形式・技法		●		△
	俳句・和歌・短歌	内容理解				
		技法				
古典	古文	古語・内容理解・現代語訳				
		古典の知識・古典文法				
	漢文	（漢詩を含む）				
国語の知識	漢字・語句	漢字	●	●	●	◎
		語句・四字熟語				
		慣用句・ことわざ・故事成語				
		熟語の構成・漢字の知識				
	文法	品詞				
		ことばの単位・文の組み立て				
		敬語・表現技法				
	文学史					
作文・文章の構成・資料					●	△
その他						

※予想欄　◎印：出題されると思われるもの。　△印：出題されるかもしれないもの。

合格を勝ち取るための

本書の使い方

本書に掲載されている過去問をご覧になって，「難しそう」と感じたかもしれません。でも，大丈夫。ほとんどの受験生が同じように感じるのです。高校入試の出題範囲は中学校の定期テストに比べて広いですし，残りの中学校生活で学ぶはずの，まだ習っていない内容からも出題されているかもしれません。

ですから，初めて本書に取り組む際には，点数を気にする必要はありません。点数は本番で取れればいいのです。

過去問で重要なのは「間違えること」です。自分の弱点を知るために，過去問に取り組むのです。当然，間違った問題をそのままにしておいては意味がありません。

本書には，長年にわたって高校受験に関わってきたベテランスタッフによる詳細な解説がついています。間違えた問題は重点的に解説を読み，何度も解きなおしてください。時にはもう一度，教科書で復習するのもよいでしょう。

別冊として，抜き取って使える解答用紙を収録しました。表示してあるように拡大コピーをとれば，実際の入試と同じ条件で，何度でも過去問に取り組むことができます。特に記述問題では解答欄の大きさがヒントになる場合があります。そうした，本番で使える受験テクニックの練習ができるのも，本書の強みです。

前のページにある「出題傾向と今後への対策」もよく読んで，本校の出題傾向に慣れておきましょう。

2024年度 京華高等学校

【英　語】（50分）〈満点：100点〉

1　次の英文を読んで，後の問いに答えなさい。

"I am not a key!" Sometimes I tell my students this while waving my keys around dramatically, hoping they'll remember. Some do, but some will inevitably keep writing my name as Key, not Kay, all through the *semester. I'm used to this, and though it doesn't especially bother me, it does make me wonder about Japanese attitudes toward spelling English words.

I'm the first to admit how difficult English spelling is, and katakana doesn't make it any easier. There's no doubt about ①that. I also admit that sometimes I enjoy the mistakes that students make. I laugh every time someone writes "in my dairy life" (　②　) "daily life." I always imagine the writer getting up early to milk the cows and clean the barn. Another favorite is "Please give her a massage" rather than "a message." If we gave a massage every time we *were supposed to give a message, there would be a lot fewer people around with stiff backs and shoulders.

But seriously, I do sometimes wonder whether spelling is considered important or not in the English language classroom in Japan. When I was an elementary school student, spelling was one of my favorite subjects. We had spelling tests and spelling bees (contests) every week. (　③　), I can still remember the feel of the pages and the smell of my old spelling textbook. Back then, we were taught that good spelling was essential for good writing. And that same lesson was taught all the way through college and even afterwards. (　④　), I was always told, if you make spelling mistakes on your resume or cover letter, don't expect to get the job. (　⑤　), your writing, which includes spelling, makes a strong first impression and says something about your character and reliability.

I imagine the same thing is true about written Japanese. Writing the wrong kanji or writing the right one incorrectly would probably not make a good impression and might even keep you from getting into a certain school or company.

But if that's true, if Japanese share that same value in their own language, why are English words so often misspelled in Japan? The most obvious example is in business and advertising, and sometimes the mistake is very dramatic. Anyone who knows or likes English has probably noticed this. You'll see a big sign on a hotel that reads "Liver Hotel" (　②　) "River Hotel." Is this a hotel for recovering alcoholics (give your liver a rest!)? Of course it makes us laugh, but on another level it is sloppy English.

In fact, this was an actual example that came up in a recent discussion among writers and editors of English working in Japan. People were asking, how can this happen? If a company spends a lot of money to create a slogan or a big sign in English, why don't they at least make sure it's correct first? Some people suggested that English used in Japanese advertising is simply decoration. It's written for Japanese people, not native English speakers, so as long as the message ⑥gets across, nobody cares whether it's "good" English or not.

Maybe it's true that most Japanese don't even think of these signs and slogans as real English. But I still worry about the influence this kind of public sloppiness might have on how people learn English in Japan. If Japanese are constantly surrounded by images of strange English, they may, perhaps unconsciously, start to believe that spelling and *accuracy really don't matter. But, ⑦<u>at least in the real English world, they surely do.</u>

（注） semester 学期 be supposed to～ ～しようとしている accuracy 正確さ

１．下線部①が指す内容を具体的に日本語で説明しなさい。

２．空欄②～⑤に入る最も適切なものをそれぞれ下から選び，ア～エの記号で答えなさい。ただし，同じ記号を２度使ってはならず，文頭の語も小文字になっている。

ア．for example　イ．in other words　ウ．believe it or not　エ．instead of

３．下線部⑥の意味として最も適切なものを下から選び，ア～エの記号で答えなさい。

ア．横断する　イ．理解される　ウ．怒らせる　エ．学習する

４．下線部⑦の英文を日本文にしなさい。ただし，do の内容を明らかにすること。

５．次の英文の内容が本文中に述べられていればＴ，そうでなければＦと答えなさい。

(1) The author's students sometimes spell author's name wrong at first, and some of them keep doing it during the semester.

(2) The author can't stand students' spelling mistakes anymore.

(3) The author believes that spelling mistakes have a strong influence on people's first impression.

(4) Japanese companies spend a lot of money to pay special attention to spelling mistakes.

２ 次の英文を読んで，後の問いに答えなさい。

Many people rush to the nearest convenience store when it starts raining suddenly. They buy plastic umbrellas that sell for around 500 yen. But there is now a service that allows us to stay dry more economically and is friendlier to the environment.

Japan has the largest number of umbrellas per person globally, at 3.3, while the global average is 2.4. About 130 million umbrellas are sold in Japan every year. More than 60 percent of them are plastic umbrellas. Most of them are thrown away in less than six months.

We can reduce waste and save energy by using fewer plastic umbrellas. A company called Nature Innovation Group has started an umbrella-sharing service called iKasa. The name sounds like a Japanese word that means "sharing an umbrella." If you download an app on your smartphone, you can rent an umbrella for 70 yen per day. There are iKasa spots at stations and in *commercial facilities and office buildings. The app tells you the nearest iKasa spot where you can pick up or return an umbrella. You can return an umbrella to the spot where you picked it up or another location.

The umbrellas used for this service are more eco-friendly than ordinary plastic umbrellas. They are durable and can be used repeatedly. Some parts of the umbrellas are made of recycled material. By encouraging sharing, iKasa reduces waste and CO_2 emissions. Each time you use the service, you can cut 692 grams of CO_2 emissions.

JR railways operators support iKasa. They say the service <u>［of / to / the / helps / cost / lower / keeping］</u> and disposing of the thousands of umbrellas left on trains and in stations every year.

（注） commercial facilities 商業施設

１．本文の内容に合うように，次の英文中の空欄に入る最も適切なものをそれぞれ下から選び，ア～エの記号で答えなさい。

(1) Japanese people have (　　　) umbrellas per person on average, which is the largest number in the world.

ア．2.4　　イ．3.3　　ウ．5.0　　エ．5.7

(2) Most of the plastic umbrellas are thrown away within (　　　).

ア．three months　　イ．half a year　　ウ．nine months　　エ．a year

2．下線部の[　]内の語を，意味が通るように並べかえなさい。

3．本文の内容に合うように，下の英文の[　]内の語(句)を並べかえなさい。ただし，解答用紙には[　]内のみ記入すること。

Using iKasa is both [economical / than / and eco-friendly / buying / more] a plastic umbrella at a store.

4．次の日本文の内容が本文中に述べられていればT，そうでなければFと答えなさい。

(1) ビニール傘の60%がプラスチックごみとして捨てられる。

(2) 利用者は傘を借りた「アイカサスポット」と別の場所に傘を返却することもできる。

(3) アイカサはリサイクルした素材から作られているので，壊れやすく，頻繁に交換する必要がある。

(4) アイカサを1回使うと，500g以上の二酸化炭素の排出量削減に貢献できる。

3　次のEメールの空欄に入る最も適切なものを語群から選び，必要があれば適切な形に直して答えなさい。ただし，どの語も2度使ってはならない。

From : Ken Yamaguchi
To : Alice Smith
Date : July 20, 2023　8:00
Subject : My birthday present !

Hi, Alice,
I'm very happy !　Last night, my father (①) home and (②) me a birthday present.　It was a white puppy (③) big ears.　Her name is Koro.　You have a dog in Australia, right ?　Do you want to (④) with my puppy today ?　You can (⑤) your bike to my house.
Ken

From : Alice Smith
To : Ken Yamaguchi
Date : July 20, 2023　8:30
Subject : Wow !

Hi, Ken,
That's a great present.　I just (⑥) up, so I need to take a shower.　I'll come after that.　My host mother will (⑦) me to your house (⑧) car.　She (⑨) to see your puppy, too.　I was sad because my dog is so far (⑩).　But I feel better now.　Thank you.
See you soon,
Alice

語群　[give / away / want / by / ride / get / play / come / with / take]

4 次の各組の英文が同じ内容になるように，空欄に入る最も適切な語を答えなさい。ただし，解答用紙には(　)内のみ記入すること。

1．Last year it snowed a lot in Tokyo.
Last year we had (　　) snow in Tokyo.

2．Please turn on the light.
I would like (　　) to turn on the light.

3．I bought an English book yesterday.
I bought a book (　　) in English yesterday.

4．I couldn't study because I was very tired.
I was (　　) tired to study.

5．Ken is a math teacher at this school.
Ken (　　) math at this school.

5 次の日本文を英文にしなさい。

1．そこで撮った写真を見せてください。
2．クミ(Kumi)の家に何回行ったことがありますか。
3．その知らせは私を幸せにした。
4．あなたの家族で誰が一番早起きですか。
5．トム(Tom)はその時，何をしていましたか。
6．私は何か新しいことがしたかった。

【数　学】（50分）〈満点：100点〉

（注意）１．答えに根号が含まれるときは，根号の中はできるだけ小さい自然数にしなさい。
また，分母に根号が含まれるときは，分母に根号を含まない形にしなさい。
２．答えが分数になるときは，それ以上約分できない形にしなさい。
３．円周率はπとします。
４．コンパス，分度器，定規，計算機は使用できません。

1　次の各問いに答えよ。

(1)　$-3^2+\{2\div(-9)\times(-3)^4-2\}\div(-5)$ を計算せよ。

(2)　$(-2ab^2)^3\times\dfrac{1}{9}a^4b^2\div\left(-\dfrac{2}{3}a^3b^3\right)^2$ を計算せよ。

(3)　連立方程式 $\begin{cases}\dfrac{2}{3}x-\dfrac{3-2y}{6}=-\dfrac{1}{6}\\ -4(0.1x-0.1)-0.6y=1.8\end{cases}$ を解け。

(4)　$\dfrac{\sqrt{8}+3\sqrt{6}}{\sqrt{3}}-\sqrt{54}-\dfrac{4-\sqrt{12}}{\sqrt{2}}$ を計算せよ。

(5)　２次方程式 $(x-1)(x+2)+x=2(1-x)(1+x)$ を解け。

(6)　下の図で，$l\,/\!/\,m$，AB＝ACのとき，$\angle x$の大きさを求めよ。

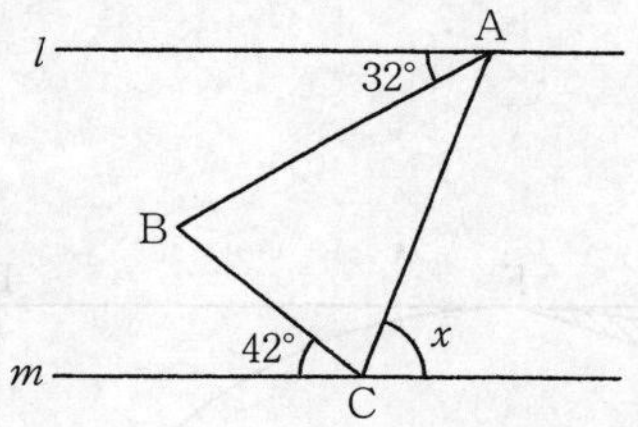

2　大小２個のさいころを投げて，大きいさいころの出た目の数をa，小さいさいころの出た目の数をbとするとき，次の各問いに答えよ。

(1)　abが３の倍数になる確率を求めよ。

(2)　$\dfrac{b}{a}$が素数になる確率を求めよ。

3　次の表は，あるカレー店のランチタイムの注文数を８日間調べ，前日より多いときはその差を正の数，少ないときはその差を負の数で表したものである。この８日間では，１日目から４日目までの注文数の合計と５日目から８日目までの注文数の合計が等しく，８日間の注文数の中央値は100皿だった。

日	1日目	2日目	3日目	4日目	5日目	6日目	7日目	8日目
前日との差(皿)		+16	−13	+6	−11	A	−4	+5

(1)　Aに当てはまる数を求めよ。

(2)　１日目の注文数を求めよ。

(3)　このカレー店は，ランチタイムに600円のチキンカレーと800円のカツカレーだけを提供している。ランチタイムの売上高を調べたところ，１日目と８日目の売上高は等しかった。また，１日目のチキンカレーの売上高と８日目のカツカレーの売上高も等しかった。１日目のチキンカレーの注文数を求めよ。

4　下の図のように，放物線 $y=x^2$……①上に，x 座標がそれぞれ -4，2，6 である3点A，B，Cがある。点Dは線分AC上にあり，△AOCと四角形AOBDの面積は等しい。線分BDと線分OCの交点をEとして，次の各問いに答えよ。

(1)　直線BCの式を求めよ。

(2)　点Dの座標を求めよ。

(3)　四角形AOEDの面積を求めよ。

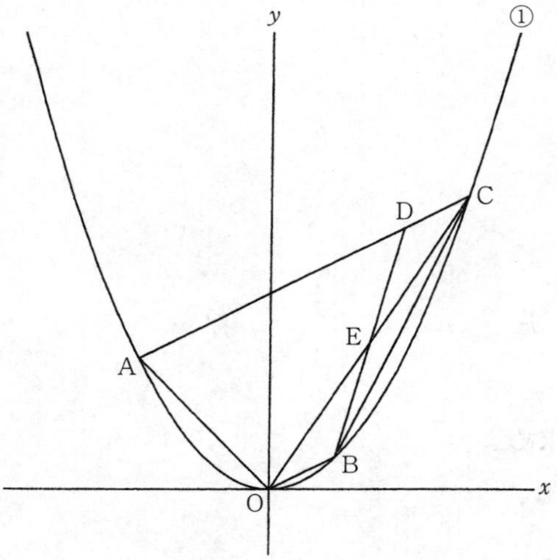

5　右の図のように，AB＝1cm，BC＝2cmの長方形ABCDにBCを直径とする半円が重なっている。辺BCの中点をE，辺ADの中点をF，対角線ACと半円のC以外の交点をGとするとき，次の各問いに答えよ。

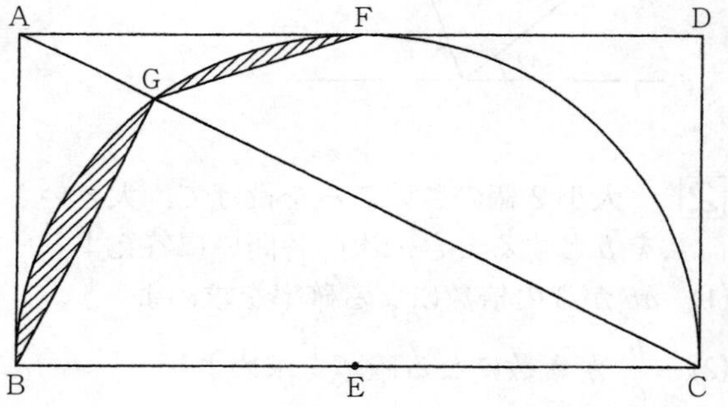

(1)　弦BGの長さを求めよ。

(2)　△BEGの面積を求めよ。

(3)　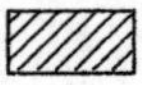の部分の面積の和を求めよ。

6　右の図のような，すべての辺の長さが12cmである正四角錐O-ABCDがある。辺OB，ODの中点をそれぞれP，Qとし，3点A，P，Qを通る平面でこの正四角錐を切断する。3点A，P，Qを通る平面と辺OCとの交点をRとして，次の各問いに答えよ。

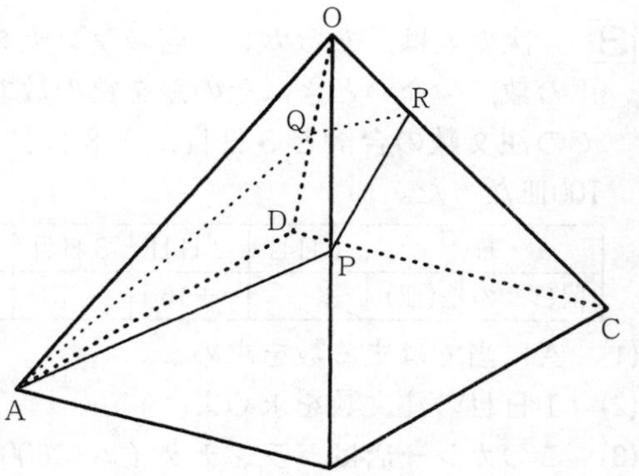

(1)　PQの長さを求めよ。

(2)　OR：RCを最も簡単な整数の比で答えよ。

(3)　四角錐O-APRQの体積を求めよ。

相手の興味関心や影響力を分析すること。

(2)「『健全な根回し』を行う能力」に必要なこととして適当なものを三つ選び、符号で答えなさい。

ア　相手の立場になってものごとを客観的に捉えること。

イ　相手が望む答えを瞬時に生み出す創造力を常に養うこと。

ウ　社内の良好な人間関係の構築に日々気を配ること。

エ　自分が意思決定者になったときのために経営視点を養うこと。

オ　相手の反応に合わせてその場で対応を考えること。

カ　相手の反応を想定したうえで備えること。

5．――線部4「地獄の中のパラダイス」とはどのような状態ですか。三十五字以内で答えなさい。

6．X～Zにあてはまる言葉として適当なものを本文の展開に沿ってそれぞれ選び、符号で答えなさい。

X　ア　短期的な承認への欲求
　　イ　個人より優先される組織・集団
　　ウ　研究にはない学務のやりがいの健全さ

Y　ア　組織の複雑なダイナミズム
　　イ　「やりがい搾取」への落胆
　　ウ　組織内能力の向上と学務のゲーム性

Z　ア　承認を得るまでに必要な積み重ね
　　イ　職場内での威信の高さ
　　ウ　研究への評価と威信の関係性

7．この文章の表現の説明として最も適当なものを選び、符号で答えなさい。

ア　〰〰線部Ⅰ「なぜ、研究を忘れて学務に夢中になってしまうのか」という問題提起が、研究を疎《おろそ》かにしてしまう大学教員がいる理由について論を展開する契機となっている。

イ　〰〰線部Ⅱ「私の例をひとつ挙げましょう」と具体例を挙げることによって、研究には周りの人の協力が必要で自分一人では成功しないということを読者が理解しやすくなっている。

ウ　〰〰線部Ⅲ「『ありがとう（ございます）』『おつかれさま（です）』」と一部を省略した表現を用いることによって、同僚からの好感を得る効果が学務にはあることを読者がイメージしやすくなっている。

エ　〰〰線部Ⅳ「アメリカの作家、レベッカ・ソルニット」の言葉を引用することで、学務には研究とは違って他者からの評価をあげられる魅力があるという筆者の主張が読者に強く印象づけられている。

三

次の①～⑤の――線部の漢字の読みを、それぞれひらがなで答えなさい。

① 人心を掌握する。

② 不粋な質問。

③ 仕事を委嘱される。

④ 大きな荷物を携える。

⑤ 新たな任地へと赴く。

四

次の①～⑤の――線部のカタカナを、それぞれ漢字に直しなさい。

① コンメイする政局。

② 皆様のごジンリョクに感謝します。

③ 船がアンショウに乗り上げる。

④ 灯油のオロシネが上がった。

⑤ 委員会にハカる議題。

力が引き出され、[D]にがんじがらめになっているときでも、自由な創案を発揮できるようになる。地獄の中に作られたこういったパラダイスは、わたしたちが何を欲していて、わたしたちが何者になれるかを教えてくれる。（Solnit 2009＝2020：467―468）

組織人にとって、自らの「強さや創造力」を発揮する最大のチャンスは、組織の非常時におとずれます。そこでリーダーシップをとり、危機を切り抜けることができれば、その人の職場での威信は一気に高まるでしょう（こうした危機が連続的に続くような職場にあっては、その威信は一層高まります）。

もちろん、研究においても、大なり小なり、危機的な状況は現れます。しかしそれは個人的な問題です。個人的な問題である以上、そこでいかにうまく乗り切っていたとしても、研究仲間の間での評価は上がれど、組織内のインフォーマルな集団における評価にはそれほど影響を及ぼすことはありません。しかし、学務は違います。職場の危機は共有された集団的なものであり、そこでは、集団の凝集性は一気に高まります。こうした、職場内での学務ができる人の威信の高さも、学務をすることの魅力のひとつとなっていると考えられます。

（阿部真大『会社のなかの「仕事」社会のなかの「仕事」　資本主義経済下の職業の考え方』による）

1．[A]～[D]にあてはまる言葉として適当なものをそれぞれ選び、符号で答えなさい。

ア　スキル　　イ　オリジナリティ
ウ　スタンス　エ　コミュニティ

2．――線部1「こういった状況」の内容を示したものが本文の表1・2である。表1・2から読み取れることとしてあてはまるものには○、そうでないものには×をそれぞれつけなさい。

ア　職階級が高いほど、1週間のなかで会議・委員会・その他の業務に費やす時間の割合は増加する傾向にあり、授業や研究に費やす時間の割合は減少する傾向にある。

イ　1週間当たりの授業と研究に費やす時間を比べると平均時間は同程度であるが、最も時間が長い層と短い層の割合はそれぞれ研究のほうが高い。

ウ　大学教員の業務で最も精神的負担が少ないものは委員会であり、次に負担が少ないものは会議であるという点はどの職階級にもあてはまる。

3．――線部2に「研究者としての承認欲求を満たすというのは、そう簡単ではありません」とありますが、その理由としてあてはまらないものを選び、符号で答えなさい。

ア　研究の流行の転換点はわかりにくいため、研究内容が急に全く評価されないものになることがあるから。

イ　研究は権威ある他者が主観的に審査を行うため、自らが望むような結果とはならないおそれがあるから。

ウ　研究は学務に比べて、自分が行った行為の量と周りからの評価や承認の量が比例するものではないから。

エ　研究は学務に比べて、長期的な積み重ねが必要になるうえに確実な成功が保証されているわけではないから。

4．――線部3「『健全な根回し』を行う能力」について、次の(1)・(2)の問いに答えなさい。

(1)　「健全な根回し」の説明としてあてはまらないものを選び、符号で答えなさい。

ア　最終的な意思決定者にたどり着けるようにするために、自らの持つ人脈をうまく活用すること。

イ　実際に現場を動かすために、最終的な意思決定者だけでなく現場の人たちへも協力をあおぐこと。

ウ　相手に協力してもらうために、自分の考えよりも相手の気持ちや立場を最優先して行動すること。

エ　価値観の違いを踏まえて調整をスムーズに進めるために、

が重要となる。（引用者による要約）

②　人脈を駆使してキーパーソンにたどりつく…最終的な意思決定者にいきなりに根回しすることは困難なことが多い。そのため、その人にたどり着く道筋をおさえ、人脈の連鎖で、梃子《てこ》の力を効かせた根回しをしなくてはならない。（同上）

③　相手の感情や面子に配慮する…人間には感情があるので、正論を理路整然と説明すれば、相手は納得するというわけではない。根回しの際には、相手の気持ちや立場を配慮することが重要である。また、相手の面子もつぶさないことにも注意しなくてはならない。（同上）

④　「下・横・斜め」の根回しもする…キーパーソンに対しては根回しが成功したとしても、現場で反対する人がいて動かないということもある。最終的に実行することまでを考えるのであれば、上だけではなく「下、横、斜め」と、複数の方向性での根回しをする必要がある。（同上）

そして、「健全な根回しが上手な人の特徴」として、以下の三つを挙げ、「これらは、付け焼刃でどうにかなる［C］ではないので、日ごろから意識して取り組み、身につけておきましょう」と指摘します。

特徴①　相手の立場になって考えられる…相手の気持ちを動かすためには、「相手に対して思いやりを持つこと」、そして「相手の立場をどのくらい想像できるか」が大事です。交渉相手の多くは、自分よりも上の立場の人です。そのような人の立場が想像できるよう、日ごろから経営視点を養うための勉強をしておきましょう。

特徴②　先を見通す力がある…根回しが上手な人は、「相手にこのような説明をしたら、こう反論されるのではないか？」「このような反応をするのではないか？」など、予測しシミュレーションする能力にも長《た》けています。

特徴③　社内に味方を作っておく…相手からすでに良い感情を抱いてもらえていたら、交渉もぐっとスムーズに進みます。また、キーパーソンを探す際にも、情報提供や紹介をしてもらえるかもしれません。社内の良好な人間関係構築にも日ごろから気を配っておきましょう。

こうした能力が必要とされる学務は、「分析力と人脈と根回し」を賭けたゲームであり、それは、研究とはまったく異なるタイプの「やりがい」を与えてくれるものなのです。

こうしたゲームは、特に、組織の危機の際にやりがいのあるものとなります。組織のなかにいれば、大なり小なり、危機的な状況が現れるものです。職場全体が「これにどうやって対応しようか」とザワザワする。そんなときにスッと現れ、組織人としての経験で培ってきた人脈や分析力、根回し力をもって解決するなんてことがあれば、そのゲームの勝者の威信は、平常時の何割増しにもなります。

Ⅳアメリカの作家、レベッカ・ソルニットは、災害などの非常時にこそ、人々の結束力が強まり、集団が活性化すると指摘しています。

災害は、世の中がどんなふうに変われるか――あの希望の力強さ、気前の良さ、あの結束の固さ――を浮き彫りにする。相互扶助がもともとわたしたちの中にある原理であり、市民社会が舞台の袖で出番を待つ何かであることを教えてくれる。…（中略）…

〝[4]地獄の中のパラダイス〟は即興的に作られる。わたしたちはそれを状況に即して作り、その過程で、わたしたちの強さや創造も挙げられている通り、承認欲求というのは、人間の基本的な欲求のひとつです。しかし、2研究者としての承認欲求を満たすというのは、そう簡単ではありません。

研究というのは、膨大な先行研究を踏まえた上で、そこに自分のわずかながらの［　B　］を付け加える作業です。とても時間がかかります。まず、その先行研究をたどっていくだけで、とても時間がかかります。それを踏まえて調査をして自分なりの知見を導き出すのに時間がかかり、それを論文（著書）として執筆するのに時間がかかり、その論文（著書）が世に出たところで、それが学界で評価されるかどうかは分からない。別の研究者が自分の論文（著書）を引用し、その人の論文（著書）を発表してはじめて、自分の研究の社会的評価が分かるのです。このように、ひとつの研究が評価されるまでには、長い長い時間がかかります。

Ⅱ私の例をひとつ挙げましょう。「やりがい搾取」という言葉につながったバイク便ライダーに関する研究は、２００３年にバイク便ライダーの経験から構想を練り始め参与観察調査をし、２００５年に論文にまとめて専門誌に掲載、２００６年に書籍化され、２００７年に本田由紀が「やりがいの搾取」というかたちで、私の研究を引用しつつ、議論を一歩前に進めてくれました（第1章で引用した本田（2008）のもととなった論文です）。構想から評価までおよそ5年かかっています。しかも、これはかなりスムーズな例だと思います。私自身、色々と苦労して書いたのに誰にも引用されない論文（著書）もたくさんあります。とにかく、研究というのは、はじめてから承認を得るまでにとても時間のかかる仕事なのです。

一方で、学務はやればやるだけ確実に感謝されるし、承認も得られます。研究のように、必死に時間をかけてやったのに、誰にも相手にされないなんてこともありません。やればやるだけ、Ⅲ「ありがとう（ございます）」「おつかれさま（です）」と、職員にも同僚にも言われます。

研究においては、確実な成功は保証されていません。いつ学界のトレンドが変わるか分からないし、一夜にしてこれまでの研究の積み重ねが無に帰することもあります。しかし、学務は、やればやるだけ感謝されます。私自身、「研究は裏切ることもあるが、学務は裏切らない（ぜ）」と、本気で思ったことさえあるくらいです。

つまり、学務は、確実に、短期的に仕事を通じた承認欲求を満たすことができるのです。

学務は（しばしば誤解されるように）単純な事務作業だけではありません。それは、かなり高度な、人間関係や組織内の調整を必要とする作業も含みます。学内の組織図を頭に入れ、学則を覚え、構成員の所属と名前、人間関係を整理し、大学全体の組織の動きのダイナミズムを体得し、さらにそれらを自分なりに組み合わせて、都度都度、問題を解決していかなくてはならないのです。だからこそ、その能力はどこまでも向上していくもので、遂行する者の「向上心」を満たすものでもあります。

その能力は、経営学者の田久保善彦の言う3「健全な根回し」を行う能力に近いものです（田久保 2021）。

田久保は、会社のなかで成果を上げるためには、①「1人で完結する仕事は限られている」、②「それゆえ、他者に協力を仰ぎ動いてもらわなければならない」、③「他者に動いてもらうためには、相応の準備をしなければならない」の三つのポイントを認識することが大切で、特に三つ目のポイント「事前準備＝根回し」の重要性を指摘しています。

田久保は、根回しを成功させるために、以下の四つのポイントを挙げています。

① ステークホルダー（交渉相手）の分析をする…関係者が多様な場合には、「目標」「価値観」「見解」の違いが、意見の違いをもたらす。こうした場合、「微妙な」調整が必要不可欠となってくる。対象となる事柄に対し、関係者がどのような興味関心を持っているか、または影響力を持っているかを、冷静に分析すること

二　次の文章を読んで、あとの問いに答えなさい。

1こういった状況に対して、「教員にまわす事務仕事を減らす」というのが、第一にとられるべき対策でしょう。ただし、教員のなかには、研究より学務をしたがっている教員も少なからず存在するため、ことはそう簡単には運びません。事務仕事というのは、その量が現場の裁量で増えたり減ったりするものです。仕事を複雑にして増やそうとすればいくらでも増やせるものだし、ある程度、その量を減らすことも可能です。同じ仕事を振られたとしても、学務をやりたい教員の担当になればその量は増えるだろうし、学務を抑えたい教員の担当になれば、その量は減るでしょう(その影響は、まわりの同僚にも及びます)。つまり、「教員にまわす事務仕事を減らす」という解決策は、現場の教員の仕事への［A］によって、うまくいかないリスクもあるのです。

本当に大学教員の学務の時間を減らし、研究の時間を増やしたいならば、なぜ、研究より学務をやりたがる大学教員がいるのかを考えなくてはなりません。そこまで踏み込まないと、この問題は解決しません。

では、この問題に「理解社会学」の視点を取り入れて考えてみましょう。Iなぜ、研究を忘れて学務に夢中になってしまうのか。それを「理解」するためには、学務に夢中になる人の「主観的世界」に注目する必要があります。

ここでは、自分自身の経験をもとに、理解社会学的な分析のための「仮説」の構築をしていきます。それを通じて、大学教員がなぜ学務にハマってしまうのか、考えてみましょう。

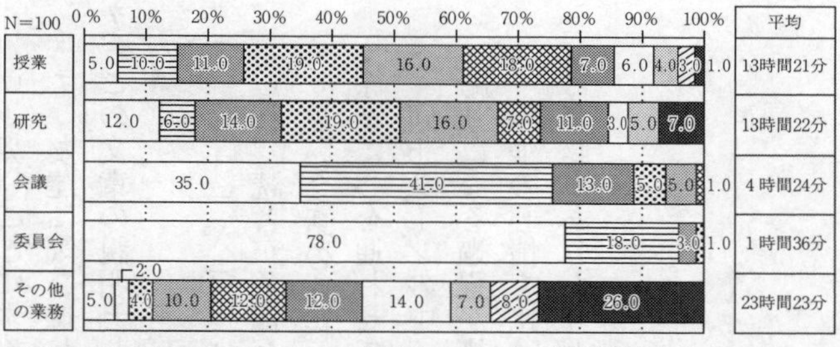

表1　大学教員が1週間当たりの各業務に費やす時間の割合
出典)「教育と研究の充実に資する大学運営業務の効率化と教職協働の実態調査」より作成

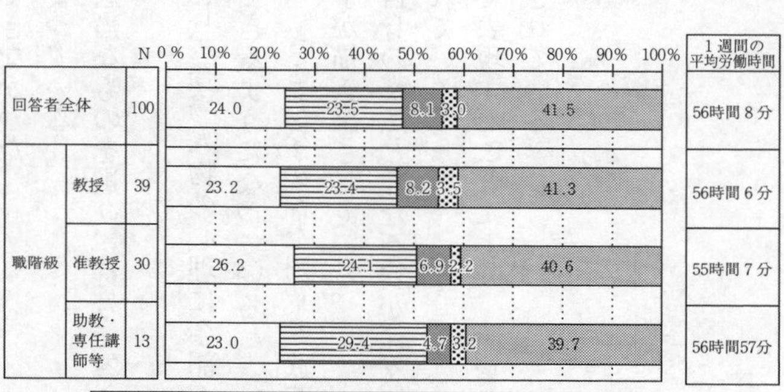

表2　1週間当たりの各業務に費やす時間の割合(職階級別)
出典)「教育と研究の充実に資する大学運営業務の効率化と教職協働の実態調査」より作成

私が考える、大学教員が研究よりも学務に夢中になる要因は以下の三つです。

1. ［X］
2. ［Y］
3. ［Z］

以下、それぞれについて、見ていきたいと思います。

まずは、仕事における「承認」の問題です。

心理学者のマズローが5段階の欲求として提示する「生理的欲求」「安全の欲求」「社会的欲求／所属と愛の欲求」「承認の欲求」「自己実現の欲求」(Maslow　1970＝1987：55－72)のひとつとして

ことに気づき、強くショックを受けている。

エ　一番の大親友であると感じていた小春が、コロナを言い訳に嘘を並べて学校においても自分との関わりを断とうとしていることを知り、強くショックを受けている。

5. 〰〰線部X「あー、わかった」から〰〰線部Y「高い場所から急に下を覗き込んだ時のような、足が竦む感覚があった」までの円華の説明として最も適当なものを選び、符号で答えなさい。

ア　はじめは小春との関係はいつでも修復できると思っていたが、小春の家族のことを考えると修復しない方が良いということに気づき、自分の置かれている立場を自覚し、自分の孤独を受け入れようとしている。

イ　はじめは自分と距離を置こうとする小春を恨めしく思っていたが、次第に自分の犯した罪に気づき、自分が周囲の人間に避けられている現状に納得し、今後の生活に大きな不安を感じている。

ウ　はじめは小春からの申し出に傷つくと同時に避けられていることに対する不満を感じていたが、次第に周囲の人間から自分がどのように見られているのかを理解し、自身の孤立を強く感じている。

エ　はじめは小春や小春の家族を責めることはできないと考えていたが、周囲の人間にも同様に警戒されていることに気づき、抜け出すことのできない苦しみを感じ、終わりの来ない孤独に絶望している。

6. ══線部「胸の真ん中がずくん、と痛くなる」について、授業の中で次のように【ノート】をまとめました。【ノート】中の［Ⅰ］・［Ⅱ］にあてはまる言葉をそれぞれ二十五字以内で答えなさい。また［Ⅲ］にあてはまる言葉として最も適当なものを選び、符号で答えなさい。

【ノート】

●武藤との会話における円華の心情

「胸の真ん中がずくん、と痛くなる」

【理由】

①［　Ⅰ　］ことを再認識したから

②［　Ⅱ　］ことを初めて知ったから

③［　Ⅲ　］から

［Ⅲ］

ア　小春の言葉を思い出した

イ　武藤の発言に悪気がない

ウ　笑いごとにすることができなかった

エ　友達に気を遣わせてしまっている

7. この文章の説明として最も適当なものを選び、符号で答えなさい。

ア「――」や「……」を多用し、登場人物の心理に余韻が与えられ、読者が多様な解釈ができるようになっている。

イ　短い会話の連続によって、ぎこちなかった円華と武藤が、徐々に心を通わせていく様子が描き出されている。

ウ　回想シーンの中で、円華自身の漠然とした不安が徐々に浮き彫りになる過程が描き出されている。

エ　円華の心情を比喩によって表現することにより、円華の抱える葛藤がありありと描き出されている。

休業するか、お客さんからの予約を取り続けるか。祖父母も両親も葛藤していた。円華には悟られまいとしていたようだったけれど、円華が自分の部屋に引き上げると、大人が皆で話し合っている気配を感じた。消毒用のアルコールがなかなか手に入らなくて、どこか販売しているサイトがないか、円華も両親と一緒に探した。お客さんが安心して来られるようにって。

そういうことの葛藤の全部を、円華も見ていた。

休業を選ばず、営業し続ける選択をした家族のことを、円華もできる限り応援したいと思ったけれど、家族の間でも、話さないこと、聞けないことがだんだん増えていった。たとえば、泊まりに来たお客さんが、どこから来た人なのか。これまでは、何気なく両親に聞けていたけれど、今は構えないと聞けない。両親も、必要以上に明かさない。

――今だけ、ほんと、ごめん。

また、小春の声が蘇《よみがえ》る。

今だけ、というその「今」は、いったいいつまで続くのだろうか。

（辻村深月『この夏の星を見る』による）

1．――線部1に「一度帰ったら、またこっちに来るの、大変になるかなって思って」とありますが、その理由を円華はどのように考えていますか。最も適当なものを選び、符号で答えなさい。

ア　感染拡大地域と呼ばれる場所に行った留学生がまた五島に戻ってくることは、島民たちにとってさらなる感染拡大という懸念を生み、歓迎することができないから。

イ　島外から閉鎖的な環境の中にウイルスが持ち込まれてしまうことに対して、五島に戻ってくる留学生だけでなく島民も不安な思いを抱いているから。

ウ　感染拡大地域と呼ばれているような場所から戻ってきた留学生は、通学以外の外出に大きな制限が生まれ、寮での窮屈な生活を強いられてしまうから。

エ　島内での感染を恐れて一時的に帰宅してしまった留学生の多くは、自分が島に戻ることによって、島民を感染させてしまうのではないかという危機感を募らせているから。

2．――線部2に「頬が、かっと熱くなる」とありますが、このときの円華の説明として最も適当なものを選び、符号で答えなさい。

ア　不意に泣いていたことを指摘され、立て続けに無神経な質問を並べる武藤に対して気まずさを覚えると同時に、どのように答えたらいいか分からずに戸惑っている。

イ　不意に泣いていたことを指摘され、武藤が真剣に悩みを解決しようとしているにも関わらず、嘘《うそ》をついてやり過ごそうとした自分の行動を恥ずかしく思っている。

ウ　不意に泣いていたことを指摘され、武藤に涙を見られたことを恥ずかしく思い、この後の学校生活でどう振る舞えば良いか分からずに戸惑っている。

エ　不意に泣いていたことを指摘され、気まずさからうやむやにしようとしたが、武藤の言葉や様子から自分の泣いている理由を見透かされているような気がして恥ずかしく思っている。

3．――線部3「小春の言い分」を円華はどのようなことだと考えていますか。端的に表している部分をひと続きの二文で探し、初めの五字を抜き出しなさい。

4．――線部4に「体の芯が一瞬で冷たくなっていく」とありますが、このときの円華の説明として最も適当なものを選び、符号で答えなさい。

ア　家族ぐるみの付き合いがあり親友であると信じていた小春が、漠然とした不安から周囲の目を気にして自分を遠ざけようとしていることに気づき、強くショックを受けている。

イ　幼なじみであり親友と疑うことのなかった小春が、家族との会話の中で自分や家族、旅館のことを悪く言っているということを知り、強くショックを受けている。

ウ　小学校からの友人で部活も同じ小春が、自分との関係以上に家族の事情を優先して自分から距離を置く冷たい人間だという嘘《うそ》でしょ？と思った。頼むから、そんな理由からじゃないって否定してほしい。だけど、小春は話し終えると、それ以上は何も言わずに円華の方をただ見た。その目を見て、4体の芯が一瞬で冷たくなっていく。

小春とは、小学校からずっと一緒だ。中学から吹奏楽部なのも一緒。

小春の家のおばさんやおじさんとも小さな頃から顔見知りだし、おじいちゃんやおばあちゃんにだって会えば挨拶してきた。家にも何度も遊びに行って、ごはんだってご馳走《ちそう》になったことのある小春の家の食卓やリビングを思い出したら、その中で、自分のことが——自分の家族や旅館のことがどう話題にされたのか、まざまざと想像できてしまって、何も言えなくなった。

「Xあー、わかった」

どうしてそんなふうに言ってしまったのかわからない。傷ついてることを悟られまいとそうしたんだと気づくと同時に、あ、私、傷ついたのか、と気づく。

小春は何度も「ごめんね」と謝っていた。

「ほんと、ごめん。帰ってるとこさえ見られなかったら、学校では喋《しゃべ》っても大丈夫だから。今だけ、ほんと、ごめん」

「あ、うん」

「じゃ、先に行くね」

去っていく小春に、吹奏楽部の別の女子が駆け寄っていく。二人が何か話し、肩を並べて同じ速度で歩き始めるのを見た瞬間、円華はなるべくさりげないふうを装いながら、近くのトイレに駆け込んだ。二人がこっちを振り向きもせずに行ってしまうのも胸が苦しかったし、こちらを向いて意識されるのもそれ以上に嫌だった。

小春の姉が働いている「施設」とは、高齢者が入居する介護施設のことだ。島は、人口に対して、医療や介護に従事する人の割合がとても高い。テレビでこのところさかんに言われる「医療従事者」の言葉が、今更のように胸を締めつける。小春の姉は、特に気をつけていて、家族みんなが大皿の料理を一緒につつくようなことすら今はできずにいるのだと、そういえば少し前に聞いていた。

そっか、私、嫌がられてるのか。大好きな、小春の家のおばさんやお姉ちゃんたちから、警戒されてるのか。

誰にも、自分の姿を見られたくなかった。顔を伏せるようにして校門を出て、足元を睨《にら》むようにしながら家までの道を急いだ。誰も円華のことなど見ていない、気にしていない、と言い聞かせても、心臓がすごく大きく鳴っていて、足にぎこちない力が入るのを止められなかった。

小春の声が、耳の奥で響き続けていた。

——帰ってるとこさえ見られなかったら、学校では喋っても大丈夫だから。

なんだそれ、と思う。

学校ならいいけど、帰り道は一緒にいられない。家族や、周りの目が気になるから。そう突きつけられて、明日からも教室で普通に小春と笑顔で接することができるとは到底思えなかった。別の子と一緒に帰る小春の背中。他の子とは一緒に帰れても、円華はダメ。それって。

差別じゃないか——。

差別、という言葉の大きさに、思ってしまった後から気持ちが怯《ひる》む。Y高い場所から急に下を覗《のぞ》き込んだ時のような、足が竦《すく》む感覚があった。

円華の家がやっているつばき旅館は、小さいが、曽祖父《そうそふ》の代から続いている古い旅館だ。そして、コロナのあれこれが騒がれ始めてだいぶ減ってしまったけれど、今も、それまでと変わらずにお客さんを泊めている。そのほとんどが島外のお客さんだ。長崎市内や福岡など九州本土からの人が多いけれど、中には、東京や大阪から泊まりに来る人もいる。うちを気に入って、東京から毎年来ている常連さんのひとりは、リモートワークになって出社しなくても仕事ができるようになったから、と確かに今も長期で滞在しているようだ。

「ひょっとして、泣いてました？　佐々野さん」
　武藤の顔を凝視したまま――動けなくなる。
咄嗟《とっさ》に思ったのは、なんで敬語？　ということだった。さっきまで普通にタメ口だったのに、急に。
　答えに詰まる円華の前で、武藤がさらに言った。
「さっき、そんなふうに見えたから」
　気づいたとしても、面と向かってそういうこと聞くかな？　と思う。だから声をかけてくれたのか、と妙に納得はしたけど、気まずかった。ひとりになりたくてここに来た、なんて意味深な答え方をしてしまったことも、改めて後悔する。
「別に、吹奏楽の最後の大会がなくなったから感傷に浸ってた、とかじゃないよ。確かに寂しいし、悔しいけど、そういうんじゃなくて」
「うん。でも、誰かに何か言われたのかなって思って」
2頬が、かっと熱くなる。武藤の視線は曇りなく、どこまでもまっすぐだった。
「……なんで」
か細い声が出る。武藤が円華に横顔を向け、椿《つばき》のステンドグラスの天主堂のすぐ下――旅館や、寮の建物が並ぶあたりを見つめる。
「寮に住んでる、小山ってわかる？　弓道部の。あいつもオレと同じで、休校の時もずっと地元戻らずにこっちにいたんだけど、そいつが学校行ったら、昨日、聞かれたって言ってたから。――つばき旅館、島の外から来た客を泊めてるみたいだけど、近くに住んでて大丈夫かって」
　胸の真ん中がずくん、と痛くなる。あ、やっぱり、そんなふうに言われてるんだ、とわかっていたはずなのに、それでもショックを受けてしまう。思わず、「あのさ……」と声が出た。
「それ、普通、本人に言う？　私が知らなかったらどうするつもりなの？　武藤くんの今の話で初めて知ったんだったら、すごい傷つくよ」
「でも、じゃあ、どうなの？」
　武藤の声は笑っていなかった。円華は少しでも笑いごとにしたくて、呆《あき》れたように半笑いで言ったのに、真剣な顔でただじっと円華を見ている。
「知ってるの？　そんなふうに言われてること」
「……知ってるよ」
　観念して頷くと、空の青さが沁《し》みるようにまた目の奥が痛んだ。あわてて唇を引き結び、首を振る。
「知ってる。こんな時なのにまだ客を泊めてるのかって、うちが、周りから相当思われてそうなこと。さすがに、小山くんたちがそんなとばっちりを受けてるってことまでは、想像もしてなかったけど」
　立地が近いというだけの理由で寮の子たちまでそんなふうに言われるのだとすれば、3小春の言い分は、やはり仕方がないのかもしれない。
　学校が再開され、いつも通り、円華は今日、幼馴《おさなな》染《じ》みの福田小春と下校しようとした。そんなに長い距離じゃないけれど、校門から並んで出て、小春の家の近くの分かれ道まで一緒に歩くのは、二人にとってはいつものことだった。
　だけど放課後になって、言われたのだ。
「ごめん、円華。しばらく、別々に帰ってもいい？」
　どうしてか、最初は全然わからなかった。だから、純粋に「え？」と口にすると、小春が少しだけ早口になった。
「円華と一緒に帰ってるところ見て、うちのおじいちゃんとかおばあちゃんがちょっと心配になったみたいで。ほら、うちら、話しながら帰ってるから、マスクしてても、距離が近くて心配なんだって。お母さんとかも、うちのお姉ちゃんが施設で働いてることもあって、気になったみたい」
　心配になったみたい、気になったみたい、というそれが、何を「気にして」のことなのか、円華にもだんだんわかってきた。でも、

二〇二四年度 京華高等学校

【国　語】〈五〇分〉〈満点：一〇〇点〉

一　次の文章を読んで、あとの問いに答えなさい。

新型コロナウイルスの流行は、三月の最初あたりまでは、気をつけるように、と言われても、どこか遠くの、自分たちには関係のない出来事だという気がしていた。けれど、三月半ばに、五島とは別の島で最初の感染者が確認されてからは、一気に緊張の度合いが上がった気がする。島なのだから、外から入ってこない限りは大丈夫——それまではそう思っていたものが、限られた生活環境の中だからこそ、一度ウイルスが持ち込まれたら本当に大変なことになると今ではみんなが危機感を募らせている。

ランニングの途中で、気まぐれに声をかけてきたであろう武藤は、すぐにここからいなくなると思ったのに、日陰のない浜の前で、「あちー」とかシャツの首元をつまんで扇《あお》いだりしながら、立ち去る様子がない。話すこともなくて、だけど、二人でいるのも気まずくて、つい、円華の口から、もうひとつ、声が出た。

「武藤くんは、帰らなかったんだね」

呟《つぶや》くように言うと、武藤が無言で円華を見つめ返してきた。大きく、くっきりとした瞳に気圧《けお》され、円華がさらに尋ねる。

「留学の子たち、結構みんな、地元に帰ったって聞いたから。来月とか、戻ってくる子もいるみたいだけど」

武藤が無感動な様子で「ああ」と頷《うなず》いた。

「1一度帰ったら、またこっちに来るの、大変になるかなって思って」

「ああ——」

今度は円華が頷く番だった。一度島の外に帰ってしまったら、今度は来るのが大変になる。それは、寮に住む他の留学生たちも今まさに悩んでいるかもしれないことだった。旅館のすぐ裏に寮があるから、円華の母は寮母さんともよく話すのだ。だから、母に聞いた。

寮の子たちは、さまざまな場所から五島に来ている。東京とか、テレビで感染拡大地域と呼ばれているような場所に一度帰ってしまった子たちは、気も遣うかもしれない。島民にも、そこに戻る生徒にも、どちらにもきっと不安はある。

武藤がまた、あちー、と呟いて、額の汗を拭う。ついでのように続けた。

「だけど、オレも、今いるじいちゃんとばあちゃんの家は出て、寮の方に移るかも。学校再開されたし、じいちゃんたち高齢だから、ちょっと心配で。だからオレ、今、家でもマスクなんだ」

「そうなんだ」

「うん」

相槌《あいづち》を打つのが精一杯だった。だけど、本当は気になっていた。武藤は野球に専念するために五島に留学してきたのかもしれないけれど、今は部活もできないし、夏の大会だってどうなるかわからない。武藤は、推薦での大学進学を目指している、と聞いたことがあるけれど、高校最後の大会がなくなってしまったら、それはどうなるのだろう。うちの高校の野球部は甲子園に出るような強いチームではないけれど、学校も休校になって満足に人と会えない中で、高齢な夫婦との生活は退屈しなかったんだろうか、どうして帰らなかったんだろう。

「佐々野さんは、吹奏楽部だよね？」

「あ、うん」

またちょっと驚く。名前に続き、まさか部活まで知られているなんて本当に想定外だ。

「吹奏楽部も、今年は大会みたいなのはないの？」

「うん」

「そっか。——あのさ」

「うん？」

英語解答

1
1 (例)英語のスペルは難しく，カタカナによって簡単になるわけではないこと。
2 ②…エ ③…ウ ④…ア ⑤…イ
3 イ
4 (例)少なくとも現実の英語の世界では，それらは確かに重要なものである。
5 (1)…T (2)…F (3)…T (4)…F

2
1 (1)…イ (2)…イ
2 helps to lower the cost of keeping
3 more economical and eco-friendly than buying
4 (1)…F (2)…T (3)…F (4)…T

3
① came ② gave ③ with ④ play ⑤ ride ⑥ got ⑦ take ⑧ by ⑨ wants ⑩ away

4
1 much 2 you
3 written 4 too
5 teaches

5
1 (例)Show me the pictures you took there.
2 (例)How many times have you been to Kumi's house?
3 (例)The news made me happy.
4 (例)Who gets up the earliest in your family?
5 (例)What was Tom doing then?
6 (例)I wanted to do something new.

1〔長文読解総合―エッセー〕

≪全訳≫❶「私はカギじゃありません！」 ときどき私は，生徒が覚えてくれることを願って，カギを大げさに振り回しながらこう言うことがある。何人かは覚えてくれるだろうが，何人かはその学期を通して，否応なしに私の名前をKayではなくKeyと書き続けるだろう。私はこれには慣れているし，特に気にはならないが，英単語のスペルに対する日本人の姿勢には疑問を感じている。❷英語のスペルがいかに難しく，それはカタカナによって簡単にはならないものだ，ということを私は真っ先に認める。それは間違いない。ときには生徒が犯した間違いを楽しむことがあるとも認める。誰かが「日常(daily)生活」の代わりに「私の酪農(dairy)生活において」と書くたびに笑ってしまう。いつも，それを書いた人が牛の乳を搾《しぼ》り，牛舎を掃除するために早起きしているところを想像してしまうのだ。もう1つ好きなのは，「メッセージ(message)」ではなく「彼女にマッサージ(massage)をしてあげて」というものだ。もし私たちがメッセージを送ろうとするたびにマッサージをしてあげていたら，背中や肩が凝っている人は周りにもっと少なくなるだろう。❸しかし真面目な話，日本の英語の授業でスペルは重要視されているのだろうかと，疑問に思うことがある。小学生の頃，スペリングは好きな教科の1つだった。毎週，スペリングのテストとコンテストがあった。信じようが信じまいが，私は今でも，古いスペリングの教科書のページの感触やにおいを思い出せる。昔，私たちは，良い文章を書くためには，正しいスペルが不可欠だと教えられた。大学を通してずっと，またその後も，その同じ教訓を教えられた。例えば，履歴書やカバーレターでスペルミスをしたら，その仕事を得ることは期待するなといつも言われた。言い換えれば，スペルミスを含む文章は強い第一印象を与えるし，あなたの人柄や信頼性を物語るのだ。❹日本語を書くのにも同じことが当てはまると思う。間違った漢字を書いたり，正しい漢字でも間違った使い方をしたりすると，おそらく良い印象は与えないし，特定の学校や会社に入れなくなるかもしれない。❺しかし，もしそれが本当なら，もし日本人が自国語でその同じ価値観を共有しているのなら，なぜ日本ではこれほど頻繁に英語のスペルミスが起きるのだろうか？　最も顕著な例はビジネスや広告におけるもので，ときにその間違いは非常に劇的なものである。英語を知っている人や英語が好きな人ならたぶん誰でも，これに気づいたことがある。「River Hotel(川のホテル)」の代わりに「Liver Hotel(肝臓のホテル)」と書かれたホテルの大きな看板を見かけるだろう。これは回復中のアルコール中毒者のための(肝臓を休ませるための！)ホテルなのだろうか？　もちろんそれは私たちを笑わせるが，別のレベルでは，これは雑な英語なのだ。❻実際これは，日本で働く英語のライターや編集者の間で最近議論になった実例である。人々は，どうすればこんなことが起きるのかと尋ねていた。企業が大金を使って英語のスローガンや大きな看板をつくる場合，最初に少なくともそれが正しいかを確認しないのだろうか？　日本の広告で使われている英語は単に飾りだという人もいた。それは英語のネイティブスピーカーではなく日本人向けに書かれたものなのだから，メッセージさえ伝われば，それが「正しい」英語であろうとなかろうと，誰も気にしないのだ。❼たぶん，ほとんどの日本人がこれらの看板やスローガンを本物の英語だと思いさえしないというのは本当だろう。しかし私は，この種の公共のだらしなさが日本の人々の英語の学び方に与える影響について心配している。常に奇妙な英語のイメージに囲まれていたら，日本人はおそらく無意識のうちに，スペルや正確さがたいして重要なことではないと思い始めるかもしれない。しかし，少なくとも現実の英語の世界では，それらは確かに重要なものである。

1＜指示語＞直前の文の how difficult ～ any easier を指しているので，これをまとめる。

2＜適語句選択＞②２か所とも，空欄の後に正しいスペル，空欄の前に間違ったスペルが示されているので，instead of ～「～の代わりに」が適切。　③believe it or not「信じようが信じまいが」　このitは直後の内容を指している。　④直後の内容は，直前で述べた「大学在学中，また卒業後も同じ教訓を教わった」ことの例になっているので，for example「例えば」が適切。⑤直後の内容は直前の文の言い換えになっているので，in other words「言い換えれば」が適切。

3＜語句解釈＞message「メッセージ」という主語に対応する動詞句の意味として，「理解される」が適切。　get across「理解される，通じる」

4＜英文和訳＞do は直前の文の matter を指している。　at least「少なくとも」　surely「確かに」　matter「重要である」

5＜内容真偽＞(1)「筆者の生徒たちは最初は筆者の名前のスペルを間違えることがあり，そのうちの何人かはその学期の間，間違い続ける」…○　第１段落第３文に一致する。　(2)「筆者はもはや生徒のスペルミスに耐えられない」…×　第２段落第３文参照。　(3)「筆者は，スペルミスが人の第一印象に強い影響を与えると信じている」…○　第３段落最終文に一致する。　(4)「日本の企業はスペルミスに特別な注意を払うために多くのお金を費やしている」…×　第６段落第３文参照。

2 〔長文読解総合─説明文〕

≪全訳≫❶突然雨が降り始めたとき，多くの人々が，慌てて近くのコンビニに駆け込む。彼らは500円くらいで売られているビニール傘を買うのだ。しかし今では，もっと経済的に雨にぬれずにいられて，より環境に優しいサービスがある。❷日本は１人当たりの傘の本数が世界最大で3.3本だが，世界平均は2.4本だ。日本では毎年，約１億3000万本の傘が売られている。そのうちの60％以上がビニール傘だ。そのほとんどが，６か月もたたないうちに捨てられてしまう。❸ビニール傘の使用を減らすことでゴミを減らし，エネルギーを節約することができる。ネイチャー・イノベーション・グループという会社が，アイカサという傘のシェアリングサービスを始めた。その名の響きは，「傘を共有する」という意味の日本語に似ている。スマートフォンにアプリをダウンロードすれば，１日70円で傘を借りることができる。駅や商業施設，オフィスビルに，アイカサスポットがある。アプリは，傘の受け取りと返却ができる最寄りのアイカサスポットを教えてくれる。傘は受け取った場所でも別の場所でも返却することができる。❹このサービスで使用される傘は，普通のビニール傘よりも環境に優しい。それらは丈夫で，繰り返し使える。傘の一部はリサイクル素材でできている。アイカサは共有を促すことによりゴミを減らし，二酸化炭素排出量を削減している。このサービスを利用するたびに，二酸化炭素排出量を692グラム削減できるのだ。❺JR線の事業者はアイカサをサポートしている。彼らはこのサービスが，毎年車内や駅に忘れられる何千本もの傘を保管したり捨てたりする費用を減らすのに役立つといっている。

１＜内容一致＞⑴「日本人は１人当たり平均(　　)本の傘を持っており，それは世界最大の数だ」―イ.「3.3」　第２段落第１文参照。　⑵「ビニール傘の大半が，(　　)以内に捨てられる」―イ.「半年」　第２段落最終文参照。

２＜整序結合＞They say の後ろには that「～ということ」が省略されており，the service が主語で，その後ろに動詞が続く文をつくることになる。動詞には helps を使い，これを‘help to＋動詞の原形’「～するのを助ける」の形で用いて helps to lower とする。この lower は「～を下げる」という動詞で，目的語として the cost of keeping「～を保管する費用」を続ける。keeping は and の後ろの disposing of とともに，the thousands of umbrellas を目的語にとっている。

３＜整序結合＞語群中の more や than から，比較級の文になるとわかる。‘both *A* and *B*’「*A* も *B* もどちらも」の形を使って比較級を more economical and eco-friendly と並べ，残った語を than buying と続ける。できた文は「アイカサを使うことは，店でビニール傘を買うことよりも，経済的で環境に優しい」という意味。

４＜内容真偽＞⑴…×　このような記述はない。　⑵…○　第３段落最終文に一致する。　⑶…×　第４段落第１～３文参照。　⑷…○　第４段落最終文に一致する。

3〔長文読解―適語選択・語形変化―Ｅメール〕

≪全訳≫送信者：山口ケン／宛先：アリス・スミス／日付：2023年７月20日8:00／件名：誕生日プレゼント！／やあ，アリス。／僕はとてもうれしいんだ！　昨夜，お父さんが帰ってきて，僕に誕生日プレゼントをくれたのさ。大きな耳の白い子イヌだったよ。名前はコロっていうんだ。君はオーストラリアでイヌを飼っているんだよね？　今日，僕の子イヌと遊びたい？　僕の家まで自転車に乗ってくればいいよ。／ケンより

送信者：アリス・スミス／宛先：山口ケン／日付：2023年７月20日8:30／件名：わあ！／こんにちは，ケン。／すばらしいプレゼントね。ちょうど起きたところだから，シャワーを浴びなくちゃ。その後に行くね。ホストマザーがあなたの家まで車で連れていってくれるの。彼女もあなたの子イヌに会いたがっているわ。私のイヌは遠く離れた所にいるから，寂しかったな。でも，今は元気よ。ありがとう。／じゃあね。／アリスより

＜解説＞① come home で「帰宅する」。「昨夜」という過去の話なので，過去形にする。　come－came－come　② ‘give＋人＋物’で「〈人〉に〈物〉をあげる」。①と同様，過去形が適切。　give－gave－given　③ with には「～を持っている，～がついた」という‘所有’の意味がある。　④ ‘want to＋動詞の原形’で「～したい」。「遊ぶ」という意味の play が適切。　⑤ ‘ride a bike to＋場所’で「〈場所〉まで自転車に乗っていく」。助動詞の can の後ろなので，原形のままでよい。　⑥ get up で「起きる」。「ちょうど起きたところ」という意味になる過去形が適切。　get－got－got　⑦ ‘take＋人＋to＋場所’で「〈人〉を〈場所〉まで連れていく」。助動詞の will の後ろなので，原

形のままでよい。　⑧‘by＋乗り物’で，「～で，～を使って」と‘交通手段’を表せる。　⑨‘want to＋動詞の原形’で「～したい」。主語が３人称単数のshe で現在の内容なので，動詞にはｓがつく。　⑩ far away「遠く離れて」

4〔書き換え―適語補充〕

１．「去年は東京でたくさん雪が降った」　snow は‘数えられない名詞’なので，「たくさんの」と表すときはmuch を使う。

２．「電気をつけてください」→「私はあなたに電気をつけてもらいたい」‘would like＋人＋to＋動詞の原形’で「〈人〉に～してもらいたい」を表せる。

３．「私は昨日，英語の本を買った」→「私は昨日，英語で書かれた本を買った」　過去分詞には，受け身の意味のまとまりをつくるはたらき(過去分詞の形容詞的用法)があるので，a book の後ろに過去分詞のwritten を続けて「英語で書かれた本」とする。　write－wrote－written

４．「私はとても疲れていたので，勉強できなかった」→「私はあまりに疲れていて，勉強できなかった」‘too ～ to …’で「…するには～すぎる，～すぎて…できない」を表せる。

５．「ケンはこの学校の数学の先生だ」→「ケンはこの学校で数学を教えている」　teach「～を教える」という動詞を使って書き換える。主語が３人称単数で現在の文なので，teaches とする。

5〔和文英訳―完全記述〕

１．「〈人〉に〈物〉を見せる」を‘show＋人＋物’の形で表し，Show me the pictures「(私に)写真を見せてください」と始めることが考えられる。「そこで撮った」は「そこで撮られた」と読み換え，taken there や which〔that〕 were taken there などとすればよい。あるいは，「あなたがそこで撮った」と考え，(which〔that〕) you took there と表すこともできる。

２．「何回」はHow many times やHow often で，「～に行ったことがある」はhave/has been to ～ という現在完了で表せる。現在完了の疑問文は，have/has を主語の前に出す。

３．主語をThe news とし，‘make＋目的語＋形容詞’「～を…(の状態)にする」を用いて表せばよい。

４．「あなたの家族の中で誰が一番早く起きますか」と読み換えるとよい。この場合，疑問詞のWho「誰が」が主語になるので，後ろには動詞が続く。「起きる」はget up。Who は３人称単数として扱うので，現在の文では動詞にｓがつく。「一番早く」はthe earliest という‘the＋最上級’で表す。最後にin your family「あなたの家族の中で」を置く。

５．What「何」で始める。「～していた」はwas/were ～ing という過去進行形で表せる。主語Tom は３人称単数なのでwas を使い，was Tom doing とする。最後にthen「その時」を置く。

６．「～したい」は‘want to＋動詞の原形’。「する」という動詞はdo を使う。「したかった」という過去の文なので，I wanted to do とする。something を修飾する形容詞はsomething の後ろにくるので，「何か新しいこと」はsomething new となる。

2024年度／京華高等学校

数学解答

1　(1)　-5　　(2)　$-2ab^2$

(3)　$x=\frac{5}{2}$，$y=-4$　　(4)　$\sqrt{2}-\frac{4\sqrt{6}}{3}$

(5)　$x=\frac{-1\pm\sqrt{13}}{3}$　　(6)　64°

2　(1)　$\frac{5}{9}$　　(2)　$\frac{1}{6}$

3　(1)　$+13$　　(2)　92皿　　(3)　32皿

4　(1)　$y=8x-12$　　(2)　$(4,\ 32)$

(3)　108

5　(1)　$\frac{2\sqrt{5}}{5}$cm　　(2)　$\frac{2}{5}$cm^2

(3)　$\frac{\pi}{4}-\frac{7}{10}$cm^2

6　(1)　$6\sqrt{2}$ cm　　(2)　1：2

(3)　$48\sqrt{2}$ cm^3

1〔独立小問集合題〕

(1)＜数の計算＞与式$=-9+\{2\div(-9)\times81-2\}\div(-5)=-9+\left(-\frac{2\times81}{9}-2\right)\div(-5)=-9+(-18-2)\div(-5)=-9+(-20)\div(-5)=-9+4=-5$

(2)＜式の計算＞与式$=-8a^3b^6\times\frac{a^4b^2}{9}\div\frac{4a^6b^6}{9}=-\frac{8a^3b^6\times a^4b^2\times9}{9\times4a^6b^6}=-2ab^2$

(3)＜連立方程式＞$\frac{2}{3}x-\frac{3-2y}{6}=-\frac{1}{6}$……①，$-4(0.1x-0.1)-0.6y=1.8$……②とする。①×6より，$2\times2x-(3-2y)=-1$，$4x-3+2y=-1$，$4x+2y=2$，$2x+y=1$……①′　②より，$-0.4x+0.4-0.6y=1.8$，$-0.4x-0.6y=1.4$，$2x+3y=-7$……②′　②′−①′より，$3y-y=-7-1$，$2y=-8$　$\therefore y=-4$　これを①′に代入して，$2x+(-4)=1$，$2x=5$　$\therefore x=\frac{5}{2}$

(4)＜数の計算＞与式$=\frac{\sqrt{2^2\times2}}{\sqrt{3}}+\frac{3\sqrt{6}}{\sqrt{3}}-\sqrt{3^2\times6}-\frac{4}{\sqrt{2}}+\frac{\sqrt{12}}{\sqrt{2}}=\frac{2\sqrt{2}\times\sqrt{3}}{\sqrt{3}\times\sqrt{3}}+3\sqrt{2}-3\sqrt{6}-\frac{4\times\sqrt{2}}{\sqrt{2}\times\sqrt{2}}+\sqrt{6}=\frac{2\sqrt{6}}{3}+3\sqrt{2}-3\sqrt{6}-\frac{4\sqrt{2}}{2}+\sqrt{6}=\frac{2\sqrt{6}}{3}+3\sqrt{2}-\frac{9\sqrt{6}}{3}-2\sqrt{2}+\frac{3\sqrt{6}}{3}=\sqrt{2}-\frac{4\sqrt{6}}{3}$

(5)＜二次方程式＞$x^2+x-2+x=2(1^2-x^2)$，$x^2+x-2+x=2-2x^2$，$3x^2+2x-4=0$　解の公式を利用すると，$x=\frac{-2\pm\sqrt{2^2-4\times3\times(-4)}}{2\times3}=\frac{-2\pm\sqrt{52}}{6}=\frac{-2\pm2\sqrt{13}}{6}=\frac{-1\pm\sqrt{13}}{3}$となる。

(6)＜平面図形—角度＞右図のように，ABの延長と直線mの交点をDとする。$l\parallel m$より，錯角は等しいから，∠BDC＝32°である。よって，△BCDで内角と外角の関係より，∠ABC＝∠BCD＋∠BDC＝42°＋32°＝74°となり，△ABCがAB＝ACの二等辺三角形だから，底角は等しく，∠ACB＝∠ABC＝74°である。したがって，$\angle x$＝180°－∠ACB－∠BCD＝180°－74°－42°＝64°となる。

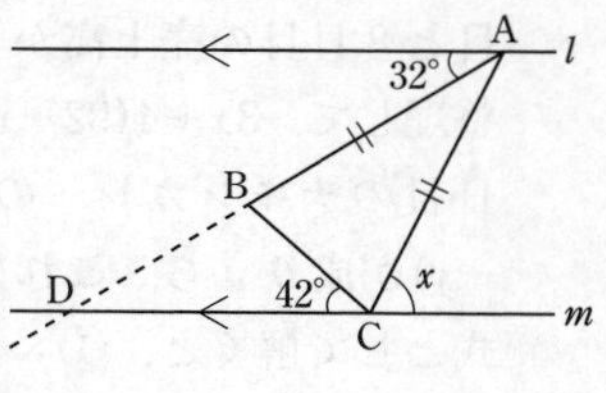

2〔データの活用—確率—さいころ〕

(1)＜確率＞大小2個のさいころの目の数はどちらも1～6の6通りだから，a，bの組は全部で6×6＝36(通り)ある。このうち，abが3の倍数になるのは，a，bのうち，少なくとも一方が3の倍数である3か6の場合である。このような場合は，$a=1$のとき，$b=3$，6の2通り，$a=3$のとき，$b=1$，2，3，4，5，6の6通りで，$a=2$，4，5のときは，$a=1$のときと同様にそれぞれ2通りあり，$a=6$のときは，$a=3$のときと同様に6通りある。よって，abが3の倍数になるのは，2×4＋6×2＝20(通り)あるから，求める確率は$\frac{20}{36}=\frac{5}{9}$となる。

(2)＜確率＞a，b はどちらも 1〜6 の整数だから，$\frac{b}{a}$の値は最小で$\frac{1}{6}$，最大で$\frac{6}{1}=6$である。よって，$\frac{b}{a}$が素数になる場合は，$\frac{b}{a}=2$，3，5 のときがある。$\frac{b}{a}=2$のとき，$(a,\ b)=(1,\ 2)$，$(2,\ 4)$，$(3,\ 6)$の 3 通りあり，$\frac{b}{a}=3$のとき，$(a,\ b)=(1,\ 3)$，$(2,\ 6)$の 2 通り，$\frac{b}{a}=5$のとき，$(a,\ b)=(1,\ 5)$の 1 通りある。したがって，$\frac{b}{a}$が素数になる場合は，$3+2+1=6$(通り)あるから，求める確率は$\frac{6}{36}=\frac{1}{6}$となる。

3〔数と式―一次方程式，連立方程式の応用〕

(1)＜一次方程式の応用＞1 日目の注文数を a 皿，表中の A に当てはまる数を b として，この 8 日間の 1 日目から 8 日目までのそれぞれの日の注文数を a，b を用いて表す。1 日目が a 皿，2 日目が $a+16$ 皿，3 日目が $a+16-13=a+3$(皿)，4 日目が $a+3+6=a+9$(皿)，5 日目が $a+9-11=a-2$(皿)，6 日目が $a-2+b=a+b-2$(皿)，7 日目が $a+b-2-4=a+b-6$(皿)，8 日目が $a+b-6+5=a+b-1$(皿)となる。よって，1 日目から 4 日目までの注文数の合計と 5 日目から 8 日目までの注文数の合計が等しいことから，$a+(a+16)+(a+3)+(a+9)=(a-2)+(a+b-2)+(a+b-6)+(a+b-1)$ が成り立つ。これを解くと，$4a+28=4a+3b-11$ より，$3b=39$，$b=13$ となる。したがって，A に当てはまる数は $+13$ である。

(2)＜一次方程式の応用＞(1)より，$b=13$ なので，1 日目から 8 日目までのそれぞれの日の注文数は，1 日目が a 皿，2 日目が $a+16$ 皿，3 日目が $a+3$ 皿，4 日目が $a+9$ 皿，5 日目が $a-2$ 皿，6 日目が $a+b-2=a+13-2=a+11$(皿)，7 日目が $a+b-6=a+13-6=a+7$(皿)，8 日目が $a+b-1=a+13-1=a+12$(皿)となる。これらを小さい順に並べると，$a-2$ 皿，a 皿，$a+3$ 皿，$a+7$ 皿，$a+9$ 皿，$a+11$ 皿，$a+12$ 皿，$a+16$ 皿となる。よって，中央値は，小さい方から 4 番目と 5 番目の注文数の平均で，これが 100 皿になることから，$\frac{(a+7)+(a+9)}{2}=100$ が成り立つ。これを解くと，$\frac{2a+16}{2}=100$ より，$a+8=100$，$a=92$(皿)である。

(3)＜連立方程式の応用＞(2)より，1 日目の注文数は 92 皿で，8 日目の注文数は $a+12=92+12=104$(皿)である。600 円のチキンカレーの 1 日目の注文数を x 皿，8 日目の注文数を y 皿とすると，800 円のカツカレーの 1 日目の注文数は $92-x$ 皿，8 日目の注文数は $104-y$ 皿と表せる。よって，1 日目と 8 日目の売上高が等しいことから，$600x+800(92-x)=600y+800(104-y)$ が成り立ち，これを整理して，$3x+4(92-x)=3y+4(104-y)$，$-x+368=-y+416$，$x-y=-48$……①とする。また，1 日目のチキンカレーの売上高と 8 日目のカツカレーの売上高が等しいことから，$600x=800(104-y)$ が成り立ち，これを整理して，$3x=4(104-y)$，$3x+4y=416$……②とする。①，②を連立方程式として解くと，①×4＋②より，$4x+3x=-192+416$，$7x=224$，$x=32$(皿)となる。

4〔関数―関数 $y=ax^2$ と一次関数のグラフ〕

≪基本方針の決定≫(2)　△OBE と △CDE の面積が等しくなることに気づきたい。

(1)＜直線の式＞右図で，2 点 B，C は放物線 $y=x^2$ 上の点で，x 座標はそれぞれ 2，6 だから，$y=2^2=4$，$y=6^2=36$ より，B(2, 4)，C(6, 36)である。これより，直線 BC の傾きは$\frac{36-4}{6-2}=8$となるから，その式は $y=8x+b$ とおける。よって，直線 BC が点 B を通ることから，$4=8\times2+b$，$b=-12$ となる。したがって，直線 BC の式は $y=8x-12$ である。

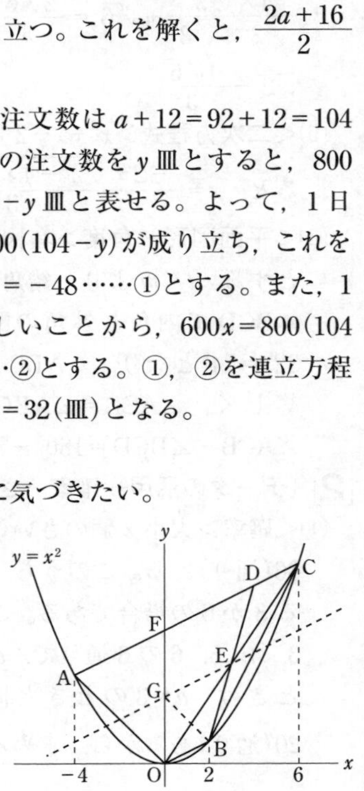

(2)＜点の座標＞前ページの図で，△AOC＝〔四角形AOBD〕のとき，△AOC＝〔四角形AOED〕＋△CDE,〔四角形AOBD〕＝〔四角形AOED〕＋△OBEだから，△CDE＝△OBEである。また，点Aは放物線$y=x^2$上の点で，x座標は-4だから，$y=(-4)^2=16$より，A$(-4,\ 16)$である。これとC(6, 36)より，直線ACの傾きは$\frac{36-16}{6-(-4)}=2$であり，B(2, 4)より，直線OBの傾きは$\frac{4}{2}=2$であるから，2直線は傾きが等しく，AC∥OBとなる。よって，△CDE∽△OBEであり，△CDE＝△OBEのとき，△CDE≡△OBEである。これより，EC＝EO，ED＝EBとなるので，点Eは線分OC，BDの中点である。まず，点Eは線分OCの中点なので，x座標は$\frac{0+6}{2}=3$，y座標は$\frac{0+36}{2}=18$となり，E(3, 18)である。次に，点Dの座標を$(m,\ n)$とおくと，点Eは線分BDの中点だから，x座標について$\frac{2+m}{2}=3$より，$m=4$，y座標について$\frac{4+n}{2}=18$より，$n=32$となる。したがって，D(4, 32)である。

(3)＜面積＞前ページの図で，〔四角形AOED〕＝〔四角形AOBD〕－△OBEと見て，四角形AOEDの面積を求める。まず，〔四角形AOBD〕＝△AOCより，△AOCの面積を求める。図のように，直線ACとy軸の交点をFとし，△AOCを△AOC＝△AOF＋△COFと見る。(2)より，直線ACの傾きが2で，A$(-4,\ 16)$を通ることから，直線ACの式を$y=2x+c$とおくと，$16=2\times(-4)+c$，$c=24$となり，F(0, 24)である。よって，△AOFと△COFの底辺をOFと見ると，OF＝24であり，△AOFの高さは，点Aのx座標より4，△COFの高さは，点Cのx座標より6だから，△AOC＝$\frac{1}{2}\times24\times4+\frac{1}{2}\times24\times6=120$となり，〔四角形AOBD〕＝120である。次に，図のように，点Eを通り，直線OBに平行な直線を引き，y軸との交点をGとすると，GE∥OBより，△OBE＝△OBGとなる。直線OBに平行な直線GEの傾きは，直線OBの傾きに等しく2だから，その式は$y=2x+d$とおけ，E(3, 18)を通ることより，$18=2\times3+d$，$d=12$となる。これより，OG＝12であり，△OBGの底辺をOGと見たときの高さは，点Bのx座標より2だから，△OBG＝$\frac{1}{2}\times12\times2=12$となり，△OBE＝12である。以上より，〔四角形AOED〕＝120－12＝108となる。

5〔平面図形―長方形，半円〕

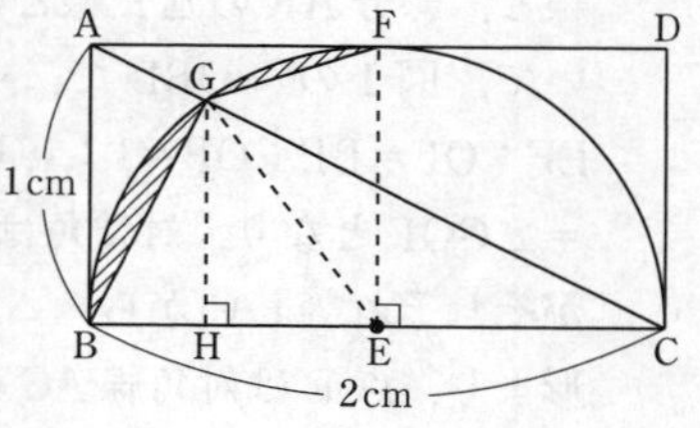

(1)＜長さ＞右図の△ABCと△BGCにおいて，∠ACB＝∠BCG(共通)，四角形ABCDが長方形より∠ABC＝90°，BCが半円の直径より∠BGC＝90°だから，∠ABC＝∠BGCである。これより，2組の角がそれぞれ等しいので，△ABC∽△BGCであり，AB：BG＝AC：BCとなる。△ABCで三平方の定理より，AC＝$\sqrt{\mathrm{AB}^2+\mathrm{BC}^2}=\sqrt{1^2+2^2}=\sqrt{5}$となるから，1：BG＝$\sqrt{5}$：2が成り立つ。これを解くと，BG×$\sqrt{5}$＝1×2より，BG＝$\frac{2\sqrt{5}}{5}$(cm)である。

(2)＜面積＞右上図のように，点Gから辺BCに垂線GHを引くと，GHは，△BEGの底辺をBEと見たときの高さとなる。点Eは辺BCの中点より，BE＝$\frac{1}{2}$BC＝$\frac{1}{2}\times2=1$となる。△BHGと△BGCにおいて，∠GBH＝∠CBG(共通)，∠BHG＝∠BGC＝90°より，2組の角がそれぞれ等しいので，△BHG∽△BGCである。また，(1)より，△ABC∽△BGCだから，△BHG∽△ABCである。よって，GH：CB＝BG：ACとなり，(1)で，BG＝$\frac{2\sqrt{5}}{5}$，AC＝$\sqrt{5}$より，BG：AC＝$\frac{2\sqrt{5}}{5}$：$\sqrt{5}$＝2：5となるから，GH：2＝2：5が成り立ち，これを解くと，GH×5＝2×2より，GH＝$\frac{4}{5}$である。したがって，△BEG＝$\frac{1}{2}$×BE×GH＝$\frac{1}{2}\times1\times\frac{4}{5}=\frac{2}{5}$(cm^2)となる。

(3)＜面積＞前ページの図の斜線部分の面積を，〔おうぎ形EBF〕－△BEG－△GEFと考える。まず，おうぎ形EBFの面積を求める。図で，2点E，Fはそれぞれ長方形ABCDの辺BC，ADの中点だから，AF＝BE＝1となり，AB＝AFより，四角形ABEFは正方形である。これより，∠BEF＝90°となるから，〔おうぎ形EBF〕$=\pi\times1^2\times\frac{90^\circ}{360^\circ}=\frac{\pi}{4}$となる。次に，△GEFの面積を求める。図で，GH⊥BC，FE⊥BCより，HEは，△GEFの底辺をFEと見たときの高さとなる。(2)で，△BHG∽△ABCより，BH：AB＝BG：AC＝2：5となるから，BH：1＝2：5が成り立ち，これを解くと，BH×5＝1×2より，BH$=\frac{2}{5}$である。よって，HE＝BE－BH$=1-\frac{2}{5}=\frac{3}{5}$となるから，△GEF$=\frac{1}{2}\times$FE×HE$=\frac{1}{2}\times1\times\frac{3}{5}=\frac{3}{10}$である。したがって，(2)より，△BEG$=\frac{2}{5}$なので，図の斜線部分の面積は，$\frac{\pi}{4}-\frac{2}{5}-\frac{3}{10}=\frac{\pi}{4}-\frac{7}{10}$(cm^2)である。

6 〔空間図形―正四角錐〕

≪基本方針の決定≫(1)　中点連結定理を用いる。　(2)　面OAC上で，△ACRと相似な三角形をつくってみよう。　(3)　四角錐O-APRQを面OACで切断し，合同な2つの三角錐をつくる。

図1

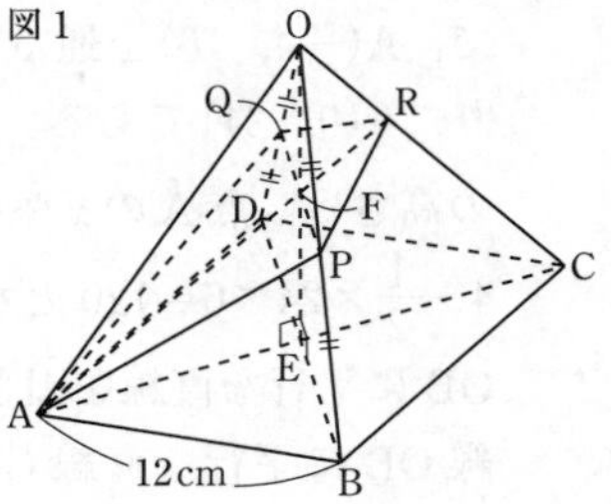

図2

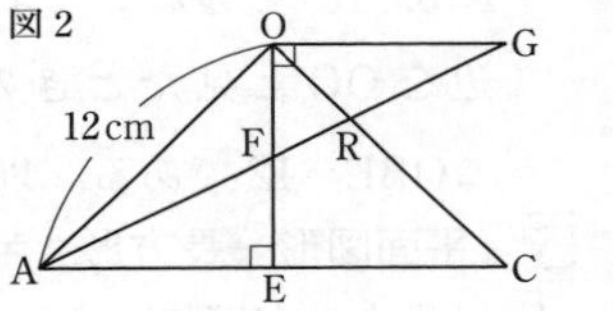

(1)＜長さ＞右図1の△OBDにおいて，点P，Qは辺OB，ODの中点だから，中点連結定理より，PQ$=\frac{1}{2}$BDである。図1で，底面の四角形ABCDは1辺の長さが12cmの正方形より，△ABDは直角二等辺三角形だから，BD$=\sqrt{2}$AB$=\sqrt{2}\times12=12\sqrt{2}$となる。よって，PQ$=\frac{1}{2}\times12\sqrt{2}=6\sqrt{2}$(cm)である。

(2)＜長さの比＞右図1で，底面の正方形ABCDの対角線の交点をEとして，点Oと点Eを結ぶと，図形の対称性より，OE⊥ACとなる。また，線分OEと線分PQは交わり，その交点をFとすると，点Fは，点Aと点Rを結んだ線分ARと線分OE，PQの交点でもある。ここで，右図2のように，△OACにおいて，頂点Oを通り線分ACに平行な直線と，線分ARの延長線との交点をGとする。△AEFと△GOFにおいて，図1の△OBDで，中点連結定理より，PQ∥BDとなるから，EF：OF＝BP：OP＝1：1より，EF＝OFである。また，OG∥ACより，錯角は等しいから，∠AEF＝∠GOFとなり，対頂角は等しいから，∠AFE＝∠GFOとなる。よって，1組の辺とその両端の角がそれぞれ等しいから，△AEF≡△GOFであり，AE＝GOである。ここで，四角形ABCDが正方形より，点Eは対角線ACの中点になるから，AC＝2AEである。したがって，図2で，OG∥ACより，△GOR∽△ACRとなり，相似比はGO：AC＝AE：2AE＝1：2となるから，OR：RC＝1：2である。

(3)＜体積＞右上図1で，図形の対称性より，PQ⊥〔面OAC〕，PF＝QF，〔三角錐POAR〕≡〔三角錐QOAR〕である。これより，〔四角錐O-APRQ〕＝2〔三角錐POAR〕であり，三角錐POARの底面を△OARと見ると，高さはPFとなる。ここで，△AOCと△ABCにおいて，AO＝AB，OC＝BC，AC＝ACより，3組の辺がそれぞれ等しいから，△AOC≡△ABCとなり，△AOCは∠AOC＝90°の直角二等辺三角形である。また，(2)で，OR：RC＝1：2より，OR$=\frac{1}{1+2}$OC$=\frac{1}{3}\times12=4$であるから，△OAR$=\frac{1}{2}\times$OA×OR$=\frac{1}{2}\times12\times4=24$となる。よって，(1)で，PQ$=6\sqrt{2}$より，PF$=\frac{1}{2}PQ=\frac{1}{2}\times6\sqrt{2}=3\sqrt{2}$となるから，〔四角錐O-APRQ〕＝2〔三角錐POAR〕$=2\times\frac{1}{3}\times$△OAR×PF$=2\times\frac{1}{3}\times24\times3\sqrt{2}=48\sqrt{2}$(cm^3)である。

国語解答

一 1 イ　2 エ　3 学校ならい
4 ア　5 ウ
6 Ⅰ 島外の客を泊めている自分の旅館が不安視されている(24字)［こと］
Ⅱ 旅館の近くに住む寮生がとばっちりを受けている(22字)［こと］
Ⅲ…ア
7 ウ

二 1 A…ウ　B…イ　C…ア　D…エ
2 ア…○　イ…○　ウ…×　3 イ
4 (1)…ウ　(2)…ア，ウ，カ
5 危機的状況に陥った集団において，結束力が高まり，活性化した状態。(32字)
6 X…ア　Y…ウ　Z…イ　7 ア

三 ① しょうあく　② ぶすい
③ いしょく　④ たずさ
⑤ おもむ

四 ① 混迷　② 尽力　③ 暗礁
④ 卸値　⑤ 諮

一〔小説の読解〕出典：辻村深月『この夏の星を見る』。

1＜文章内容＞島外から「一度ウイルスが持ち込まれたら本当に大変なことになると今ではみんなが危機感を募らせている」から，「島民にも，そこに戻る生徒にも，どちらにもきっと不安はある」と円華は考えている。

2＜心情＞武藤から突然「泣いてました？」と聞かれ，円華はきまりが悪くて言い訳をしたが，さらに武藤が「誰かに何か言われたのかなって思って」と言うので，家の旅館が島外の客を泊めていることを非難されたので泣いたことを見抜かれているような気がして，円華は恥ずかしくなった。

3＜文章内容＞旅館の近くに住んでいる寮生まで「大丈夫か」と警戒されるのなら，自分と仲のいい小春が円華に，「学校ならいいけど，帰り道は一緒にいられない。家族や，周りの目が気になるから」と言いたいのはしかたがないと円華は思った。

4＜心情＞小学校からずっと一緒で，その家族とも親しくしてきた小春が，家族が心配したり気にしたりしていることで自分も何となく不安になり，円華を遠ざけようとしている。円華は，そのことに気づいて衝撃を受け，冷え冷えとした気持ちになっている。

5＜心情＞円華は，小春から一緒に帰れないと言われて傷つき，初めは避けられていることがショックで，小春が他の子と帰る姿も見たくなかった。しかし，しだいに小春の家族をはじめ周囲の人々から自分が警戒されていることに気がつき，「差別」を受けているという孤独感を味わっている。

6＜文章内容＞Ⅰ．寮生が「つばき旅館，島の外から来た客を泊めてるみたいだけど，近くに住んでて大丈夫か」と言われたと武藤から聞き，円華は，小春から遠ざけられたために気がついてはいたが，自分の旅館が島外の客を泊めていることで不安に思われていることを，「やっぱり，そんなふうに言われてるんだ」と改めて確認した。　Ⅱ．円華は，「さすがに，小山くんたちがそんなとばっちりを受けてるってことまでは，想像もしてなかったけど」と言っている。円華は，旅館の近くに住んでいる寮生がとばっちりを受けていることを，初めて知ったのである。Ⅲ．円華は，武藤の話から，自分の旅館が不安視されていることがわかったため，小春から，自分と親しくすることを家族が気にしていると言われたことを思い出し，小春が言いたかったことはしかたがないのかもしれないと思った。

7＜要旨＞「学校が再開され～」からが円華の回想シーンである。友達から遠ざけられたことに衝撃を受けたことから始まり，自分が周囲から不安視されていることに気がついて，差別を受けていると感じるようになり，小春の言った「今だけ」の「今」はいったいいつまで続くのだろうかと思うと，円華の心の中で漠然とした不安が徐々に深まっていく。その様子が，回想シーンによって描き出されている。

二〔論説文の読解―社会学的分野―コミュニケーション〕出典：阿部真大『会社のなかの「仕事」社会のなかの「仕事」 資本主義経済下の職業の考え方』。

≪本文の概要≫大学教員は，研究よりも学務に費やす時間が長い傾向にあるため，研究の時間を増やす必要があるが，研究より学務をやりたい教員も少なくない。大学教員が研究を忘れて学務に夢中になる要因は，三つある。一つ目は，短期的な承認への欲求である。研究は始めてから承認を得るまでに時間がかかり，しかも確実な成功は保証されず，また，急にそれまでの研究が全く評価されなくなることもあり，研究により承認欲求を満たすのは，簡単ではない。一方で，学務は，やればやるだけ感謝され，承認も得られ，確実に，短期的に仕事を通じた承認欲求を満たすことができる。二つ目は，学務の能力は，「健全な根回し」を行う能力に近く，どこまでも向上し，遂行する者の「向上心」を満たすことが挙げられる。「健全な根回し」には，交渉相手の興味関心や影響力を分析し調整すること，意思決定者にたどり着く道筋を押さえ，人脈を駆使すること，相手の気持ちや立場を配慮し，相手の面子《メンツ》を潰さないように注意すること，現場での反応も考えて全方向からの根回しもすること，以上の四点が必要である。こうした能力が必要とされる学務は，「分析力と人脈と根回し」を賭けたゲームであり，研究とは全く違うタイプの「やりがい」を与えてくれる。三つ目は，職場内での威信の高さである。ゲームは，組織の危機の際に，やりがいのあるものとなる。災害などの非常時にこそ，人々の結束力が強まり，集団が活性化するから，自らの「強さや創造力」を発揮できる最大のチャンスは，組織の非常時に訪れる。そこでリーダーシップをとり，危機を切り抜けることができれば，職場での威信は一気に高まる。

1＜文章内容＞A．同じ事務仕事でも，担当する教員が学務をやりたいか抑えたいかによって，その量は増えたり減ったりするから，「『教員にまわす事務仕事を減らす』という解決策」は，現場の教員の仕事への心情的な立場によって，「うまくいかないリスク」もある(…ウ)。　B．研究は「膨大な先行研究を踏まえた上で，そこに自分のわずかながらの」これまでにない新しい考えを「付け加える作業」である(…イ)。　C．「相手の立場になって考えられる」「先を見通す力がある」「社内に味方を作っておく」ということは，「付け焼刃でどうにかなる」，すなわち，にわか仕込みで身につけられる技能ではない(…ア)。　D．私たちには根本的に相互扶助の思想があるため，災害などの非常時には，「わたしたちの強さや創造力」が引き出され，共同社会に束縛されているときでも，自由な考えや工夫ができるようになる(…エ)。

2＜資料＞ア．表2から，1週間の中で会議・委員会・その他の業務に費やす時間の割合は，助教・専任講師等が47.6％，准教授が50.7％，教授が53.4％で，階級が高いほど増加する(…○)。　イ．表1から，1週間当たりの授業と研究に費やす時間を比較すると，平均時間は授業が13時間21分，研究が13時間22分で同程度であるが，30時間以上の最も時間が長い層の割合は，授業が1.0％，研究が7.0％，3時間未満の最も時間が短い層の割合は，授業が5.0％，研究が12.0％で，どちらも研究の方が高い(…○)。　ウ．大学教員の業務について，それぞれの精神的負担が多いか少ないかは，表1・2からはわからない(…×)。

3＜文章内容＞「別の研究者が自分の論文(著書)を引用し，その人の論文(著書)を発表してはじめて，自分の研究の社会的評価が分かる」のであり，研究について「権威ある他者が主観的に審査を行う」わけではない(イ…×)。学務はやればやるだけ感謝され，承認も得られるが，研究は「はじめてから承認を得るまでにとても時間がかかる」うえに，「確実な成功は保証されて」いない(ウ・エ…○)。研究においては「いつ学界のトレンドが変わるか分からないし，一夜にしてこれまでの研究の積み重ねが無に帰する」こともある(ア…○)。

4＜文章内容＞(1)価値観の違いが意見の違いをもたらすので，それを調整するために，「対象となる事柄に対し，関係者がどのような興味関心を持っているか，または影響力を持っているかを，冷静に分析することが重要」である(エ…○)。最終的な意思決定者に「たどり着く道筋をおさえ，人脈の連鎖で～根回しをしなくてはならない」のである(ア…○)。「現場で反対する人がいて動かないということ」にならないように，最終的な意思決定者だけではなく，「下，横，斜め」の根回し，つまり，現場の人たちに協力を仰げるような根回しをする必要がある(イ…○)。「相手に対して思いやりを」持ち，「相手の立場になって考えられる」，言い換えれば，相手の気持ちや立場に配慮することは重要であるが，それを最優先すると，交渉は進まない(ウ…×)。　(2)「健全な根回し」ができるようになるためには，相手の立場を客観的に想像し，その立場になって考えられることが必要である(ア…○)。また，「社内の良好な人間関係構築にも日ごろから気を配って」おく必要もある(ウ…○)。さらに，「相手にこのような説明をしたら～このような反応をするのではないか」など，相手の反応を想定することも必要である(カ…○)。

5＜文章内容＞「災害などの非常時」には，「危機的状況」の中で，「人々の結束力が強まり，集団が活性化する」のである。それは，「危機的状況」という「地獄の中」で，人々の「強さや創造力」が引き出される「パラダイス」のようである。

6＜文章内容＞X.「大学教員が研究よりも学務に夢中になる要因」として，「学務は，確実に，短期的に仕事を通じた承認欲求を満たすことができる」のである。　Y. さまざまな能力が必要とされる学務は，「『分析力と人脈と根回し』を賭けたゲーム」であり，「その能力はどこまでも向上していくもので，遂行する者の『向上心』を満たすもの」である。　Z.「職場内での学務ができる人の威信の高さも，学務をすることの魅力のひとつとなっている」のである。

7＜要旨＞「なぜ，研究を忘れて学務に夢中になってしまうのか」と問題提起した後，「私」の考える「大学教員が研究よりも学務に夢中になる要因」を挙げ，研究と学務を比較することで，研究をおろそかにしてしまう大学教員がいる理由についての論を展開している。

三〔漢字〕

①「掌握」は，物事を自分の意のままに動かせるようにすること。　②「不粋」は，人情の機微，ものの風情がわからないさま。　③「委嘱」は，特定の仕事を人に頼み任せること。　④音読みは「携帯」などの「ケイ」。　⑤音読みは「赴任」などの「フ」。

四〔漢字〕

①「混迷」は，混乱して見通しがつかないこと。　②「尽力」は，力を尽くすこと。　③「暗礁」は，海面の下に隠れて見えない岩のこと。「暗礁に乗り上げる」は，思わぬ障害に遭って，物事の進行が妨げられる，という意味。　④「卸値」は，卸売りの値段のこと。　⑤音読みは「諮問」などの「シ」。

Memo

2023年度 京華高等学校

【英　語】（50分）〈満点：100点〉

1 次の英文を読んで，後の問いに答えなさい。

Did you know that about 25% of people in the world cannot use electricity ?　Today, I would like to talk about a boy.　His name is William Kamkwamba.　He made electricity by himself to make his family's life better.

I read about William in a book my sister gave to me last month.　When she gave me the book, she said "Electricity is very important in our lives.　By reading this book, you will learn how hard the boy worked to make electricity."

William was born in 1987.　He lived with his father, mother and sisters.　They did not have electricity.　William's father was a farmer.　He grew corn to eat and also to make money for his family.　He wanted to grow more corn, but it was difficult for him to do this because they could not use electricity.

In (①), when William was fourteen years old, they could not grow much corn because the weather was very bad.　They had (②) rain.　William's father could not sell much corn, so William gave up going to school and helped his father on the farm.

William liked science and he was interested in how cars and radios worked.　He left school, but he really wanted to study science.　So, he went to the school library and read science books when he had time.　He could not go to the classes but he enjoyed reading books by himself.

One day, in the school library, William found a book which showed him how electricity was made by both water and wind.　③<u>(very / found / the book / he / interesting)</u>.　He said to himself, "We have wind in this country.　I can make electricity if I use a windmill.　I will try to make a windmill to make our lives better.　Then, even at night, I can read books and my father and mother can work."

William started to make a windmill with things which were not used any more in his town.　It was very hard for him to make a windmill, but he tried again and again.　At last, he made his first windmill which was about five meters high.

William's family and many people in his town came to see it.　They asked him, "What is this ?　Why did you make it ?"　William wanted to show them how it worked and he was just waiting for the wind. Soon there was wind and the light on the windmill began to shine.　All the people around the windmill were very surprised to see this.　William was happy because his windmill could catch wind and make electricity.　"Great, William !　You have made electricity.　It's wonderful," someone said with a smile. William was very glad to see the smile.　William said to the people, "I made this windmill to make electricity for my family.　Now I hope that more people in this country can use electricity.　This will change our lives."　After that, he tried to make his windmill better to make more electricity.

The windmill made William famous.　In 2010 he went to a school in America.　He has studied there since then.　He is also writing books and making speeches about how he made electricity.　By doing these things, he tries to change the lives in his home country.

After I read this book, I learned something important from William.　He learned how to make electricity by reading a book and he changed his life.　We can use the things we have learned and make our lives better. If we try to do this, we will really understand that learning things is very important for us.

1．(①)，(②)に入る最も適当なものをそれぞれ下から選び，ア～エの記号で答えなさい。

(①) ア．2000 イ．2001 ウ．2003 エ．2004

(②) ア．little イ．few ウ．many エ．a few

2．意味の通る文になるように，下線部③の(　)内の語句を並べかえ，全文を答えなさい。ただし，文頭の語も小文字になっているので，注意すること。

3．次の英文は，この文章を読んだある生徒の感想文です。本文の内容に合うように，(A)～(D)に入る最も適当な英語1語を答えなさい。

I was surprised to read this article because so many (A) in the world cannot use electricity. William learned a lot of things from books (B) going to classes at school, so I think he is great. He had a hard time but he tried again and again to make electricity by (C) wind. He changed his (D) with the things he learned. We are learning many things every day. It is important for us to use these things in our lives.

4．次の各文が，本文の内容に合っているものにはT，合っていないものにはFと答えなさい。

(1) About 25% of the people in the world use electricity which is made by wind.

(2) William tried to make a windmill with the things he bought at the store.

(3) Many people in William's town were interested in the windmill William made.

(4) William's first windmill made electricity for all the people in his country.

(5) William went to a school in America and he is still studying there now.

2 次の英文を読んで，後の問いに答えなさい。

Each year on December 10, the world's attention turns to Sweden for the announcement of the Nobel Prize winners. The Nobel Prizes, six prizes given to groups or individuals who really stand out in their fields, were founded by a Swedish inventor, Alfred Nobel.

Alfred Nobel was the man who invented dynamite, a powerful explosive. During his life, Nobel made a lot of money from his invention, and he decided that he wanted to use his money to help scientists, artists, and people who worked to help others around the world. When he died, his will said that the money would be placed in a bank, and the interest the money earned would be given out as five annual cash prizes.

The prizes set up by Nobel were first handed out in 1901, and include physics, medicine, chemistry, literature, and peace. Later, in 1968 the Bank of Sweden added a prize in economics to celebrate the bank's 300th year of business.

Each person who receives a Nobel Prize is given a cash prize, a medal, and a certificate. The prize money for each category is currently worth about a million dollars, and the aim of the prize is to allow the winner to carry on working or researching without having to worry about raising money.

<u>The prizes can be given to either individuals or groups.</u> Prize winners include Albert Einstein (physics, 1921), Kenzaburo Oe (literature, 1994), Shinya Yamanaka (medicine, 2012), the United Nations (peace, 2001) and Eisaku Sato (peace, 1974).

The prize winner that has won the most times is the International Committee of the Red Cross. This organization has received three Nobel Peace Prizes (in 1917, 1944, and 1963), and the founder,

Jean Henri Dunant, was awarded the first Nobel Peace Prize, in 1901. Marie Curie was the first woman to win a Nobel Prize. She first won for physics in 1903, and she then won again in 1911 for chemistry. Her husband, daughter, and son-in-law were also all Nobel Prize winners.

1．下線部を日本語に訳しなさい。

2．本文の内容に合うように，次の____に入る最も適当なものを下から選び，ア～エの記号で答えなさい。

(1) Alfred Nobel founded ____ categories of Nobel Prize.
　ア．three　イ．five　ウ．six　エ．seven

(2) Alfred Nobel became rich ____.
　ア．through his invention　イ．through the interest on his savings
　ウ．by taking the president of the bank　エ．by receiving money from the Bank of Sweden

(3) The Bank of Sweden started business ____.
　ア．on December 10　イ．in 1901　ウ．in 1968　エ．in 1668

(4) A Nobel prize winner isn't given ____.
　ア．a trophy　イ．a medal　ウ．a certification　エ．cash

(5) The Nobel Prizes ____.
　ア．are given to people around the world who worked with Alfred Nobel
　イ．are awards given out twice a year
　ウ．can be given to the same winner more than once
　エ．can be given to the same winner up to three times

(6) Marie Curie ____.
　ア．was awarded both Nobel Physics and Chemistry Prizes at the same time
　イ．had a daughter who was the first woman to win a Nobel prize
　ウ．won her first Nobel Prize and eight years later, was given the prize for another field
　エ．was awarded the first Nobel Physics Prize in 1903

(7) ____ is the best title for this passage.
　ア．Famous International Prizes　イ．How to Win a Nobel Prize
　ウ．The Nobel Economics Prize　エ．The History of the Nobel Prize

3　次の英文を読んで，後の問いに答えなさい。

Where do you think is the best place to learn about new things ? Some people would say it is best to learn new things by observing things around us, for example, by looking at and studying the things in our everyday life. Others would say that school is the best place to learn and that a formal place is needed to get information. [1], it is almost always the case that we learn in both of these ways. Learning can happen in both an informal way and a formal way.

① [2], children, as well as adults, can learn in a formal way. In a formal learning situation, a student is in a classroom with the teacher. The student is also with his or her classmates, and students often study together for tests or to do homework. At school, a teacher will explain different subjects to the class, and students will have the opportunity to ask questions or work together on problems or projects. Formal learning is very different from informal learning because students have to think carefully about their learning situation. While informal learning happens without thinking about it, formal learning means thinking carefully about the lesson being taught and about what one must do to learn the lesson well.

② First, learning can happen in an informal way. [1], all of us first learn in an informal way, long before we ever begin to receive formal education. Imagine the case of very small children. Children begin to learn things before they ever go to a school. Children learn from the people around them, from their parents or brothers and sisters. Children learn how to walk and talk just by observing the world and trying to do the things that they see others do. These examples are considered to be informal learning because there is no teacher who is actively trying to teach the child something.

③ As shown by the examples above, learning happens in different ways, and these informal and formal learning opportunities continue to occur throughout our lives. Neither way is always perfect, and we almost always need to learn in both ways in order to become well-educated. It would be difficult to become completely educated through only informal learning. [2], learning at school cannot be everything. There is always something new to learn from the people and things around us.

1．[1]，[2]に入るものをそれぞれ下から選び，ア～エの記号で答えなさい。2カ所ずつあるが同じものが入る。

ア．For example　イ．On the other hand　ウ．First of all　エ．In fact

2．①～③を並べかえたとき，正しい順番になっているものを下から選び，ア～エの記号で答えなさい。

ア．①→②→③　イ．②→①→③　ウ．②→③→①　エ．③→②→①

3．次の各文の中で，本文の内容に合っている文を2つ選び，ア～オの記号で答えなさい。

ア．Children learn faster in formal situations rather than informal situations.

イ．Formal learning requires students to think about what they are learning.

ウ．Asking questions to a teacher in a classroom is a formal learning situation.

エ．There is nothing for adults to learn from informal learning.

オ．The passages are about how teachers teach in different ways.

4 次の( )に入る最も適当なものを下から選び，ア～エの記号で答えなさい。

1．We should become adults ( ) can use smartphones in a good way.

ア．which　イ．what　ウ．who　エ．whose

2．You traveled all day. You ( ) be tired.

ア．mustn't　イ．must　ウ．don't have to　エ．can't

3．My brother ( ) happy today.

ア．sees　イ．makes　ウ．looks　エ．watches

4．He has been absent ( ) last Sunday.

ア．from　イ．since　ウ．of　エ．for

5．He has ( ) than his sister.

ア．many books　イ．much books　ウ．books more　エ．more books

6．I saw a traffic accident on my way home.　It was (　　　).
　ア．surprising　　イ．surprised　　ウ．to be surprised　　エ．to surprise

5　次の日本文を英文に直しなさい。

1．あなたは猫を何匹飼っていますか。

2．今日は雨が降っているので，私たちはテニスをすることができません。

3．スーパーマン(Superman)は世界を救えるほど十分強い。

4．英語を勉強することは，簡単だと思います。

5．これは，私の父が学生時代に使ったかばんです。

【数　学】 (50分) 〈満点：100点〉

（注意） 1．答えに根号が含まれるときは，根号の中はできるだけ小さい自然数にしなさい。
また，分母に根号が含まれるときは，分母に根号を含まない形にしなさい。
2．答えが分数になるときは，それ以上約分できない形にしなさい。
3．円周率は π とします。
4．コンパス，分度器，定規，計算機は使用できません。

1 次の各問いに答えよ。

(1) $-0.4^2\times(-3)\div\dfrac{3}{25}-(-2)$ を計算せよ。

(2) $\left(\dfrac{3}{2}x^2y\right)^3\div(-6xy^4)\times\left(-\dfrac{4y}{x^2}\right)^2$ を計算せよ。

(3) 連立方程式 $\begin{cases} 3y-\dfrac{x-1}{2}=1 \\ 2x=\dfrac{3}{2}y+5 \end{cases}$ を解け。

(4) $(3+2\sqrt{2})(3-2\sqrt{2})+\dfrac{1}{\sqrt{12}}(1-\sqrt{3})^2$ を計算せよ。

(5) 2次方程式 $2(3x-1)^2=1-3x$ を解け。

(6) $\sqrt{\dfrac{20a}{3}}$ が2桁の自然数の中で最も大きくなるような自然数 a の値を求めよ。

(7) 右の図で，点Oは円の中心である。$\angle x$ の大きさを求めよ。

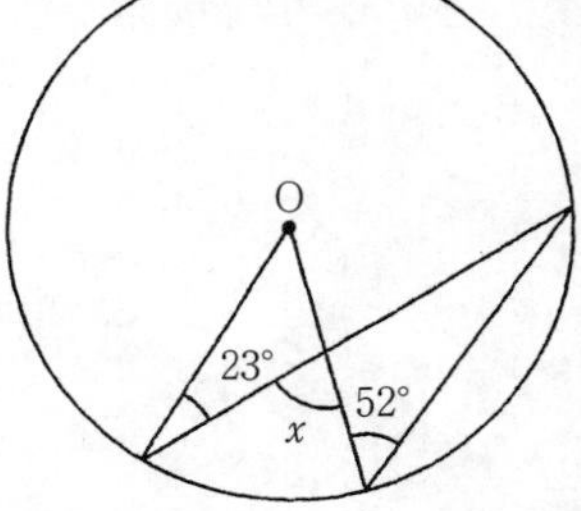

2 右の図のように，正五角形ABCDEの頂点Aに黒石と白石が1つずつ置いてある。大小2個のさいころを同時に1回だけ投げ，次の規則にしたがって，2つの石を矢印の方向へ頂点Aから各頂点を順番に1つずつ移動させる。

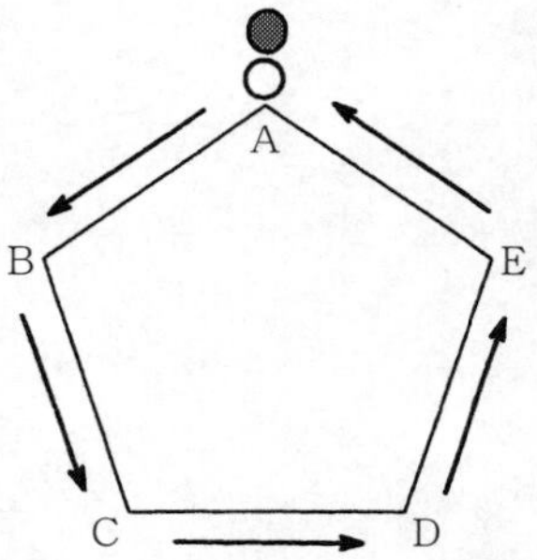

＜規則＞
・黒石…大きいさいころの出た目の数だけ移動させる。
・白石…小さいさいころの出た目の数の2倍だけ移動させる。

例えば，大きいさいころの出た目が2のとき，黒石を頂点Aから頂点Cまで移動させ，小さいさいころの出た目が4のとき，白石を頂点Aから1周して，さらに頂点Dまで移動させる。

大小2個のさいころを同時に1回だけ投げたとき，次の各問いに答えよ。

(1) 黒石と白石が同じ頂点にある確率を求めよ。

(2) 頂点A，黒石のある頂点，白石のある頂点の3点を結んだとき，三角形ができる確率を求めよ。

3 容器Aには x ％の食塩水100g，容器Bには y ％の食塩水100gが入っている。次の操作で容器A，Bの食塩水を入れ替える。

操作：Aの食塩水50gをBに移し，よくかき混ぜてからBの食塩水50gをAに移し，よくかき混ぜる。

この操作を行ったとき，次の各問いに答えよ。

(1) この操作を1回行ったとき，Aの食塩の量を x，y を用いて表せ。

(2)　この操作を２回行い，Ａの食塩水の濃度を調べたところ，１回目の操作を行ったあとは16％になり，２回目の操作を行ったあとは14％になった。このとき，x，y の値を求めよ。

4　右の図のように，放物線 $y=\frac{1}{2}x^2$ ……①と直線 $y=\frac{1}{2}x+a$ ……②がある。①と②の交点を x 座標の小さいほうから順にA，Bとし，②と x 軸，y 軸の交点をそれぞれC，Dとする。

CD＝DBのとき，次の各問いに答えよ。

(1)　点Bの座標を求めよ。

(2)　点Aの座標を求めよ。

(3)　線分OA上に点Eをとり，直線CEと線分OBの交点をFとする。△ACEと△OFEの面積が等しいとき，点Fの座標を求めよ。

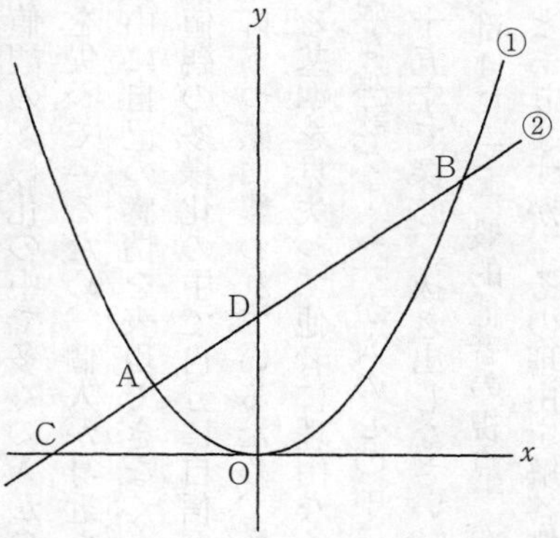

5　下の図のように，すべての頂点が円Oの周上にある四角形ABCDがある。AB＝AD＝4cm，AC＝BC，∠ABD＝30°のとき，次の各問いに答えよ。

(1)　∠BACの大きさを求めよ。

(2)　辺BCの長さを求めよ。

(3)　四角形ABCDの面積を求めよ。

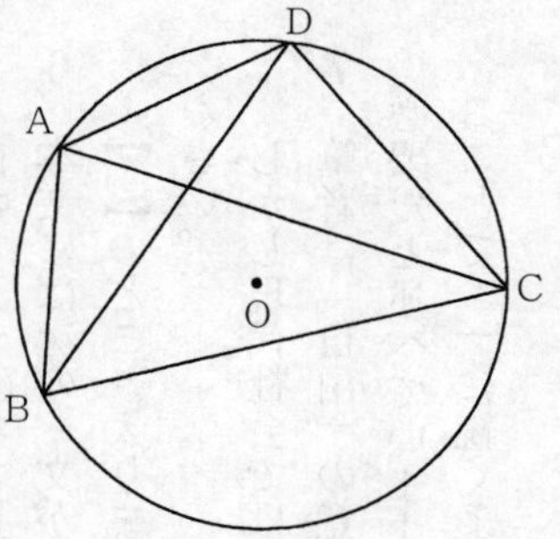

6　右の図のような，OA＝6cm，AB＝4cmの正四角錐O-ABCDがある。

次の各問いに答えよ。

(1)　△OABの面積を求めよ。

(2)　正四角錐O-ABCDの体積を求めよ。

(3)　辺AB，ADの中点をそれぞれP，Qとする。辺OA上に点Rをとったところ，四面体R-APQの体積が $\frac{5\sqrt{7}}{6}$ cm^3 になった。線分ORの長さを求めよ。

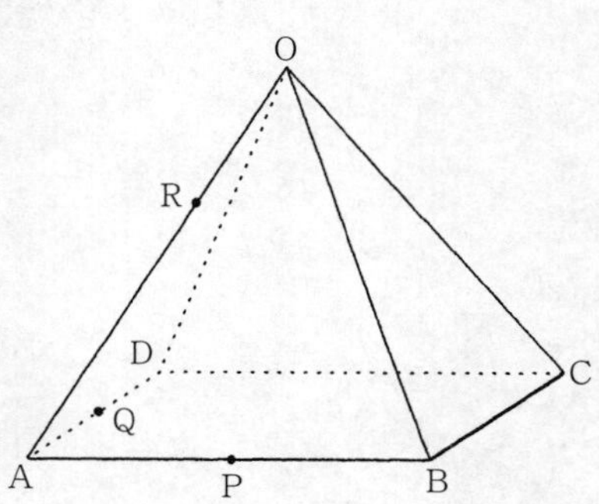

1. Ａ～Ｄにあてはまる言葉として適当なものを選び、それぞれ符号で答えなさい。

ア　しかも　　イ　したがって　　ウ　たとえば　　エ　だが

2. ――線部1に「周囲の人々の価値観と大きな違いは生じない、と考えることができる」とありますが、ここで筆者がこのように述べるのはなぜですか。「～から」に続くように五十八字で探し、初めと終わりの五字を抜き出しなさい。

3. ――線部2「一般的他者の視点」を説明している部分を三十七字で探し、初めと終わりの五字を抜き出しなさい。

4. ――線部3「『空虚な承認ゲーム』に……潜んでいる」について、次の⑴・⑵に答えなさい。

⑴ 「こうした現代特有の心理」の説明として最も適当なものを選び、符号で答えなさい。

ア　価値観の多様化の中で他の子どもと比べられ続けることで自分に自信がなくなっているため、多くの子どもが親に依存し親の言いなりになってしまう心理。

イ　価値観の多様化の中で情報量の多さから自分を見失い極度のストレスを抱えてしまっているため、多くの若者が自分のことを過剰に発信して周りの人から認めてもらおうとしてしまう心理。

ウ　価値観の多様化の中で多くの人が自己の価値を確認する物差しを失っているため、個人が身近な人々の承認を強く求めて自由に自己の感情を表現できなくなってしまう心理。

エ　価値観の多様化の中で自分に自信がなくなってしまい虚無感や抑うつ感に襲われているため、多くの人が自己価値を確認する基準を見失って他者に理由なく同調してしまう心理。

⑵ 「空虚な承認ゲーム」が人の心の中に生み出すものとは何ですか。十五字で探し、抜き出しなさい。

5. ――線部4に「『一般的他者の視点』が必要とされる時代に突入した」とありますが、その理由を解答欄に合うように、ここより前から三十五字で探し、初めと終わりの五字を抜き出しなさい。

6. 本文には次の一文が欠落しています。この一文は本文中の【①】～【④】のどこに入りますか。最も適当な箇所を選び、数字で答えなさい。

しかし現代社会では、この移行がうまく進展しないのだ。

7. 筆者は「自由」の意識を得るためには「一般的他者の視点」が必要だと述べています。その理由を「『一般的他者の視点』があることで～」に続くように四十字以内で答えなさい。

三

次の①～⑤の――線部の漢字の読みを、それぞれひらがなで答えなさい。

① 鳥の剝製を飾る。
② 繁忙期で人手が足りない。
③ 裁判で情状酌量を求める。
④ 今回の件ですっかり懲りた。
⑤ 人の心を弄ぶようなことはやめよう。

四

次の①～⑤の――線部のカタカナを、それぞれ漢字に直しなさい。

① これまでの制度をハイシする。
② 私たちはモウモクだった。
③ メイヨある賞をいただく。
④ 趣味の盆栽にコる。
⑤ 落ち込む友人をハゲます。

認する参照枠を失い、自己価値への直接的な他者の承認を渇望しはじめている。そして身近な人々の承認に＊拘泥したコミュニケーションを繰り返した結果、極度のストレスを抱えたり、その承認を獲得することができず、虚無感や抑うつ感に襲われている。

現代が承認不安に満ちた時代なのは、まさにこのような理由からなのである。

この章では、人間の承認欲望がいかにして生まれ、その対象や内実を変えてゆくのかを心の発達に即して考えてきた。親の親和的承認から仲間の集団的承認へ、そして社会における多くの人々からの一般的承認へと、承認欲望がその対象を拡大するにつれ、各々の承認は相互補完的に承認不安を解消し、自己価値の失墜を防ぎ、「生きる意味」を確保するようになる。

一方で、私たちは他者の承認を介して価値観と自己ルールを形成し、ある程度まで他者の承認がなくとも、自らの行為に価値があることを信じ、自分の存在価値を自己承認することが可能になる。それは社会共通の価値観に準じたものである限り、実際に周囲の承認を得ることもできる。

しかし、社会共通の価値観への信頼がゆらぎ、価値相対主義的な見方が広まりつつある現在、「一般的他者の視点」は育まれず、自己価値の承認を確保する上で、身近な人々の承認がきわめて重要なものになっている。かつては成長過程のなかで、身近な他者の承認に固執している段階から、社会共通の価値観に基づく他者一般の承認に眼《め》が向けられていた。【③】

とはいえ、異なった価値観の人間同士の間に共通了解の可能性がないわけではない、と私は考えている。

[C]、まったく趣味や感性、信条の異なる人間の間でも、困っている人を助けるのは「価値ある行為」である、と普通は誰もが認めるにちがいない。客観的に正しい価値が見出《みいだ》せなくとも、多くの人が共通了解し得る価値を見出すことは可能であり、異なる価値観の間でも、＊メタレベルで一般性のある価値を認め合うことはできる。というより、多様な価値観が対立する時代だからこそ、一元的な価値観の支配する近代以前に比べ、共通の価値を求める4「一般的他者の視点」が必要とされる時代に突入した、と考えることができる。

「一般的他者の視点」で価値判断をして、その判断に準じて行動する場合、その行為は多様な他者の承認を想定した上で判断されたものなので、多くの場合、批判を招くような誤った行為とはならないし、将来的にも他者の承認を得る可能性を確保することができる。しかも他者の判断に依拠するのではなく、自らの判断で行動することで、私たちは「自由に生きている」という実感を失わないでいることができる。【④】

すでに述べたように、「空虚な承認ゲーム」において苦悩を生み出しているのは、何も承認の不安だけではない。自己の感情や欲望を過度に抑制することによって生じた自己不全感であり、そこに欠けているのは「自由」の意識にほかならない。[D]、自由の意識を確保しつつ承認の可能性を切り開く「一般的他者の視点」は、自由と承認の苦しみに満ちた葛藤を脱け出す上で、とても重要な役割を担っている、と考えていいだろう。

社会に共通の価値観が浸透している間は、「一般的他者の視点」はあまり必要とされなかった。そのような内省をせずとも、価値規準は誰の眼にも明白であったからだ。社会共通の価値観への信頼がゆらいでいるからこそ、さまざまな価値観を持つ他者との出会いのなかで、共通了解し得る価値を求めはじめ、「一般的他者の視点」が生じてきた。それは行為の価値を確認するためだけでなく、自分の意志で行動する自由を確保するために、どうしても必要なものであった。

（山竹伸二『「認められたい」の正体　承認不安の時代』による）

＊イデオロギー…考え方。観念。
＊拘泥…こだわること。
＊メタレベル…一段高い視点で見たレベル。

Ⅵ　詩の調子を整えてリズムを与えている

ウ　Ⅴ　反復法
　　Ⅵ　作者の思いを強調することができている

エ　Ⅴ　隠喩
　　Ⅵ　読者が詩の場面や状況を理解しやすくなっている

二　次の文章を読んで、あとの問いに答えなさい。

一般的に、個人の価値観は社会共通の価値観に基づいて形成されるため、それほど1周囲の人々の価値観と大きな違いは生じない、と考えることができる。

子どもに対する親の要求や期待は社会の価値観や文化的慣習に準じたものであり、それによって子どもの内面に形成された価値観・自己ルールは、社会生活のなかでさらに一般性のあるものに修正されている。そして、社会全体に浸透している価値観に基づく行動であれば、社会はそれを正当な行為と見なし、批判するようなことはない。むしろ共感や賞賛に値する行為として評価され、その社会の人々から広く承認を得ることができる。

古来、社会は特定の宗教や文化的慣習、政治的＊イデオロギーを共有し、その価値観に基づく社会規範によって成り立ってきた。中世ヨーロッパのようにキリスト教への信仰が強い社会なら、親もその他の人々もキリスト教に基づく価値観、慣習を要求し、それに基づく行為のみを承認するため、自然に同じような価値観や慣習を身につけることになる。中近東諸国のイスラム教にしろ、少し前までのソ連や中国の共産主義にしろ、すべて同じことが言える。宗教や政治思想でなくとも、一定の社会的慣習や共有された価値観があれば、それは個人の内面にまで浸透し、人々はその価値観に準じて行動することになるのだ。【①】

したがって、特定の価値観が共有された社会、特にその価値観が強い影響力を持つ社会では、価値観の異なる多様な人々を想定する必要性があまり生じない。いちいち他者の立場を顧みなくても、その価値観に沿った行動の価値を信じることができるし、結果的に周囲の承認を得る可能性も高いからだ。成長過程において親以外の人々の価値観に触れても、そこにあまり違いがないため、その価値を再検討する必要性も生じないし、「2一般的他者の視点」も形成されにくい。

しかし近代社会になると、自然科学の発展にともなって宗教的価値観の絶対性はゆらぎ、［A］交通手段の進歩と社会構造の変化により、世界の多様な価値観が出会うようになる。それは多様な価値観のなかで共通性を求め、より一般性のある価値を考えようとする視線を生み出したと言える。普遍的な価値を求めて、人間はさまざまな立場の人々を想定した上で、誰もが納得し得る価値判断を導き出そうとした。「一般的他者の視点」とは、まさに近代社会におけるこうした要請が生み出した視線なのである。

［B］現在、一般性のある価値、普遍的な価値そのものへの疑義が増幅し、価値相対主義が蔓延《まんえん》している。こうなると、表面的には保たれているように見える社会規範や社会共通の価値観も信頼できず、自己価値にもゆらぎが生じざるを得ない。社会が共有する大きな価値を信憑《しんぴょう》し、それに準じた行動を取れば自己価値も保証される、という状況はもはや崩れつつあるのだ。【②】

こうした社会では、自己価値を確認するための価値基準が見えないため、身近な人々の承認だけが頼りになる。そのため、親の影響下に形成された自己ルールや価値観は、一般性のあるものに修正することが難しくなり、親の承認に執着し続けることになりやすい。あるいは、自分の価値観・自己ルールに自信が持てず、仲間の承認を維持するために同調し続ける人もいるだろう。他者の承認を無視して自己中心的に自己承認する場合もあるが、大抵は一時的なものにすぎない。

いま、多くの若者が強い承認の不安を感じ、3「空虚な承認ゲーム」に陥っている背景には、こうした現代特有の心理が潜んでいる。価値観の相対化という時代の波のなかで、多くの人が自己価値を確

イ　大家の息子というだけでペコペコして相手に迎合する父親や、その父親から人手が足りないからと店番を押しつけられても断れない自分に対して、情けなく感じている。

ウ　自分への抵抗心を隠そうともせずにはっきりと表してくる清田に比べて、正直な気持ちを相手にぶつけることができない自分に対して、ふがいなく思っている。

エ　小さな花屋の息子であることで不満に思っていることがたくさんあるのに、その気持ちをわからず嫌味《いやみ》を言ってくる清田に対して、不愉快に思っている。

6．登場人物の説明として適当なものを二つ選び、符号で答えなさい。

ア　卓也は自分にもあてはまる境遇を独自の言葉で表現した清田の詩を読んで、共感している。

イ　清田は卓也の詩を読んで自分には作れない詩だと感じ、卓也にはかなわないと諦めている。

ウ　志水先生は卓也と清田の詩を読んで、それぞれが相手の抱える悩みを理解できるはずだと感じている。

エ　卓也は自分を小馬鹿にしてくる清田に対して、出会ったときからずっと敵対心を持っている。

オ　清田はクラスや部活で周りに人はいるものの、自分のことを精神的には孤独だと感じている。

カ　志水先生は情に厚い人間であるが、生徒の前では自分の気持ちをおさえてふるまうことができる。

7．次の会話文は、【X】「宙ぶらりん」・【Y】「ひとりぼっち」の二つの詩について、先生と生徒が話し合っている場面です。これを読んであとの(1)～(3)に答えなさい。

先　生「それではまず、二つの詩の形式について確認をしましょう。Aくん、この二つの詩の形式は何でしょうか。」

Aくん「はい。Xの詩は［Ⅰ］で、Yの詩は［Ⅱ］だと思います。」

先　生「そうですね。次にBさん、Xの詩の表現の特徴について何か気づいたことはありますか。」

Bさん「Xの詩には［Ⅲ］という表現技法が使われていて、これによって［Ⅳ］と思います。」

先　生「Aくん。Yの詩についてはいかがですか。」

Aくん「Yの詩には［Ⅴ］という表現技法が使われていて、これによって［Ⅵ］と思いました。」

(1)　［Ⅰ］・［Ⅱ］にあてはまる言葉の組み合わせとして最も適当なものを選び、符号で答えなさい。

ア　Ⅰ　口語自由詩　Ⅱ　文語自由詩
イ　Ⅰ　口語自由詩　Ⅱ　口語定型詩
ウ　Ⅰ　文語自由詩　Ⅱ　文語定型詩
エ　Ⅰ　文語定型詩　Ⅱ　口語定型詩

(2)　［Ⅲ］・［Ⅳ］にあてはまる言葉の組み合わせとして最も適当なものを選び、符号で答えなさい。

ア　Ⅲ　体言止め　Ⅳ　詩に余韻や強い印象を与えている
イ　Ⅲ　擬人法　Ⅳ　詩の調子を整えてリズムを与えている
ウ　Ⅲ　擬人法　Ⅳ　作者の思いを強調することができている
エ　Ⅲ　体言止め　Ⅳ　読者が詩の場面や状況を理解しやすくなっている

(3)　［Ⅴ］・［Ⅵ］にあてはまる言葉の組み合わせとして最も適当なものを選び、符号で答えなさい。

ア　Ⅴ　直喩　Ⅵ　詩に余韻や強い印象を与えている
イ　Ⅴ　対句法

ムに着替えて、教室から飛び出した。練習時間に10分は優に遅れているはずだ。

（ねじめ正一『泣き虫先生』による）

1．――線部1に「読み終えて頭を上げた志水先生の目には涙がいっぱいたまっていた」とありますが、このときの志水先生の説明として最も適当なものを選び、符号で答えなさい。

ア　卓也の詩には、誰も知り得なかった複雑な家庭環境による苦悩が書かれており、その心情を〈宙ぶらりん〉という言葉で表現したことによって、心を開いてくれたことがわかり感動している。

イ　卓也の詩には、花屋の息子だからこそ経験する気持ちが書かれており、その心情を〈宙ぶらりん〉という言葉で表現したことによって、卓也と本当に心が通い合ったような気がして感動している。

ウ　卓也の詩には、誰もが経験する思春期特有の反抗的な心情が書かれており、その心情を〈宙ぶらりん〉という言葉で表現したことによって、詩に新たな命が吹き込まれたことに強く感動している。

エ　卓也の詩には、誰もが共感できるような後ろ向きな心情が書かれており、その心情を〈宙ぶらりん〉という言葉で表現したことによって、作品としての魅力が増していることに深く感動している。

2．――線部2に「卓也は胸の辺りがざわざわするような気分になった」とありますが、このときの卓也の説明として最も適当なものを選び、符号で答えなさい。

ア　いつも乱暴でけんか早い清田が実は寂しさを我慢していると知り、同じ部活の仲間として心配している。

イ　いつも乱暴でけんか早い清田がありふれた言葉でありながらも本心を繊細に表現した詩に、感銘を受けている。

ウ　乱暴な清田からは考えられないような言葉によって本人の弱さが表現された詩に、戸惑っている。

エ　乱暴な清田が〈ひとりぼっち〉や〈辛抱〉という、本心とは異なる言葉で詩を書いたことに、違和感を覚えている。

3．――線部3「山口の詩の……一緒になるんだ」とはどういうことですか。最も適当なものを選び、符号で答えなさい。

ア　二人の心の内にある思いを表現した言葉であり、辞書的な意味は異なるが、共に心の拠《よ》り所《どころ》がなくもがいているという点において共通しているということ。

イ　どちらも一般的な言葉であり、辞書的な意味は異なるが、二人の心の内を正直に表現したものであり、共に恵まれない環境に生まれたという点において共通しているということ。

ウ　どちらもありきたりな言葉であり、辞書的な意味は異なるが、二人の心の内に秘めていた思いを表現したものであり、共に孤独と戦っているという点において共通しているということ。

エ　どちらも斬新な言葉であり、辞書的な意味は異なるが、二人の心の内を明白に表現したものであり、共に目に見えない敵と闘っているという点において共通しているということ。

4．〰〰線部A～Dのときの卓也の気持ちを表す言葉の組み合わせとして最も適当なものを選び、符号で答えなさい。

ア　A　得意　B　焦燥　C　不信　D　激高

イ　A　満悦　B　汗顔　C　関心　D　疑問

ウ　A　満足　B　羞恥　C　対抗　D　不満

エ　A　本望　B　屈辱　C　心配　D　不快

5．――線部4に「清田に言い返したいセリフが、卓也の頭の中をぐるぐる回っている」とありますが、このときの卓也の説明として最も適当なものを選び、符号で答えなさい。

ア　教室から今すぐ逃げ出したい気持ちなのに、小さな花屋の息子である自分を勝手にお金持ちだと決めつけて皮肉を言ってくる清田に対して、我慢の限界を感じている。

んじゃってさあ」
「そうなの？　嘘なの？」
「そうだよ」
「じゃあ、班ノート、書かなきゃいいじゃないか。その方が清田らしいよ」
D卓也は思っていたことを、清田にぶつけた。
「放っといてくれよ。オレの勝手だろ！」
志水先生はポケットのハンカチで、涙と鼻水を拭うと、
「詩は、全部を本当の言葉で書かなくてもいいんだぞ。清田が詩らしくなる嘘の言葉を、辞書から拾って書いたとしても、言葉を選ぶという時点で、清田の心が映されているんだ。だから、嘘の言葉はないんだ。ひとりぼっちという言葉はありふれた言葉だけど、ひとりぼっちという言葉と爆弾がくっつくことによって、清田の心になるんだ」
卓也には志水先生の言っていることが難しくて、よく理解できなかったが、嘘の言葉も本当の言葉になることがあるのだということを、先生は言っているのだと思った。
「この間の山口の詩の〈宙ぶらりん〉という言葉は、イヤな店番とむすびついて詩になったし、清田の〈ひとりぼっち〉は爆弾や殴るという暴力的な気分と合わさって、詩になっている。二人とも、知らず知らずに自分自身の本当の心を書いているんだよ」
志水先生は、そう言葉を続けながら、また、涙と鼻水を垂らしている。
「先生、鼻水出して、カッコ悪いですよ。先生がさっき言ってた嘘か本当かっていうなら、〈ひとりぼっち〉の言葉は、オレの本当の言葉です。実際、オレ、ひとりぼっちだから」
「えっ、清田、ひとりぼっちなの？」
「お前はひとりぼっちじゃないのかよ」
「だって、ウチは花屋をやっているから、いつもお客さんや誰やかやいるし、口うるさい両親もいるし、商店街からはざわざわした音が聞こえてくるし、ひとりぼっちになりたくてもなれないよ」
卓也の反応に、清田が半笑いの表情をする。
「山口、お前はお坊ちゃんだからさあ、オレのひとりぼっちが分かんないんだよ」
清田が卓也をあおる。
清田が神社の空き地で、卓也のキャッチャーをやってくれると言った時、卓也は、清田と友達になれるかもと思ったが、今は、友達になれないと思っている。清田が時折見せる、卓也を小馬鹿にする態度が気に入らない。
「お坊ちゃんだなんて、馬鹿にした言い方するなよ！　清田にだって、ボクの宙ぶらりんが分かんないだろ！」
大家の息子というだけで、いけ好かない木崎芳雄に父親がペコペコしている小さな花屋の子が、なんでお坊ちゃんなんだよ！
私立中学校にも行かせてもらえない家の子が、なんでお坊ちゃんなんだよ！
人手が足りないからって店番させられる子が、なんでお坊ちゃんなんだよ！
4清田に言い返したいセリフが、卓也の頭の中をぐるぐる回っている。
すると志水先生が、
「いいなあ、二人はいい友達になれるぞ。よかったなあ。二人とも初めて書いた詩で、お互いが、こんなに共鳴できるなんて、めったにないことだぞ。いい友達だ。いいか、頼むから、山口も清田も詩を書き続けろ。絶対に書き続けろよ」
と、またまた、声を詰まらせている。
清田が、もう、うんざりだといわんばかりに、椅子から立ち上がった。
「先生、詩の話はもういいですか。オレたち部活なんです」
「おーそうか。ふたりは野球部だったな。ごめん、ごめん」
志水先生からやっと解放された卓也と清田は、急いでユニフォー

みんなもひとりぼっちなのを
わかっているから
オレはひとりぼっちを
辛抱できる

ひとりぼっち
ひとりぼっち
人を殴りたいほど
みんなもひとりぼっちなのを
わかっているから
オレはひとりぼっちを
辛抱できる

ひとりぼっち
ひとりぼっち
月がひと間を照らして
みんなもひとりぼっちなのを
わかっているから
オレはひとりぼっちを
辛抱できる

清田が班ノートを書いてきたのは、意外だった。卓也は漠然と、清田が班ノートをずっと書いてこないと思っていたからだ。それに、中学生とは思えないくらいのきれいな大人びた字を、清田が書くことにも驚いた。

卓也は声には出さず、目で追いながら清田の詩を読んだ。

清田の詩は、同じ言葉とフレーズの繰り返しで、どの連もたった一行が違うだけだ。それに乱暴でけんか早い清田が、〈ひとりぼっち〉や〈辛抱〉という言葉を使っていることが不思議で、2卓也は胸の辺りがざわざわするような気分になった。

「どうだ、山口。清田の詩もいいだろ」

「はい。よかったです」

「どこがよかったか、言ってみろ」

「どこがって言われても……んっと、〈ひとりぼっち〉の繰り返しが、読んでて気持ちよかったです。それに、なんだかヘンな気持ちになりました」

「そうだよな。先生もそうなったよ。3山口の詩の〈宙ぶらりん〉も、清田の〈ひとりぼっち〉も、言葉は違うが、突き詰めていくと結局は一緒になるんだ、分かるか？」

「いや……分かりません」

「清田はどうだ？」

そう言っている志水先生の目に、もう涙がたまっている。

清田は、卓也に自分の詩を読まれることを嫌がっていた割には、ふてくされた態度を取りながらも、おとなしく二人のやり取りを聞いていたが、

「先生、なんでオレの詩で涙なんか出すんですか。やめてくださいよ」

と、志水先生に絡んでくる。

「いいじゃないか、涙出したって。詩に清田の心が見えて、自然と泣けてくるんだから、仕様がないじゃないか」

「大人の男が、それも先生が生徒の詩を読んで泣くなんて、カッコ悪いですよ」

清田がどこまでも志水先生に絡むのは、いい詩だと褒められたことに照れているからだ。

「でも、清田さあ、ぼくも、この詩、いい詩だと思う。だって、読んでて、清田のことちょっと分かった気がした」

と、卓也が言う。

「山口、詩でオレのことが分かるの？　詩らしい言葉を辞書から拾ってきて、並べただけだよ。オレの心から出てきた言葉じゃなくて、嘘《うそ》の言葉ばっかりで書いているだけだよ。それを真面目くさって読

いくらもがいても
出られなくて
あっぷあっぷと、
ぼくは水の中でも
宙ぶらりん

黒板いっぱいに卓也の詩が書かれた。タイミングよく、ホームルームのあとの一時間目の授業は、国語である。

「これは立派な詩だ。いい詩だ」

志水先生は声を震わせて、同じセリフを繰り返し、目には涙が光っている。

「みんな、この詩を小さな声で、各自、読んでみてください。〈花屋〉の言葉でクラスの誰が書いた詩か、大体みんな分かるだろうけど、そんなことはどうでもよろしい。この詩には、家が花屋であっても花屋でなくても、どんな子にも共有できる恥ずかしい、寂しい、いやだ……逃げ出したい……それから、あとどんな感情があるかなあ……まあ、そういうマイナスの気持ちが、表現されています。そして、そういう気持ちを〈宙ぶらりん〉という言葉で表したのが素晴らしい。〈中途半端〉という言い方もあるが、それだと普通なんだ。〈宙ぶらりん〉という言葉を発見したことで、この文章が詩になり、全体が光り出したのです」

志水先生は、自分の言葉に感極まり、涙を流している。泣いている先生を見て、クスクス笑っている生徒も何人かいるが、クラスのほとんどの子が、卓也の詩だと気づいていて、卓也の方に視線を向けてくるから恥ずかしくてしょうがない。

「志水先生、もういいから、やめてよ。黒板消して、早く教科書にいって!」

と、心の中で叫び続ける。さっきの褒められたうれしい気分など吹っ飛んで、B とても顔が上げられない。

C 卓也は顔を伏せたまま、2列先の清田を見ると、清田は、肘をついた手に頬《ほお》をのせて、窓の外の遠くをじっと見ていた。

こういう教室の空気を、清田はどう思っているのだろう。班ノートでも、卓也に対する対抗心をむき出しにしてくるのだろうか。それとも、書くことがないと言って、ずっと班ノートを書かずに、志水先生に抵抗するのだろうか。

「……、班ノートからこんないい詩が生まれるとは思っていませんでした。みなさん、班ノートを書くのが面倒くさいと思わず、これからも、正直に書いてください」

志水先生はズボンのポケットからハンカチを取り出し、涙を拭った。

その日の野球部の練習は声出しだけではなく、キャッチボールもさせてもらえた。清田はしっかり卓也の球を受けてくれるが、ひと言も口を開かなかった。

それからしばらく経《た》って、放課後、また、卓也と清田の二人が残された。

「山口、今日、清田も班ノートにいい詩を書いてきたんだよ」

「先生、わざわざ、山口に見せることないじゃないか!」

「誰でも読んでいい班ノートだから、一番最初に、山口に読ませたいんだ。山口、読んでみろ」

「やめろよ」と言う、清田をしり目に、志水先生が清田のページを開いて、卓也に班ノートを渡した。角ばったきれいな字がきちょうめんに並んでいる。

【Y】「ひとりぼっち」

ひとりぼっち
ひとりぼっち
爆弾かかえて

二〇二三年度　京華高等学校

【国　語】（五〇分）〈満点：一〇〇点〉

一　次の文章を読んで、あとの問いに答えなさい。

身の回りのことを自分の言葉で書けと言われても、何をどんな風に書いていいか、卓也には全然分からない。清田も今頃、班ノートを書いているのだろうか。どんな文章を書いてくるのだろう。気になるが、そんなことより自分の班ノートを書かなくてはいけない。

店のざわつきが気になる。母親の「ありがとうございます」の甲高い声がイラつく。父親のせいで店番させられることがムカつく。そうだ、イヤな店番のことを書こうと思った。でも、言葉が出てこない、出てこない。出てこない、と焦って、イライラしている内に、店番のイヤな気分が、ちょっとずつ言葉になって出てき始めた。ひとつずつ書きつづっていくと、班ノートを2ページも使っていた。みんなが書いている文章とはずいぶん違うと思ったが、野球で得られる充実感とは別の感情が、卓也を満たしていた。Aこんな気分は初めてだった。

翌日の朝のホームルームの後、卓也は志水先生に班ノートを渡した。

「おお、山口、本当に書いてきたんだ。これは驚きだな。清田はどうだ？」

教室の後ろの席に座っている清田に向かって、志水先生が声を掛ける。

「書いてません」

清田は相変わらずのふてくされ声で答える。

「でも、必ず書いてこいよ、いいな」

志水先生が念を押すが、清田はそれには答えない。志水先生はそれ以上言わずに、卓也の班ノートを開くと、卓也の書いた文章を目で追っている。1読み終えて頭を上げた志水先生の目には涙がいっぱいたまっていた。

「山口、これは詩だよ。まさしく詩だ。いい詩だよ」

先生に「いい詩だ」「いい詩だ」と言われても、何が「いい詩」なのか卓也には分からないが、とにかく、「いい詩だ」と褒められたことがうれしかった。卓也は自分の席に戻りながら、昨日、班ノートを書き終えた後と同じ、妙に豊かな気分になっている。

席に着いて前を見ると、志水先生が卓也の詩を、黒板に書き始めている。

【X】「宙ぶらりん」

ぼくの家は花屋
町の小さな花屋
店番していると
子どもでもない
中学生でもない
おとなでもない
なんでもない
何だかわけのわからない
宙ぶらりんのぼくがいる
でも、同級生の女の子が
お母さんと花を買いにくると
宙ぶらりんのひもが
ぷつんととつぜん切れて
宙ぶらりんのぼくは
どさっと花の上に落とされる
きれいな花の上に落ちても
花の水がひっくり返り
店じゅう水であふれ

2023年度／京華高等学校

英語解答

1
1 ①…イ ②…ア
2 He found the book very interesting.
3 A people B without C catching D life
4 (1)…F (2)…F (3)…T (4)…F (5)…T

2
1 (例)その賞は個人，団体どちらにも授与されうる。
2 (1)…イ (2)…ア (3)…エ (4)…ア (5)…ウ (6)…ウ (7)…エ

3
1 1…エ 2…イ　2 イ
3 イ，ウ

4
1 ウ　2 イ　3 ウ　4 イ
5 エ　6 ア

5
1 (例) How many cats do you have?
2 (例) We can't play tennis because it is raining today.
3 (例) Superman is strong enough to save the world.
4 (例) I think that studying English is easy.
5 (例) This is the bag which my father used when he was a student.

1〔長文読解総合―スピーチ〕

≪全訳≫❶世界の約25%の人が電気を使えないことをご存じでしたか？　今日は，ある男の子の話をしたいと思います。彼の名前はウィリアム・カムクワンバです。彼は家族の生活を良くするために，自分の力で電気をつくりました。❷ウィリアムのことは，先月姉からもらった本で読みました。姉は私にその本をくれたとき，「電気は私たちの生活にとってとても大切なものよね。この本を読むことで，少年が電気をつくるためにどれだけ苦労したかがわかるわよ」と言いました。❸ウィリアムは1987年に生まれました。彼はお父さん，お母さん，姉妹たちと一緒に暮らしていました。彼らは電気を持っていませんでした。ウィリアムのお父さんは農家でした。彼は食べるため，そして一家のお金を稼ぐためにトウモロコシを育てていました。もっとトウモロコシをつくりたかったのですが，電気が使えなかったので，なかなかできませんでした。❹2001年，ウィリアムが14歳のとき，天候がとても悪かったので，トウモロコシはあまり育ちませんでした。雨が少なかったのです。ウィリアムのお父さんはトウモロコシをあまり売ることができなかったので，ウィリアムは学校に行くのを諦め，お父さんの農場を手伝いました。❺ウィリアムは科学が好きで，車やラジオの仕組みに興味がありました。彼は学校をやめましたが，どうしても科学を勉強したかったのです。そこで，学校の図書館に通い，時間があれば科学の本を読んでいました。授業には出られませんでしたが，1人で本を読むのを楽しみました。❻ある日，ウィリアムは学校の図書館で，水と風によって電気がつくられる仕組みを教えてくれる本を見つけました。彼はその本をとてもおもしろいと思いました。彼はこう思いました。「この国には風がある。風車を使えば電気がつくれる。生活を良くするために風車をつくってみよう。そうすれば，夜でも僕は本を読めるし，お父さんもお母さんも働ける」と。❼ウィリアムは，自分の町でもう使われていないものを使って，風車をつくり始めました。風車をつくるのは彼にとってとても大変でしたが，何度も何度も挑戦しました。そして，ついに高さ5メートルほどの風車が完成しました。❽ウィリアムの家族も，町の人たちも，それを見に来ました。彼らは「これは何だ？　なぜこんなものをつくったんだ？」と尋ねました。ウィリアムはどんなふうに動くかを見せたかったので，ただ風を待っていました。やがて風が吹いてきて，風車のライトが光り始めました。風車の周りにいた人たちはこれを見てみんな驚きました。ウィリアムは，自分の風車が風をとらえて電気をつくることができたので，うれしくなりました。「すごいぞ，ウィリアム！　電気をつくったんだね。すばらしいね」と誰かが笑顔で言いました。ウィリアムはその笑顔を見て，とてもうれしくなりました。ウィリアムは人々に言いました。「僕は家族の電気をつくるためにこの風車をつくりました。今，僕はこの国でもっと多くの人が電気を使えるようになればいいと思っています。そうすれば，僕たちの生活は変わるはずです」　その後，彼はもっと電気をつくるために，風車を改良しようとしました。❾この風車によってウィリアムは一躍有名になりました。2010年，彼はアメリカの学校へ行きました。それ以来，彼はそこで勉強しています。そして，自分がどうやって電気をつくったのかということに関して，本を書いたり，スピーチをしたりしています。そうすることで，彼は母国の生活を変えようとしているのです。❿この本を読んで，私はウィリアムから大切なことを学びました。彼は本を読んで電気のつくり方を知り，生活を変えました。私たちは学んできたことを利用して，自分の人生をより良くすることができます。このことをやってみようと努力すれば，物事を学ぶことが自分にとってとても大切なことだということが，本当によくわかると思います。

1＜適語(句)選択＞①直後にwhen he was fourteen「ウィリアムが14歳のとき」とある。また，ウィリアムが生まれたのは1987年である(第3段落第1文)。　②直前に，天候が悪くてトウモロコシが育たなかったことが述べられていることから，雨が「ほとんど降らなかった」のだとわかる。littleは‘数えられない名詞’について「ほとんど～ない」という意味(a littleは「少しの～」)。a few「いくつかの～」とfew「ほとんど～ない」は‘数えられる名詞’につく。

2＜整序結合＞動詞findは‘find＋目的語＋形容詞’という形をとることができ，これは「～が…だと思う〔わかる〕」という意味を表す。

3＜内容一致＞≪全訳≫世界には電気を使えない人々が非常に多くいるので，私はこの記事を読んで驚きました。ウィリアムは，学校の授業に出ることなく，本からいろいろなことを学んだので，すごいと思います。彼は苦労しながらも，何度も何度も挑戦して，風をとらえることによって電気をつくりました。彼は自分が学んだことを使って生活を変えました。私たちは日々，いろいろなことを学んでいます。それを生活の中で生かしていくことが大切なのです。

＜解説＞A．第1段落第1文参照。世界には電気を使えない「人々」が多くいる。　B．第5段落最終文参照。ウィリアムは学校に行かずに本を読んで独学で学んだ。　without ～ing「～しないで」　C．第8段落第7文参照。his windmill could catch wind and made electricityとある。byの後なので動名詞(～ing)にする。　by ～ing「～することによって」　D．第10段落第2文参照。風車をつくって「生活」を変えた。

4＜内容真偽＞(1)「世界の約25%の人が風によってつくられる電気を使っている」…×　第1段落第1文参照。世界の約25%の人というのは，電気を使えない人の割合。　(2)「ウィリアムは，店で買ったものを使って風車をつくろうとした」…×　第7段落第1文参照。自分の町でもう使われていないものを使って，風車をつくり始めた。　(3)「ウィリアムの町では，多くの人がウィリアムのつくった風車に興味を持った」…○　第8段落前半に一致する。　(4)「ウィリアムの最初の風車は，彼の国の全ての人々のための電気をつくった」…×　第８段落終わりから４文目参照。最初の風車は自分の家族のためにつくった。　(5)「ウィリアムはアメリカの学校へ行き，今もそこで勉強している」…○　第９段落前半に一致する。

2 〔長文読解総合―説明文〕

≪全訳≫❶毎年12月10日，世界中の注目がスウェーデンに集まり，ノーベル賞の受賞者が発表される。ノーベル賞は，スウェーデンの発明家アルフレッド・ノーベルによって創設された，各分野で特に優れたグループや個人に贈られる６つの賞である。❷アルフレッド・ノーベルは，強力な爆発物であるダイナマイトを発明した人物である。生前，その発明で大金を手にしたノーベルは，自分のお金を，世界中の科学者や芸術家，人助けをする人たちのために使いたいと考えた。ノーベルがなくなったとき，彼の遺言には，そのお金は銀行に預け，その利息で年５回の賞金を出してほしい，とあった。❸ノーベルが設定した賞は，1901年に初めて授与されたが，それらは，物理学，医学，化学，文学，平和の各賞があった。その後，1968年にスウェーデン銀行が銀行設立300年を記念して経済学賞を追加した。❹ノーベル賞を受賞した人には，賞金，メダル，賞状が贈られる。各部門の賞金は現在約100万ドルで，受賞者が資金調達に悩むことなく仕事や研究を続けられるようにすることが目的である。❺その賞は個人，団体どちらにも授与されうる。受賞者には，アルベルト・アインシュタイン（物理学，1921年），大江健三郎（文学，1994年），山中伸弥（医学，2012年），国連（平和，2001年），佐藤栄作（平和，1974年）などがいる。❻最も多く受賞しているのは，赤十字国際委員会である。この団体はこれまでに３回（1917年，1944年，1963年）ノーベル平和賞を受賞しており，創設者のジャン＝アンリー・デュナンは1901年に最初のノーベル平和賞を受賞している。マリー・キュリーは，女性として初めてノーベル賞を受賞した人物である。1903年に物理学賞を最初に受賞し，その後1911年に化学賞を受賞した。夫，娘，義理の息子も全てノーベル賞受賞者である。

１＜英文和訳＞can be given は助動詞 can を含む受け身形。「～されうる」，「～されることができる」という意味。‘either ～ or …’は「～か…かのどちらか〔どちらでも〕」という意味。ここは「individuals か groups のどちらにでも」という意味。individual は「個人」。

２＜内容一致＞(1)「アルフレッド・ノーベルは（　　）種類のノーベル賞を創設した」―イ．「５」　第３段落第１文参照。　(2)「アルフレッド・ノーベルは（　　）金持ちになった」―ア．「彼の発明によって」　第２段落第２文参照。　(3)「スウェーデン銀行は（　　）に設立された」―エ．「1668年」　第３段落最終文参照。「1968年にスウェーデン銀行が銀行設立300年を記念して」とある。　(4)「ノーベル賞受賞者には（　　）は贈られない」―ア．「トロフィー」　第４段落第１文参照。　(5)「ノーベル賞は（　　）」―ウ．「同じ受賞者に２回以上与えられうる」　第６段落参照。　(6)「マリー・キュリーは（　　）」―ウ．「最初のノーベル賞を受賞した８年後に別の分野の賞を受賞した」　第６段落最後から２番目の文参照。　(7)「（　　）はこの文章に最もふさわしいタイトルだ」―エ．「ノーベル賞の歴史」　ノーベル賞はアルフレッド・ノーベルによって創設され，その後いくつかの移り変わりを経て今日に至ったことを述べている文章である。

3 〔長文読解総合―説明文〕

≪全訳≫❶あなたは新しいことを学ぶのに最適な場所はどこだと思うだろうか。ある人は，新しいことを学ぶには，身の回りのものを観察すること，例えば，日常生活の中にあるものを見たり，研究したりすることが一番だと言うだろう。また，学校こそが学ぶのに最適な場所であり，情報を得るには公式な場所が必要だと言う人もいるだろう。実際，私たちはこの両方の方法で学んでいることがほとんどである。学習は，非公式な方法と公式な方法の両方で行われうるのである。❷／→②まず，学習は非公式な方法で行われることがある。実際，私たちは皆，公式な教育を受け始めるずっと前に，まず非公式な方法で学ぶ。非常に小さな子どもの場合を想像してみよう。子どもたちは，学校に行く前からいろいろなことを学び始める。両親や兄弟姉妹など，周りの人たちから学ぶのだ。子どもは，世界を観察し，他の人がやっていることをやってみるだけで，歩き方や話し方を学ぶ。これらの例は，積極的に何かを教えようとする教師がいないため，非公式な学習とみなされる。❸／→①一方，大人だけでなく子どもも，公式な方法で学習することができる。公式な学習では，生徒は教室で先生と一緒にいる。また，クラスメートとも一緒にいて，テストや宿題のために一緒に勉強することもよくある。学校では，教師がクラスでさまざまな教科を説明し，生徒は質問をしたり，問題やプロジェクトに一緒に取り組んだりする機会を得る。公式な学習は，非公式な学習とは大きく異なる。なぜなら，生徒は自分の学習状況について慎重に考えなければならないからだ。非公式な学習が何も考えずに行われるのに対し，公式な学習は，教えられているレッスンについて，またそのレッスンをうまく学ぶために何をすべきかについて，注意深く考える必要がある。❹／→③上記の例に見られるように，学習は異なる方法で行われ，こうした非公式な学習と公式な学習の機会は，私たちの一生を通して起こり続ける。どちらの方法も常に完璧だというわけではなく，教養を身につけるためには，ほとんどの場合，両方の方法で学ぶ必要がある。非公式な学習だけで，完全に教養を身につけることは難しいだろう。一方，学校での学習が全てではない。身の回りの人や物から，常に新しいことを学ぶことができるのだ。

1＜適語句選択＞1．どちらの空所についても，空所の後が空所の前で述べた内容について，事実を追加して補足する内容になっている。In fact「実際(は)」は，このように前述の内容を補足するために用いられる。　2．どちらの空所も空所前後が対照的な内容になっている。on the other hand「一方では，これに対して」と‘対照’を表す表現。

2＜文章整序＞まず，First で始まり，非公式な方法による学習を述べる②を置き，次に公式な方法による学習を述べる①を続ける。最後に，両方の方法の効果を述べる③を置く。

3＜内容真偽＞ア．「子どもたちは，非公式な場面よりも公式な場面でより速く学ぶ」…×　非公式な場面の学習と公式な場面の学習の速さを比較する記述はない。　イ．「公式な学習では，自分が何を学んでいるのか考える必要がある」…○　第3段落(①の段落)最後の2文に一致する。ウ．「教室で先生に質問するのは，公式な学習の場面である」…○　第3段落前半に一致する。エ．「大人が非公式な学習から学ぶことは何もない」…×　第4段落(③の段落)第1文参照。非公式な学習も一生を通して起こり続ける。　オ．「この文章は，教師がどのような方法で教えるかについての文章である」…×　学習には非公式な場と公式な場の2つがあることを述べた文章である。

4〔適語(句)選択〕

1．適切な関係代名詞を選ぶ問題。直後が助動詞なので主格の関係代名詞が入る。先行詞が‘人’のときの主格の関係代名詞は who である。　「私たちはスマートフォンを上手に使う大人になるべきだ」

2．must には「～しなければならない」のほかに「～に違いない」という‘強い推量’を表す意味もある。　「あなたは一日中，移動していたんですね。あなたは疲れているに違いない」

3．‘look＋形容詞’「～に見える」の形。　「私の兄〔弟〕は今日も楽しそうに見える」

4．現在完了形の‘継続’用法で使われ，「～から」という意味を持つ since が適切。be absent from ～ は「～を休む」という意味なのでアは不可。　「彼は先週の日曜日から休んでいる」

5．後ろに than があるので，He has many books を比較級を用いて表した He has more books ～ という形にする。　「彼は姉〔妹〕より本をたくさん持っている」

6．主語の It が指すのは a traffic accident なので，It＝surprising「驚くべき」という関係になる。surprising「(物事が)驚くべき，驚かせるような」と surprised「(人などが)驚いて」の意味に違いを明確にしておくこと。　「私は帰り道で交通事故を見た。それは驚くべきものだった」

5〔和文英訳―完全記述〕

1．‘数’を尋ねる疑問文は‘How many＋複数名詞’で始める。この後，一般動詞を用いた現在形の疑問文として‘do/does＋主語＋動詞の原形…?’という形にする。「飼う」は keep，have，own など。

2．「～することができません」は can't を使う。「～ので」は接続詞に because を使う。「雨が降っている」は it is raining〔rainy〕とする。

3．「世界を救えるほど十分強い」は‘形容詞〔副詞〕＋enough to ～’「…できるほど〔～するほど〕十分…」の形を使って，strong enough to とする。「～を救う」は save〔help〕～ で表せる。

4．「～だと思います」は I think (that) ～ で表せる。「英語を勉強することは簡単だ」は studying〔to study〕English is easy または‘It is ～ to …’「…することは～だ」の形式主語の構文を使って it is easy to study English とする。

5．「これはかばんです」は This is the bag とする。「父が学生時代に使ったかばん」は，「かばん」を先行詞，「父が学生時代に使った」を関係代名詞節で表し，the bag (which〔that〕) my father used when he was a student とする。過去分詞の形容詞的用法で，the bag used by my father when ～ としてもよい。

数学解答

1 (1) 6　(2) $-9xy$　(3) $x=3,\ y=\frac{2}{3}$　(4) $\frac{2\sqrt{3}}{3}$
(5) $x=\frac{1}{3},\ \frac{1}{6}$　(6) 1215　(7) 81°

2 (1) $\frac{7}{36}$　(2) $\frac{19}{36}$

3 (1) $\frac{2}{3}x+\frac{1}{3}y$g　(2) $x=22,\ y=4$

4 (1) $(2,\ 2)$　(2) $\left(-1,\ \frac{1}{2}\right)$
(3) $\left(\frac{1}{2},\ \frac{1}{2}\right)$

5 (1) 75°　(2) $2\sqrt{2}+2\sqrt{6}$ cm
(3) $12+8\sqrt{3}$ cm^2

6 (1) $8\sqrt{2}$ cm^2　(2) $\frac{32\sqrt{7}}{3}$cm^3
(3) $\frac{9}{4}$cm

1 〔独立小問集合題〕

(1)＜数の計算＞$0.4^2=\left(\frac{4}{10}\right)^2=\left(\frac{2}{5}\right)^2=\frac{4}{25}$より，与式$=-\frac{4}{25}\times(-3)\times\frac{25}{3}+2=\frac{4\times3\times25}{25\times3}+2=4+2=6$となる。

(2)＜式の計算＞与式$=\frac{27x^6y^3}{8}\times\left(-\frac{1}{6xy^4}\right)\times\frac{16y^2}{x^4}=-\frac{27x^6y^3\times1\times16y^2}{8\times6xy^4\times x^4}=-9xy$

(3)＜連立方程式＞$3y-\frac{x-1}{2}=1$……①，$2x=\frac{3}{2}y+5$……②とする。①×2より，$6y-(x-1)=2$，$6y-x+1=2$，$-x+6y=1$……①′　②×2より，$4x=3y+10$，$4x-3y=10$……②′　①′+②′×2より，$-x+8x=1+20$，$7x=21$　∴$x=3$　これを①′に代入して，$-3+6y=1$，$6y=4$　∴$y=\frac{2}{3}$

(4)＜数の計算＞$\frac{1}{\sqrt{12}}=\frac{1}{\sqrt{2^2\times3}}=\frac{1}{2\sqrt{3}}=\frac{1\times\sqrt{3}}{2\sqrt{3}\times\sqrt{3}}=\frac{\sqrt{3}}{2\times3}=\frac{\sqrt{3}}{6}$より，与式$=3^2-(2\sqrt{2})^2+\frac{\sqrt{3}}{6}\times\{1^2-2\times1\times\sqrt{3}+(\sqrt{3})^2\}=9-8+\frac{\sqrt{3}}{6}(1-2\sqrt{3}+3)=1+\frac{\sqrt{3}}{6}(4-2\sqrt{3})=1+\frac{\sqrt{3}}{6}\times4-\frac{\sqrt{3}}{6}\times2\sqrt{3}=1+\frac{2\sqrt{3}}{3}-\frac{(\sqrt{3})^2}{3}=1+\frac{2\sqrt{3}}{3}-\frac{3}{3}=1+\frac{2\sqrt{3}}{3}-1=\frac{2\sqrt{3}}{3}$

(5)＜二次方程式＞$2(3x-1)^2-1+3x=0$，$2(3x-1)^2+(3x-1)=0$と変形して，$3x-1=A$とおくと，$2A^2+A=0$となる。この左辺を因数分解すると，$A(2A+1)=0$となるから，Aをもとに戻して，$(3x-1)\{2(3x-1)+1\}=0$，$(3x-1)(6x-2+1)=0$，$(3x-1)(6x-1)=0$である。よって，$3x-1=0$より$x=\frac{1}{3}$，$6x-1=0$より，$x=\frac{1}{6}$となる。

(6)＜数の性質＞$\sqrt{\frac{20a}{3}}=\sqrt{\frac{2^2\times5a}{3}}=2\sqrt{\frac{5a}{3}}$より，$\sqrt{\frac{20a}{3}}$が自然数になるのは，$n$を自然数とすると，$a=3\times5\times n^2$と表される場合である。この場合，$\sqrt{\frac{20a}{3}}=\sqrt{\frac{2^2\times5\times3\times5\times n^2}{3}}=\sqrt{2^2\times5^2\times n^2}=2\times5\times n=10n$となるから，$10n$が2けたの自然数の中で最も大きくなるのは，自然数$n$が9のときである。よって，求める自然数$a$の値は，$a=3\times5\times9^2=1215$となる。

(7)＜平面図形―角度＞右図のように，円Oの周上の点をA～Cと定め，半径OBと弦ACの交点をDとする。また，2点O，Cを結ぶ。△OACと△OBCはそれぞれOA＝OC，OB＝OCだから，どちらも二等辺三角形である。これより，∠OCA＝∠OAC＝23°，∠OCB＝∠OBC＝52°となり，∠ACB＝∠OCB－∠OCA＝52°－23°＝29°である。よって，△BCDで内角と外角の関係より，∠x＝∠ADB＝∠BCD＋∠DBC＝29°＋52°＝81°となる。

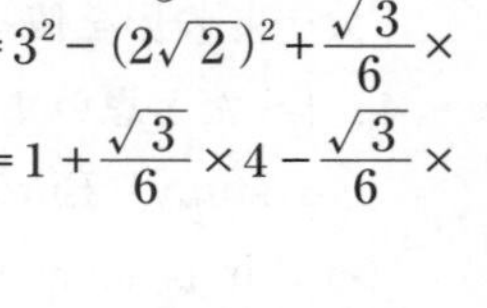

2 〔データの活用―確率―さいころ〕

≪基本方針の決定≫(2)　三角形ができない場合を考える。

(1)＜確率＞さいころの目の数は1～6の6通りあるから，大小2個のさいころを同時に1回だけ投げたとき，出た目の数の組は，全部で $6\times6=36$(通り)ある。このうち，黒石と白石が右図の五角形の同じ頂点に移動するような大小のさいころの出た目の数の組を考える。黒石と白石が頂点Aに移動するときの出た目の数の組は，(大，小)＝(5，5)の1通り，頂点Bに移動するときの出た目の数の組は，(大，小)＝(1，3)，(6，3)の2通り，頂点Cに移動するときの出た目の数の組は，(大，小)＝(2，1)，(2，6)の2通り，頂点Dに移動するときの出た目の数の組は，(大，小)＝(3，4)の1通り，頂点Eに移動するときの出た目の数の組は，(大，小)＝(4，2)の1通りだから，$1+2+2+1+1=7$(通り)ある。よって，求める確率は $\frac{7}{36}$ である。

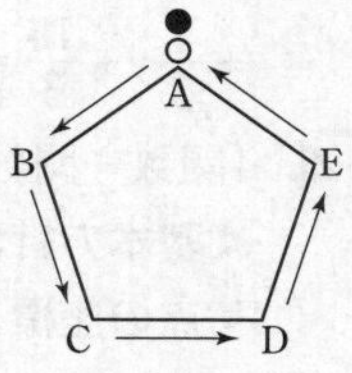

(2)＜確率＞右上図で，頂点A，黒石のある頂点，白石のある頂点を結んだときに，三角形ができないのは，(ⅰ)黒石と白石が同じ頂点にある場合，(ⅱ)黒石が頂点Aにあり，白石が頂点A以外にある場合，(ⅲ)黒石が頂点A以外にあり，白石が頂点Aにある場合である。(ⅰ)の場合，(1)より大小のさいころの出た目の数の組は7通りあり，(ⅱ)の場合，大きいさいころの出る目の数は5の1通りで，小さいさいころの出る目の数は5以外の5通りだから，$1\times5=5$(通り)，(ⅲ)の場合，大きいさいころの出る目の数は5以外の5通り，小さいさいころの出る目の数は5の1通りだから，$5\times1=5$(通り)ある。これより，三角形ができない目の出方は $7+5+5=17$(通り)あるから，三角形ができる目の出方は $36-17=19$(通り)ある。よって，求める確率は $\frac{19}{36}$ となる。

3 〔数と式―連立方程式の応用〕

≪基本方針の決定≫移す食塩水50g中に含まれる食塩の量について考える。

(1)＜文字式の利用＞x%の食塩水が100g入った容器Aから食塩水50gを容器Bに移すとき，容器Aから容器Bに移した食塩水50gに含まれる食塩の量は $50\times\frac{x}{100}=\frac{1}{2}x$(g)であり，容器Aに $100-50=50$(g)残った食塩水に含まれる食塩の量も $\frac{1}{2}x$gである。これより，容器Aから食塩水50gを容器Bに移した後，容器Bの食塩水に含まれる食塩の量は $100\times\frac{y}{100}+\frac{1}{2}x=\frac{1}{2}x+y$(g)となる。このとき，容器Bの食塩水の量は $100+50=150$(g)だから，この容器Bの食塩水50gに含まれる食塩の量は $\left(\frac{1}{2}x+y\right)\times\frac{50}{150}=\frac{1}{6}x+\frac{1}{3}y$(g)である。よって，容器Bの食塩水50gを容器Aに移すと，容器Aの食塩水に含まれる食塩の量は $\frac{1}{2}x+\left(\frac{1}{6}x+\frac{1}{3}y\right)=\frac{2}{3}x+\frac{1}{3}y$(g)となる。

(2)＜x，yの値＞まず，1回目の操作を行った後，容器Aの食塩水の濃度は16%になったので，この食塩水100 gに含まれる食塩の量は $100\times\frac{16}{100}=16$(g)である。よって，(1)より1回目の操作を行った後の容器Aの食塩水に含まれる食塩の量について，$\frac{2}{3}x+\frac{1}{3}y=16$……①が成り立つ。また，操作前，容器Aに入っているx%の食塩水100gと容器Bに入っているy%の食塩水100gに含まれる食塩の量は，それぞれ $100\times\frac{x}{100}=x$(g)，$100\times\frac{y}{100}=y$(g)である。容器Aと容器Bに入っている食塩水に含まれる食塩の量を合わせると $x+y$gになるから，1回目の操作を行った後，容器Bの食塩水100gに含まれる食塩の量は $x+y-16$gと表される。これより，2回目の操作を行った後，容器Aの食塩水100gに含まれる食塩の量は $16\times\frac{50}{100}+\left(x+y-16+16\times\frac{50}{100}\right)\times\frac{50}{150}=8+(x+y-8)\times\frac{1}{3}=\frac{1}{3}x+\frac{1}{3}y+\frac{16}{3}$(g)となる。したがって，2回目の操作を行った後のAの食塩水の濃度は14%なので，$\frac{1}{3}x$

$+\frac{1}{3}y+\frac{16}{3}=100\times\frac{14}{100}$……②が成り立つ。①，②を連立方程式として解くと，$x=22$，$y=4$ となる。

4 〔関数—関数 $y=ax^2$ と一次関数のグラフ〕

≪基本方針の決定≫(3)　△ACE，△OFE をそれぞれ含む △ACO，△OFC に着目する。

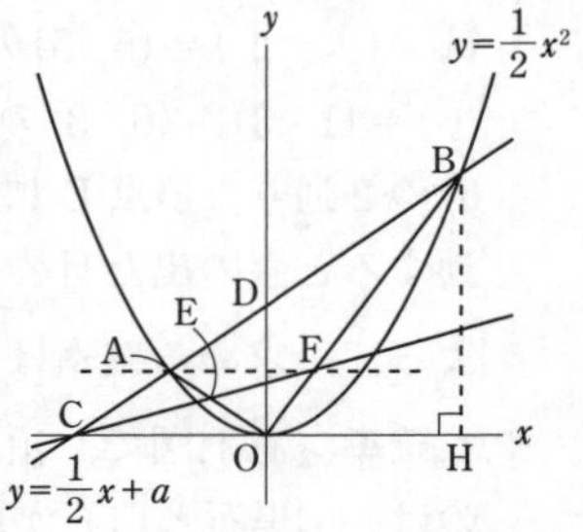

(1)＜点の座標＞右図のように，点 B から x 軸に垂線 BH を引き，点 B の x 座標を b とする。CD＝DB のとき，DO∥BH より，CO：OH＝CD：DB＝1：1 であり，CO＝OH＝b だから，点 C の x 座標は $-b$ となり，C$(-b,\ 0)$である。また，点 B は放物線 $y=\frac{1}{2}x^2$ 上の点だから，y 座標は $y=\frac{1}{2}b^2$ より，$\mathrm{B}\left(b,\ \frac{1}{2}b^2\right)$である。よって，点 B，C は直線 $y=\frac{1}{2}x+a$ 上の点で，直線の傾きが $\frac{1}{2}$ なので，2 点 B，C の座標より，$\left(\frac{1}{2}b^2-0\right)\div\{b-(-b)\}=\frac{1}{2}$ が成り立つ。これを解くと，$\frac{1}{2}b^2\div 2b=\frac{1}{2}$ より，$b=2$ となるから，$y=\frac{1}{2}b^2=\frac{1}{2}\times 2^2=2$ より，B$(2,\ 2)$である。

(2)＜点の座標＞(1)より，直線 $y=\frac{1}{2}x+a$ は B$(2,\ 2)$を通るから，この式に $x=2$，$y=2$ を代入すると，$2=\frac{1}{2}\times 2+a$ より，$a=1$ である。よって，直線 AB の式は $y=\frac{1}{2}x+1$ である。上図で，点 A はこの直線 AB と放物線 $y=\frac{1}{2}x^2$ の交点だから，2 式から y を消去して，$\frac{1}{2}x^2=\frac{1}{2}x+1$，$x^2-x-2=0$，$(x+1)(x-2)=0$ より，$x=-1$，2 となる。したがって，点 A の x 座標は -1 だから，$y=\frac{1}{2}\times(-1)^2=\frac{1}{2}$ より，$\mathrm{A}\left(-1,\ \frac{1}{2}\right)$となる。

(3)＜点の座標＞右上図の △ACO と △OFC において，△ACO＝△ACE＋△ECO，△OFC＝△OFE＋△ECO より，△ACE＝△OFE のとき，△ACO＝△OFC である。これより，△ACO と △OFC の底辺を共有する CO と見ると，面積が等しいから，高さも等しくなり，AF∥CO となる。よって，点 F の y 座標は点 A の y 座標と等しいから，(2)で $\mathrm{A}\left(-1,\ \frac{1}{2}\right)$より，点 F の y 座標は $\frac{1}{2}$ である。また，B$(2,\ 2)$より，直線 OB の傾きは $\frac{2}{2}=1$ となるから，その式は $y=x$ である。したがって，点 F は直線 $y=x$ 上の点で，y 座標は $\frac{1}{2}$ だから，$\frac{1}{2}=x$，$x=\frac{1}{2}$ より，$\mathrm{F}\left(\frac{1}{2},\ \frac{1}{2}\right)$である。

5 〔平面図形—円〕

≪基本方針の決定≫(2)　△ACD を 3 辺の比がわかる 2 つの三角形に分けて考える。

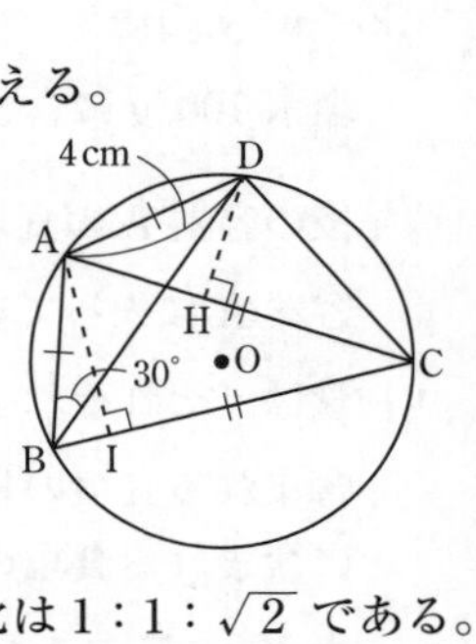

(1)＜角度＞右図で，AB＝AD のとき，$\overset{\frown}{\mathrm{AB}}=\overset{\frown}{\mathrm{AD}}$ であり，1 つの円で等しい長さの弧に対する円周角の大きさは等しいから，∠ACB＝∠ABD＝30° である。よって，△ABC は AC＝BC の二等辺三角形だから，∠BAC＝∠ABC＝(180°－30°)÷2＝75° となる。

(2)＜長さ＞右図で，AC＝BC より，辺 AC の長さを求める。点 D から弦 AC に垂線 DH を引くと，$\overset{\frown}{\mathrm{CD}}$ に対する円周角より，∠CAD＝∠CBD＝∠ABC－∠ABD＝75°－30°＝45° となるから，△ADH は直角二等辺三角形で，3 辺の比は $1:1:\sqrt{2}$ である。また，$\overset{\frown}{\mathrm{AD}}$ に対する円周角より，∠ACD＝∠ABD＝30° となるから，△CDH は 3 辺の比が $1:2:\sqrt{3}$ の直角三角形である。よって，△ADH において，$\mathrm{AH}=\mathrm{DH}=\frac{1}{\sqrt{2}}\mathrm{AD}=\frac{1}{\sqrt{2}}\times 4=2\sqrt{2}$ であ

り，△CDHにおいて，$CH=\sqrt{3}DH=\sqrt{3}\times2\sqrt{2}=2\sqrt{6}$であるから，$AC=AH+CH=2\sqrt{2}+2\sqrt{6}$より，$BC=2\sqrt{2}+2\sqrt{6}$(cm)となる。

(3)＜面積＞〔四角形ABCD〕＝△ABC＋△ACDと考え，まず，△ABCの面積を求める。前ページの図のように，頂点Aから辺BCに垂線AIを引くと，∠ACB＝30°より，△ACIは3辺の比が$1:2:\sqrt{3}$の直角三角形である。これより，$AI=\frac{1}{2}AC=\frac{1}{2}\times(2\sqrt{2}+2\sqrt{6})=\sqrt{2}+\sqrt{6}$だから，△ABC$=\frac{1}{2}\times BC\times AI=\frac{1}{2}\times(2\sqrt{2}+2\sqrt{6})\times(\sqrt{2}+\sqrt{6})=(\sqrt{2}+\sqrt{6})^2=2+4\sqrt{3}+6=8+4\sqrt{3}$となる。次に，△ACDの面積は，△ACD$=\frac{1}{2}\times AC\times DH=\frac{1}{2}\times(2\sqrt{2}+2\sqrt{6})\times2\sqrt{2}=4+4\sqrt{3}$である。以上より，〔四角形ABCD〕$=8+4\sqrt{3}+4+4\sqrt{3}=12+8\sqrt{3}$($cm^2$)となる。

6〔空間図形―正四角錐〕

≪基本方針の決定≫(2)　頂点Oから底面に引いた垂線は，底面の正方形の対角線の交点と交わる。

(3)　高さが等しい三角錐の底面積の比は，体積の比に等しいことを利用する。

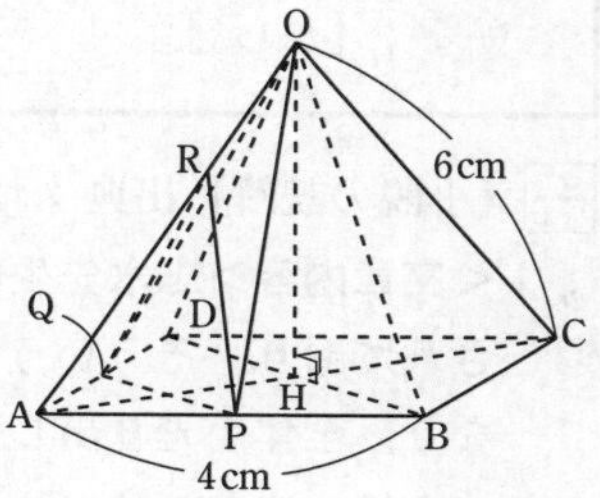

(1)＜面積＞右図で，△OABはOA＝OBの二等辺三角形だから，辺ABの中点をPとして，点Oと点Pを結ぶと，OP⊥ABとなる。よって，△OAPは直角三角形で，$AP=\frac{1}{2}AB=\frac{1}{2}\times4=2$となるから，三平方の定理を利用して，$OP=\sqrt{OA^2-AP^2}=\sqrt{6^2-2^2}=\sqrt{32}=4\sqrt{2}$である。したがって，△OAB$=\frac{1}{2}\times AB\times OP=\frac{1}{2}\times4\times4\sqrt{2}=8\sqrt{2}$($cm^2$)となる。

(2)＜体積＞右図のように，底面の正方形ABCDの対角線の交点をHとすると，頂点Oから底面ABCDに引いた垂線は点Hと交わる。よって，正四角錐O-ABCDの高さはOHとなる。図の△OAHについて，正方形の対角線は互いの中点で交わるから，$AH=\frac{1}{2}AC$であり，△ABCが直角二等辺三角形より，$AC=\sqrt{2}AB=\sqrt{2}\times4=4\sqrt{2}$だから，$AH=\frac{1}{2}\times4\sqrt{2}=2\sqrt{2}$である。∠OHA＝90°より，△OAHで三平方の定理より，$OH=\sqrt{OA^2-AH^2}=\sqrt{6^2-(2\sqrt{2})^2}=\sqrt{28}=2\sqrt{7}$となる。したがって，正四角錐O-ABCDの体積は，$\frac{1}{3}\times$〔四角形ABCD〕$\times OH=\frac{1}{3}\times4\times4\times2\sqrt{7}=\frac{32\sqrt{7}}{3}$($cm^3$)である。

(3)＜長さ＞右上図で，四面体R-APQと四面体O-APQの底面をそれぞれ△RAP，△OAPと見ると，ともに頂点はQとなるから，この2つの四面体の高さは等しい。高さが等しい四面体の底面積の比は，体積の比に等しい。四面体O-APQは底面を△APQと見ると，高さは$OH=2\sqrt{7}$である。点Qが辺ADの中点より，$AQ=\frac{1}{2}AD=\frac{1}{2}\times4=2$だから，△APQ$=\frac{1}{2}\times AP\times AQ=\frac{1}{2}\times2\times2=2$となり，〔四面体O-APQ〕$=\frac{1}{3}\times$△APQ$\times OH=\frac{1}{3}\times2\times2\sqrt{7}=\frac{4\sqrt{7}}{3}$となる。よって，〔四面体R-APQ〕：〔四面体O-APQ〕$=\frac{5\sqrt{7}}{6}:\frac{4\sqrt{7}}{3}=5:8$となるから，△RAP：△OAP＝5：8である。さらに，△RAPと△OAPの底辺をそれぞれRA，OAと見ると，高さは等しいから，底辺の比は面積の比に等しい。これより，RA：OA＝△RAP：△OAP＝5：8となる。したがって，OR：OA＝(OA－RA)：OA＝(8－5)：8＝3：8より，$OR=\frac{3}{8}OA=\frac{3}{8}\times6=\frac{9}{4}$(cm)である。

国語解答

一 1 エ　2 ウ　3 ア　4 イ
5 エ　6 ウ，オ
7 (1)…イ　(2)…ア　(3)…ウ

二 1 A…ア　B…エ　C…ウ　D…イ
2 一定の社会～ことになる［から。］
3 多様な価値～とする視線
4 (1)…ウ
(2) 自由と承認の苦しみに満ちた葛藤
5 ［現代は］社会共通の～りつつある［から。］
6 ③
7 ［「一般的他者の視点」があることで］多様な他者の承認を得る可能性が確保された，自らの判断による行動が取れるから。(38字)

三 ① はくせい　② はんぼう
③ しゃくりょう　④ こ
⑤ もてあそ

四 ① 廃止　② 盲目　③ 名誉
④ 凝　⑤ 励

一〔小説の読解〕出典；ねじめ正一『泣き虫先生』。

1＜文章内容＞志水先生は，卓也の詩には「どんな子にも共有」できる「マイナスの気持ち」が表現されており，そういう気持ちを〈宙ぶらりん〉という言葉で表したことによって，「この文章が詩になり，全体が光り出した」ことに感動し，「いい詩」だと褒めたのである。

2＜心情＞清田の詩に，乱暴な清田からは想像できない〈ひとりぼっち〉や〈辛抱〉という弱い気持ちを表す言葉が使われているのを，卓也は「不思議」に感じ，これまで思っていたのとは違う清田のことをどう理解していいか迷い，心が落ち着かないのである。

3＜文章内容＞〈宙ぶらりん〉と〈ひとりぼっち〉は，どちらも特別な言葉ではなく，辞書的な意味も違うが，これらの言葉に二人の「本当の心」が現れている。これらの言葉が表す二人の気持ちは，生きる支えや目標が見つからず，不安や孤独に苦しんでいる点で共通している。

4＜心情＞A．店番のイヤな気分が言葉になって出てくると，卓也は「野球で得られる充実感とは別の」満ち足りた気持ちになり，うれしくなった。　B．黒板に書かれた詩を，「クラスのほとんどの子が，卓也の詩だと気づいていて，卓也の方に視線を向けてくる」ので，卓也は非常に恥ずかしく思い，「顔が上げられない」のである。　C．志水先生が授業で卓也の詩について話しているとき，卓也は，「清田はどう思っている」かが気になり，卓也に対する対抗心から班ノートを書いてくるのだろうか，それとも志水先生に抵抗してずっと書かないのだろうかと，清田の思いに心を引かれていた。　D．自分の詩は自分の心から出てきた言葉ではなく，うその言葉ばかりで書いたのだと清田が言ったので，卓也は，自分の心から言葉が出てこないのなら「書かなきゃいい」のに，なぜ書いたのだと疑わしく思った。

5＜心情＞卓也は，自分が小さな花屋の息子であることで，「私立中学校にも行かせてもらえない」ことや「店番させられる」ことなど，不満に思っていることがたくさんあった。それなのに，清田が「お坊ちゃん」などと小馬鹿にした言い方をしたので，卓也は嫌な気分になり，言い返したく思った。

6＜要旨＞卓也の詩が授業で取り上げられた後，清田は，卓也に対抗するように，自分の詩をつくってきた(イ…×)。清田は，部活などで人と接触はしているものの，志水先生に，「実際，オレ，ひとりぼっちだから」と，自分が精神的に孤独であることを明かした(オ…○)。卓也は，花屋をやっている自分の家にはいつも誰かがいるので，自分はひとりぼっちではないと，〈ひとりぼっち〉という言葉をただ一人であるという字義どおりに解釈していて，清田の詩に共感はしていない(ア…×)。志水先生は，生徒の詩を読んで泣くなど物事に心が動かされやすく，また，「自然と泣けてくるんだから，仕様がない」と言って，生徒の前でも自分の感情を抑えようとはしない(カ…×)。卓也は，自分を小馬鹿にする今の清田の態度は気に入らないが，以前清田がキャッチャーをやってくれると言ったときは，「清田と友達になれるかも」と思った(エ…×)。志水先生は，卓也と清田の詩を読んで，言葉は違うけれども突き詰めれば「一緒」の気持ちが詩に現れていることに気づき，詩によって「お互いが，こんなに共鳴できるなんて，めったにない」と，二人が詩に現れたお互いの悩みを理解できるに違いないと思っていた(ウ…○)。

7⑴＜詩の形式＞Ｘは，現代の言葉で書かれた，音数にとらわれない自由な形式の詩である。Ｙは，現代の言葉で書かれた，全ての連が三行目以外は同じ構成になっているという一定の形式を持った詩である。　⑵＜詩の技法＞Ｘは，冒頭の二行では「花屋」，最後の行は「宙ぶらりん」という名詞で終わっている。最後が名詞で終わっていることで，強い印象や余韻を生じさせている。
⑶＜詩の技法＞Ｙは，三行目以外は同じ構成になっていて，同じ表現が繰り返されている。「ひとりぼっち」という気持ちが強調されている。

二〔論説文の読解─社会学的分野─現代社会〕出典；山竹伸二『「認められたい」の正体　承認不安の時代』。

≪本文の概要≫昔から，社会は，特定の宗教や文化的慣習などを共有し，その価値観に基づく社会規範によって成り立ってきた。社会共通の価値観は，内面にまで浸透して個人の価値観を形成し，人々は，その価値観に準じて行動する。近代社会になると，宗教的価値観の絶対性が揺らぎ，また，世界の多様な価値観が出会うようになったため，人間は，誰もが納得できる普遍的な価値を求め，「一般的他者の視点」，つまり，多様な他者の立場で，より一般性のある価値を考える見方を持つようになった。ところが，現代では社会共通の価値観への信頼が揺らぎ，人々は，自分の価値を確認する基準を失って，身近な他者による自己価値の承認を強く求める。そのため，今多くの若者が「空虚な承認ゲーム」に陥り，承認の不安や，自己の感情を自由に表現できないことに苦しんでいる。このような社会共通の価値観への信頼が揺らいでいる時代であるからこそ，現代では，共通了解しえる価値を求める視点が必要とされる。「一般的他者の視点」で価値判断して行動すると，他者の承認を得る可能性を確保でき，しかも自らの判断で行動するので，自由に生きているという実感を失わない。したがって，「一般的他者の視点」は，行為の価値を確認するためだけでなく，自分の意志で行動する自由を確保するために，何としても必要である。

1＜接続語＞Ａ．近代社会になると，「自然科学の発展にともなって宗教的価値観の絶対性は」揺らいで，そのうえ，「交通手段の進歩と社会構造の変化により，世界の多様な価値観が出会うように」なる。　Ｂ．近代社会では，「普遍的な価値を求めて，人間はさまざまな立場の人々を想定した上で，誰もが納得し得る価値判断を導き出そうとした」けれども，現在は，「一般性のある価値，普遍的な価値そのものへの疑義が増幅し，価値相対主義が蔓延して」いる。　Ｃ．「異なった価値観の人間同士の間に共通了解の可能性がないわけではない」ことの例を挙げていえば，「まったく趣味や感性，信条の異なる人間の間でも，困っている人を助けるのは『価値ある行為』である，と普通は誰もが認めるにちがいない」のである。　Ｄ．「空虚な承認ゲーム」において生み出されている苦悩は，承認の不安だけではなく，「自由」の意識の欠如であるから，「自由の意識を確保しつつ承認の可能性を切り開く『一般的他者の視点』」は，苦悩から抜け出すうえで「重要な役割」をになっている。

２＜文章内容＞社会に「一定の社会的慣習や共有された価値観」があれば，その慣習や価値観は「個人の内面にまで浸透」し，その人の価値観を形成する。そのため，個人の価値観と，同じ社会において同様の過程で形成された周囲の人々の価値観には，大きな違いは生じない。

３＜文章内容＞近代社会になると，宗教的価値観の絶対性が揺らぎ，また，世界の多様な価値観が出会うようになった。そのため，人間は，「誰もが納得し得る」普遍的な価値判断を求めるようになり，「多様な価値観のなかで共通性を求め，より一般性のある価値を考えようとする視線」という，いわば「一般的他者の視点」を持つようになった。

４＜文章内容＞⑴現代では価値観が多様化して相対的なものととらえられ，多くの人が自己価値を確認するための評価基準を失っている。そのため，自己価値に対する親や仲間など「身近な人々の承認」を強く望み，自己の感情を自由に表現することを抑えようとする心理が，個人の中にはたらく。

⑵「空虚な承認ゲーム」においては，承認の不安の苦しみだけではなく，自分の感情を自由に表現できない苦しみも生み出されている。すなわち，「空虚な承認ゲーム」によって，人は，自己の感情を自由に表現したい欲求と，他者に承認されたい欲求という，「自由と承認の苦しみに満ちた葛藤」に思い悩むのである。

５＜文章内容＞現代は，「社会共通の価値観への信頼がゆらぎ，価値相対主義的な見方が広まりつつある」ため，さまざまな価値観を持つ人々が了解できる共通の価値が求められる。そういう現代では，多様な価値観を持った他者の立場から一般性のある価値を考えようとする「一般的他者の視点」が必要とされる。

６＜文脈＞かつては，成長過程において，「身近な他者の承認に固執している段階から，社会共通の価値観に基づく他者一般の承認に眼が向けられていた」けれども，現代社会では，身近な他者の承認を求める段階から，他者一般の承認を求める段階へと，承認欲望の対象の移行が順調に「進展しない」のである。

７＜文章内容＞「一般的他者の視点」による価値判断に準じた行動は，多様な他者の承認を想定したうえで判断されたものなので，「他者の承認を得る可能性を確保すること」ができ，しかも，その行動は「自らの判断」によるものなので，「自由に生きている」という実感を失わない。

三〔漢字〕

①鳥や獣などの骨格・筋肉・内臓を除いて皮だけを残し，中に綿などを詰めて縫い合わせ，防腐などの処理をして，生きていたときの形につくったもの。　②用事が多くて忙しいこと。　③事情を考慮して，処置・処分などをほどよく加減すること。　④訓読みは他に「こ(らす)」「こ(らしめる)」がある。音読みは「懲罰」などの「チョウ」。　⑤音読みは「翻弄」などの「ロウ」。

四〔漢字〕

①それまで続いてきた制度・慣習などを取りやめること。　②目が見えないこと。また，理性を失い，適切な判断ができないこと。　③世間から優れていると高く評価されること。　④訓読みは他に「こ(らす)」がある。音読みは「凝視」などの「ギョウ」。　⑤訓読みは他に「はげ(む)」がある。音読みは「激励」などの「レイ」。

2022年度　京華高等学校

【英　語】（50分）〈満点：100点〉

1　次の英文を読んで，後の問いに答えなさい。

People spend about one-third of their lives asleep. We can survive longer without food than without sleep. Sleeping is very important, so the bed is important. Scientists say that the first bed was probably a pile of leaves or straw. Now, of course, beds are much better than that, and we have lots of choices. An average bed today lasts about fifteen years, and most people change beds about five times in their lives. Even with all the beds in the world, people still invent new ones. And some people are still searching for the perfect bed.

For most of human history, people slept on layers of cloth, leaves or straw, or furs, which they laid on the floor. In ancient Egypt, over 3,000 years ago, the *pharaohs were the first to raise their beds off the floor. They slept on light beds made of wood. You could fold and carry these beds. *Archeologists found a bed like this in Tutankhamen's tomb. People back then did not think soft pillows were necessary. The Egyptians put their heads on headrests made of wood, and the Chinese had ceramic headrests.

In the Roman Empire, only the rich had beds. Poor people still slept on the floor. The bed became a symbol of wealth. One Roman emperor had a silver bed. Beds later became a person's most valuable *possession. When Shakespeare died, he left his second-best bed to his wife. Beds were so special that in England, when a rich person traveled to another person's home, he took his bed with him. When a person stayed at an *inn for the night, he had to share a bed with strangers. If a rich person came to the inn, the manager threw a poor traveler out of a bed to make room. All this sharing meant that beds were not very clean, and insects lived in them. Some people, especially rich women, slept on a chair when they traveled.

After 1750, beds became beautiful pieces of furniture. They were made of carved wood. A beautiful bed at the time could cost $1 million in today's money. The beds had four posts, one on each corner. People used these to hang curtains around the bed. The curtains helped to keep the bed warm. Also, because you passed through one room to get to another, the curtains were good for privacy.

Beds also became higher and higher. Queen Victoria slept on a bed with seven mattresses on top of each other. She had steps beside the bed to reach the top. Mattresses usually had straw on the inside (for poor people) or feathers (for the rich). After 1820, people slept on cotton mattresses with metal springs inside them. Beds made of metal became popular, too. The best beds were made of a yellow metal called brass. Metal beds were better for your health than beds made of wood, because they had fewer insects in them. That's why hospital beds are metal today.

In ancient Rome, people slept in their everyday clothes. In England, people did not wear clothes in bed. They wore a cap to keep their head and ears warm. Later, men wore nightshirts and women wore long nightdresses and hats. It was only after 1870 that men started to wear pajamas.

People had other interesting ways to keep warm in bed. Many families shared one big bed. Some people slept with a small dog to keep their feet warm. Sometimes, people warmed the bed before they got into it. They warmed stones, wrapped them in cloth, and put them in the bed. Later, they used rubber bottles with hot water inside. One English Prime Minister, William Gladstone, filled his bottle with tea in case he was thirsty at night.

Today, some people in Asian cultures still prefer to sleep on the floor. They sleep on a thick mattress of cloth layers called a *futon*. They can roll up on the *futon* and put it away during the day. Some people put their *futon* on a low frame rather than on the floor. Then it looks a lot like a Western-style bed.

Beds today come in every size and shape. We have round beds, king-size beds, bunk beds, adjustable beds, water beds, air beds, and *futons*. Are you feeling sleepy yet？ Don't fall into sleep yet, though！

（注） pharaohs 古代エジプト王　archeologists 考古学者　possession 財産　inn 宿

1．空欄に入る最も適切なものを選び，ア～エの記号で答えなさい。

(1) In the Roman Empire, the bed was (　　　).

ア．made of leaves　　イ．not important

ウ．a symbol of wealth　　エ．only in hotels

(2) Beds made of metal were (　　　).

ア．higher　　イ．better for health

ウ．more expensive　　エ．like beautiful pieces of furniture

(3) To keep warm, people (　　　).

ア．put warm stones in bed

イ．wrapped their feet in cloth

ウ．drank tea in bed

エ．warmed themselves before they got in the bed

2．次の質問に英文で答えなさい。必ず，主語と動詞を含むこと。

(1) What kind of headrests did the Egyptians have？

(2) Why did people hang curtains around their beds？

(3) What is the merit when people use *futon* at home？

3．次の英文の内容が本文中に述べられていればT，そうでなければFと答えなさい。

(1) Nothing is more important than food.

(2) Manufacturers today don't make beds that last a lifetime because they want to sell more beds.

(3) Beds were not clean in the past.

(4) Asian cultures use a *futon* because they don't have space for a permanent bed.

(5) In the past, people covered their heads to keep warm in bed.

2 次の英文を読んで，後の問いに答えなさい。

There are many millions of *species of plant and animal. They live all around us－on land, in water, and in the air！ (①) them, Earth and everything on it would die.

Species are important in many ways. All species need each other. Animals eat plants, and some animals eat other animals, too. People eat plants and animals. People also use plants (②) medicines, and in industry.

All *individual plants and animals die, but when every plant or animal in a species has died, the species is ③<u>extinct</u>. This means that it's lost forever. When one species dies, maybe others that need it will die, too. People need to protect all the plants and animals on Earth. ④If they don't, many species will become extinct in the future.

Lots of people work to protect Earth's plants and animals. *Conservationists work to protect species that are threatened. They work all around the world, in places (⑤) rainforests, deserts, and oceans. In the USA, conservationists move sea turtle eggs (⑥) busy beaches to quieter places where they can *hatch safely.

Elephants live in many African countries. People and elephants have lived near each other for thousands of years. People have killed elephants for meat and for ivory, and they have taken land from elephants, too. ⑦They have cut down trees that elephants need for food so that they can build houses and grow crops. Sometimes, elephants break buildings, or hurt or kill people, because the people live on elephants' land. ⑧This then makes people kill more elephants. Animal *charities try to help elephants. They care for young elephants when their parents have been killed by hunters.

Today, more than 16,000 species are threatened, (⑤) African elephants and many types of sea turtle. A charity called WWF works to protect threatened species all around the world.

We can all help to protect plants and animals in small ways. When we go out (⑨) a walk, we should always leave flowers where they grow. Then, in the future, more plants will grow from the seeds. In gardens and parks, we can grow plants that animals need for food and homes. All these things will help to protect important species.

（注） species 種　individual 個々の　conservationists 自然保護論者
hatch 卵がかえる　charities 慈善団体

1．空欄①・②・⑤・⑥・⑨に入る最も適切なものを下から選び，ア～オの記号で答えなさい。ただし，同じ記号を２度使ってはならず，文頭の語は小文字になっている。
ア．like　イ．without　ウ．for　エ．as　オ．from

2．下線部③の英語の意味を日本語で答えなさい。

3．下線部④の don't の後に省略されている語句を英語で書きなさい。

4．下線部⑦の英文を日本文にしなさい。ただし，they が指すものを明らかにすること。

5．下線部⑧を具体的に日本語で説明しなさい。

3　次の英文を読んで，空欄に入る最も適切なものをそれぞれの語群から選びなさい。必要があれば大文字で書き始めること。ただし，どの語も２度使ってはならない。

1．Kathy looked up at the clock on the wall. (①) showed six o'clock. Her father, (②) had promised to take (③) to the 6:30 p.m. show at the Lido Cinema, had still not come home. What could have happened to (④)? Could he have forgotten about (⑤) promise? Or could (⑥) have been caught in a traffic jam? Kathy had tried calling his office, but there was no response. As the minutes ticked by, (⑦) became more anxious and worried. Suddenly, she saw her father's car around the bend. Kathy rushed out to greet him. "Sorry to keep (⑧) waiting for so long," he said. "(⑨) went to buy these two cinema tickets first as I was afraid that (⑩) would be sold out. It's only 6:15 p.m. now and we can still make it to the show."

she	I	he	they	it	whom
who	him	his	her	you	them

2．Our planet is mostly (①) with water. The (②) and seas make up nearly three quarters of the world's (③). The water in the sea is (④). There is also water on the (⑤). It is found in ponds, streams, (⑥) and lakes. This water comes from the rain. All plants and (⑦) need water to survive. Animals which (⑧) on land cannot drink seawater because it is salty. They (⑨) water from ponds, streams, rivers and lakes. Plants take in (⑩) through their roots.

drink	rivers	rain	land	salty	live
fresh	covered	animals	water	surface	oceans

4 次の各組の英文が同じ内容になるように，空欄に入る最も適切な語を答えなさい。

1．Taku wrote her a letter, but she didn't answer.
( ) Taku wrote her a letter, she didn't answer.

2．The heavy rain prevented me from coming on time.
I couldn't come on time ( ) of the heavy rain.

3．When did he make this cake ?
When ( ) this cake made by him ?

4．Bob doesn't have any brothers.
Bob has ( ) brothers.

5．You must study English right now.
( ) English right now.

5 次の日本文を英文にしなさい。

1．Kazu は日本で最も有名なサッカー選手の一人です。
2．私は人形を集めることに興味があります。
3．私たちの先生は，私たちにもっと英語の本を読むようにと言った。
4．私はあまりにも疲れていたので，彼らと旅行に行けなかった。
5．Ken は始発電車に乗るために，早起きをしなければならなかった。

【数　学】（50分）〈満点：100点〉

（注意）　1．答えに根号が含まれるときは，根号の中はできるだけ小さい自然数にしなさい。
また，分母に根号が含まれるときは，分母に根号を含まない形にしなさい。
2．答えが分数になるときは，それ以上約分できない形にしなさい。
3．円周率はπとします。
4．コンパス，分度器，定規，計算機は使用できません。

1　次の各問いに答えよ。

(1)　$(-4)^3\times(-0.5)-2^2\div\left(-\dfrac{2}{3}\right)$を計算せよ。

(2)　$(-2xy^2)^3\div\left(-\dfrac{4}{5}x^4y^3\right)\times\dfrac{3}{10}x^2y$を計算せよ。

(3)　連立方程式$\begin{cases}\dfrac{2x+y}{3}=\dfrac{y}{4}-1\\ 3(2x-y)-4x=10\end{cases}$を解け。

(4)　$\dfrac{3\sqrt{3}+2\sqrt{2}}{\sqrt{2}}-\dfrac{2\sqrt{3}+3\sqrt{2}}{\sqrt{3}}$を計算せよ。

(5)　2次方程式$(2x+1)(x-3)=x(x+1)$を解け。

(6)　右の図で，点Oは円の中心である。$\angle x$の大きさを求めよ。

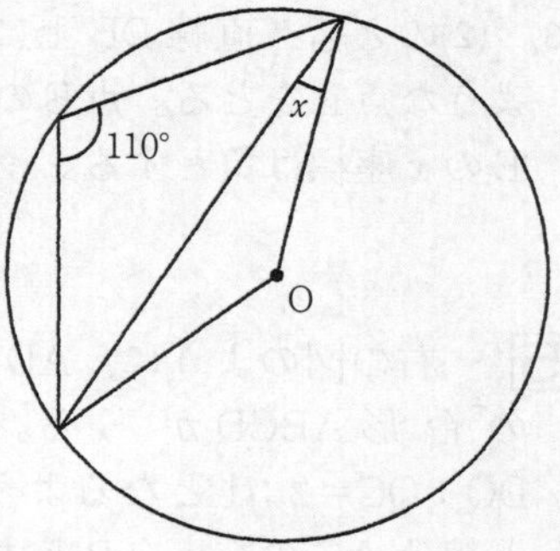

2　大小2個のさいころを投げて，大きいさいころの出た目の数をa，小さいさいころの出た目の数をbとするとき，次の各問いに答えよ。

(1)　abが3の倍数になる確率を求めよ。

(2)　$a(b-1)-3b+3$が自然数になる確率を求めよ。

3　右の図のような，直線$y=-\dfrac{1}{2}x+3$……①がある。
①とy軸，x軸との交点をそれぞれA，Bとし，2点C(0, 12)，D(8, 0)を通る直線を②とする。また，直線①と平行で，線分AC上の点Pを通る直線をlとする。②とlの交点をQとするとき，次の各問いに答えよ。

(1)　直線②の式を求めよ。

(2)　点Pの座標が(0, 8)であるとき，△QABの面積を求めよ。

(3)　△QABの面積が四角形ABDCの面積の$\dfrac{1}{2}$倍になるとき，直線lの式を求めよ。

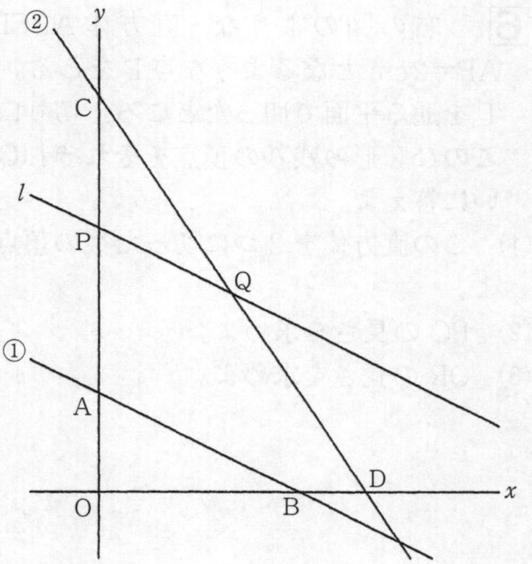

4　右の図のように，放物線 $y=ax^2$……①と２直線 $y=x+\dfrac{15}{2}$……②，$y=-\dfrac{1}{2}x+3$……③があり，直線②と直線③は放物線①上の点Aで交わっている。また，直線②，③と放物線①の交点のうち，点Aと異なるものをそれぞれB，Cとするとき，次の各問いに答えよ。

(1)　a の値を求めよ。

(2)　四角形ACBDが平行四辺形になるとき，点Dの座標を求めよ。

(3)　(2)のとき，直線DB上に△OBEの面積が90になるような点Eをとる。点Eの座標を求めよ。ただし，点Eの x 座標は負とする。

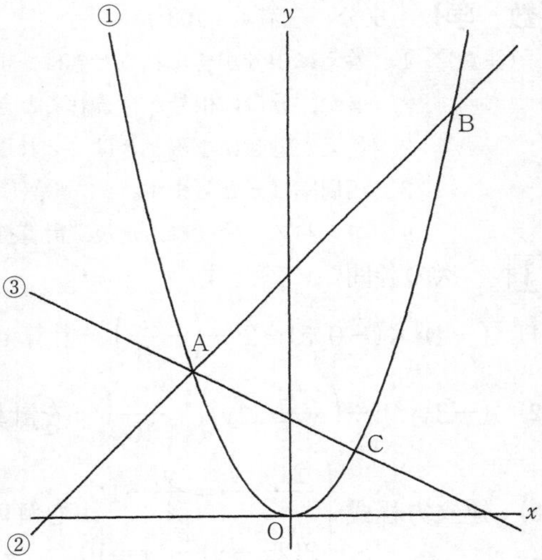

5　右の図のように，AD∥BC，AD＝2cm，BC＝3cmの台形ABCDがある。辺AB，DC上にAP：PB＝DQ：QC＝2：1となるような点P，Qをとり，線分PQと線分ACの交点をRとする。また，線分BRの延長と線分CD，線分ADの延長との交点をそれぞれS，Tとするとき，次の各問いに答えよ。

(1)　ATの長さを求めよ。

(2)　DS：SQ：QCを最も簡単な整数の比で表せ。

(3)　台形ABCDの面積は△QRSの面積の何倍か答えよ。

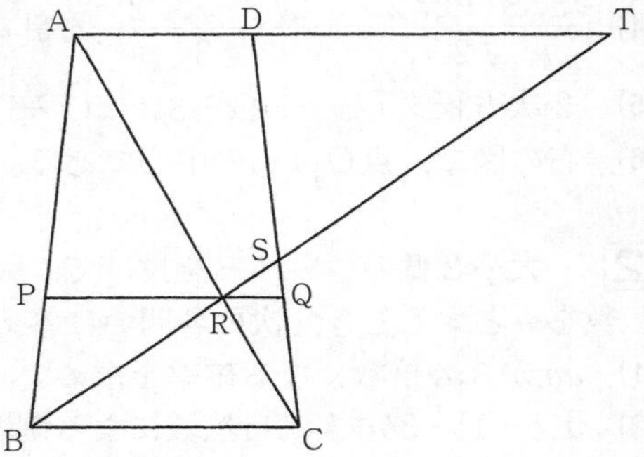

6　右の図のような，直方体ABCD-EFGHがあり，AE上にAP＝2cmとなるような点Pをとる。また，この直方体を２点G，Pを通る平面で切ったところ，切り口の図形がひし形になった。このひし形の残りの頂点をそれぞれQ，Rとするとき，次の各問いに答えよ。

(1)　この直方体を２つに切った後の頂点Aを含む立体の体積を求めよ。

(2)　PQの長さを求めよ。

(3)　QRの長さを求めよ。

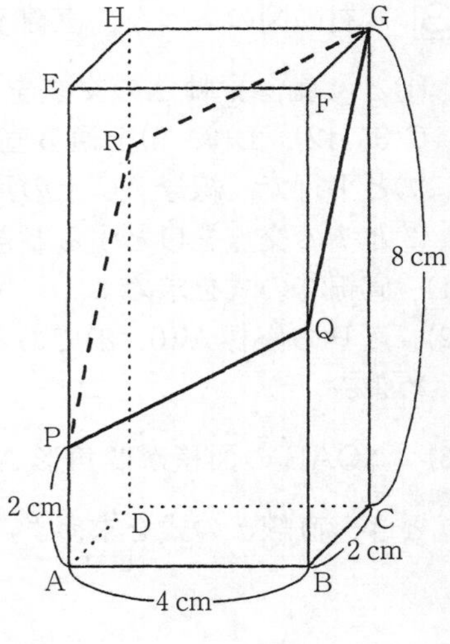

三 次の①～⑤の――線部の漢字の読みを、それぞれひらがなで答えなさい。

① 豊かな土壌を手に入れる。
② 僅差で彼に勝利した。
③ 無駄な情報が氾濫している。
④ 愚鈍な自分に腹が立った。
⑤ すっかりと気持ちが萎えてしまった。

四 次の①～⑤の――線部のカタカナを、それぞれ漢字に直しなさい。

① ケイジが捜査をしている。
② ナンシキ野球部に所属する。
③ エイリな刃物が腕をかすめた。
④ イッセイに下校する。
⑤ アルバイトをヤトう。

2. ──線部1に「価値とは何か」とありますが、筆者が考える「価値」の説明として最も適当なものを選び、符号で答えなさい。

ア その物自体に付けられている価格をもとに、世間のどのくらいの人数が満足感を得られるかの度合。
イ 他の人の感覚とは関係なく、その人自身がどのくらいそれを手に入れたいと感じるかの度合。
ウ 人々がどのくらいの頻度でそれを手に入れられるかによって異なる、物自体が持つ希少さの度合。
エ 自身の状況や他の人との感覚の違いによって異なる、その人自身がどのくらい満足するかの度合。

3. ──線部2に「ダイソンの扇風機って面白いですよね」とありますが、筆者は「ダイソンの扇風機」のどのような点を「面白い」と表現していますか。「機能的効用」「意味的効用」という二つのことばを用いて答えなさい。

4. ──線部3に「身の周りを……あふれています」とありますが、この理由を二十四字で探し、初めと終わりの五字をそれぞれ抜き出しなさい。

5. ──線部4に「価格と……紹介しましょう」とありますが、筆者の考えるアプローチの説明としてあてはまるものには○、そうでないものには×をそれぞれつけなさい。

ア コストには材料費や人件費に加え光熱費や店が得る利益も含まれる。
イ 商品やサービスをパーツや作業ごとに分解して考えることを「アンバンドリング」という。
ウ 同じ商品やサービスについて企業間で公正な競争が行われることで価格が下がる。
エ 価格について分析するうえで大切なことは多くの商品を購入する経験を積むことである。

6. ──線部5「『価値』が『価格』に引っ張られてしまう」について、次の(1)・(2)に答えなさい。

(1) 「『価格』に引っ張られてしまう」を比喩《ひゆ》的に言い表したことばを十三字で抜き出しなさい。

(2) 筆者は「『価値』が『価格』に引っ張られてしまう」ことをよくないと考えていますが、それはなぜですか。最も適当なものを選び、符号で答えなさい。

ア 価格のことを先に考えてばかりいると、安い物は無条件でいいと考えるようになってしまい、本当の価値を見抜く力が失われていってしまうから。
イ 本当に必要なものだけを買うようにしないと、価格だけで考えて不必要なものばかり買ってしまうようになり、消費することに振り回されてしまうから。
ウ 自分にとって必要かどうか、本当の価値は何なのかということを考えないと、他人が決めた価格によって人やモノの価値を決めるようになってしまうから。
エ 本当に価値のある物が何かを考えないと、自分にとって「価値」を判断する基準が揺らいでしまい、価値のある人間に成長することができなくなってしまうから。

7. 筆者の主張に沿って考えたときに、他の三つと比べて異質なものを選び、符号で答えなさい。

ア 歯磨き粉につけられたフルーツの香り
イ 左右どちら側にも開く冷蔵庫の扉
ウ トイレットペーパーの花柄の模様
エ スピーカーの音質の良さ

8. 本文の内容として最も適当なものを選び、符号で答えなさい。

ア 個人の満足感の度合いによって市場に出回る際の価格は決まる。
イ 物事の本質を見極められる人物を目指すべきである。
ウ 高価格の商品は他にはない優れた機能をかならず備えている。
エ 昔は意味的効用で価格が決定することはなかった。

価格を分析する上で役に立つアプローチの2つめは「プロセス」に分けるというものです。

たとえば、皆さんが床屋に行って3000円支払ったとしましょう。床屋に入って椅子に座りました。すると、①髪をカットしてもらいました。②ヒゲを剃《そ》ってもらいました。③頭を洗って、乾かしてもらいました。そして最後に④肩をもんでもらいました。これらすべてのサービスを受けて3000円なのです。この時、カットには1500円くらい、シェービングに800円くらい、というように総額3000円という床屋さんに払うお金を、作業ごとに分解していくのです。

こういうアプローチを「アンバンドリング」といいます。世の中の財・サービスの多くは「バンドリング」されています。簡単に言うとセット販売です。先ほどの話に出てきた福袋はバンドリングの典型例ですね。他にもパソコンとソフトウェアはセットで売られており、別々に買うよりも少しだけ安く価格設定されています。携帯料金などもいろいろな（あまり使わない）サービスがくっついています。

一方、君たちの中にも使っている人はいると思いますが、カットだけで1200円（2021年2月現在）という「QBハウス」のサービスはアンバンドリングサービスの一種なのです。

価格決定を考える上でもう一つ考えるべきは「競争」です。競争経済においては、公正な競争は価格を下げるプレッシャーになります。たとえば牛丼チェーン同士の競争は熾烈《しれつ》を極めるので、君たちはすごく安い価格で牛丼を食べることができます。半面、公正な競争が行われていない財・サービスでは、消費者は高い価格で我慢せざるをえません。

たとえば毎月払っている携帯電話料金は2021年に一気に値下がりしましたが、それまでは他の国との比較でも非常に高いままに放置されていました。これは代表的な携帯電話3社に競争原理が働いていなかったことを意味します。本来であれば、人気タレントを使った似たようなコマーシャルに高い費用を使ってライバルから利用者を奪うことよりも、料金を下げることで勝負すべきでしょう。しょせんどのキャリアを使ってもほぼ同じサービスなのだから……。

（中略）

レストランやスーパーに行ったら、モノの値段がある程度当てられるくらいになるまで経験を積みましょう。こちらの方は「価値」の本質を考えるよりも圧倒的に簡単です。紹介した3つのアプローチで分析的に考えることで、冒頭にあったような福袋で後悔する可能性を減らすことができるはずです。

「価値」と「価格」が異なることは理解できたと思いますが、これからもっと重要なことを言います。

それは、「価値」→「価格」の順番で考えようということです。

そうしないと、5「価値」が「価格」に引っ張られてしまうからです。欲しいモノがある時、よっぽど意識しない限り最初に目に飛び込んでくるのは「価格」です。それが予想より安ければ、本当に必要なモノか、本当に大事なモノかどうかにかかわらず、「これは安いな！」と飛びついてしまうものです。

この間違いは、モノを買う時ばかりではありません。5000円のバッグを持って歩いている人よりも、10万円のバッグを持ち歩いている人の方が、立派な人だと錯覚してしまいがちです。でも人の本当の価値は、「高いモノ」を持っているかどうかで決まるわけがありません。

これでは他人が決めた「価格」の奴隷になっているのと同じです。そうならないためには、「価格」より前にまず「価値」について判断する必要があるのです。

（奥野一成『先生、お金持ちになるにはどうしたらいいですか？』による）

1．[A]〜[C]にあてはまることばとして適当なものをそれぞれ選び、符号で答えなさい。

ア　したがって　　イ　でも

ウ　または　　エ　たとえば

モノがあふれています。たとえばiPhoneなどもそうですね。あれを組み立てる上で必要なパーツの部品代、作業にかかる労働コスト、宣伝等にかけた経費などを積み上げたとしても、10万円前後の定価に対して、恐らくこれらの経費はせいぜい2、3万円程度だと思います。

また、iPhoneのボディはアルミ製ですが、別に値段の高いアルミである必要はないわけです。実際、今ではガラケーと呼ばれている携帯電話のほとんどは強化プラスチックでできていました。iPhoneが、なぜアルミなのかというと、それは見た目のデザイン性以外の何物でもありません。ダサいプラスチック製よりもアルミ製の方が、はるかに高級感があるのです。それから無駄にボタンのない様式美。これこそがiPhoneの生みの親・故スティーブ・ジョブズ氏が追求した美しさであり、iPhoneに熱狂する人たちが共有する「意味的効用」なのだと考えています。

そういう風に身の周りを見渡してみると今の日本では、「機能的効用」以外のさまざまな「意味的効用」に立脚した価値を見つけることができるでしょう。なぜか？

それはモノの時代が終わって、価値観が多様化してきたからです。

皆さんのお父さん、お母さんが子供だった時代、モノが足りなかった時代は、モノの機能面の効用が重視されました。[A]自動車は走るのが機能ですし、テレビは映像を映し出すのが機能です。その機能的効用に対して多くの人はお金を払いました。

機能的効用は、誰が評価してもそれほど金額にブレはありません。たとえば目の前にある軽自動車の新車価格を5人に言わせたら、恐らく100～150万円くらいの価格帯で落ち着くでしょう。「小さい車」、「実用」、「走る」、「4人乗って荷物が載せられる」、「燃費がいい」という軽自動車に対する認識は5人ともそれほど変わらず、[B]彼らが受け取る価値がそれほどブレません。その結果、「この車に払ってもいいかなぁ」と思える価格にもそれほど大きな違いが生じないのです。

[C]、モノがあふれる時代になると、機能的な効用よりも意味的な効用が重視されるようになり、価値の大きな部分を占めるようになります。意味的効用は、ダイソンの羽根のない扇風機に代表されるような「スマートさ」や、iPhoneユーザーが感じる「かっこよさ」、「しっくりくる」操作性など、人の感性に訴えるものです。本来的に多様性を持ちます。すごく「ハマる」人もいれば、まったく価値を感じない人もいるでしょう。

このことは皆さんが大人になって働く時にも重要なヒントになります。機能的効用は誰がどのように評価しようとも大きな差がつかないのであれば、意味的効用を極めるように働いた方がたくさんのお金をもらえる可能性が高いということです。

モノがあふれている現代においては、「価値」というものを「機能的効用」と「意味的効用」に分解して考えることで、自分が受け取るものが何なのかを具体的に考えるクセをつけましょう。

同時に次は「価格」についても分析的にアプローチしてみましょう。皆さんはファミリーレストランでご飯を食べる時、ハンバーグ定食の値段を当てることができますか？　ホテルでご馳走《ちそう》のディナーを食べる時に、自分が注文したメニューがいくらなのか意識したことはあるでしょうか？

4価格というものを考える上で参考になるアプローチをいくつか紹介しましょう。

一つめは「コスト（費用）」という切り口です。イタリアンレストランに行った時のことを想像してみましょう。君たちがパスタを食べて会計するまでに、どんなコストがかかっているでしょうか。パスタや調味料の材料費、シェフやウェイターの人件費、光熱費、レストランの地代などでしょうか。これらの費用の上にレストランは儲《もう》けである利益をのせて、君たちに請求する価格を決定します。このようにレストランの場所（地代）、使われている材料、働いている人数などの費用を考えることは、いただく料理の価格を推測する手法の一つになります。

心情を本文中のことばを用いて四十字以内で答えなさい。

5. ――線部4に「ふざけてて、僕が、ひとりで転びました」とありますが、このように答えた百井の意図を説明した次の文の Ⅰ ～ Ⅳ にあてはまることばを、それぞれ指定字数で抜き出しなさい。

> このクラスは性質の異なるグループ同士でも Ⅰ（二字） できており、目立った Ⅱ（三字） もなかったことから、本当はみんな Ⅲ（三字） ばかりだと考えられるので、あの場でかばうことで Ⅳ（二字） にうったえるほうが得策だ。

6. ――線部5「それでも俺はちゃんと、こいつの味方でいよう」と思った理由として最も適当なものを選び、符号で答えなさい。

ア 成績優秀でトラブルの決着の付け方もふところが深い百井に対し、かなわないことを素直に認めようと思ったから。

イ 百井は嫌がらせをされていても怒りを押し殺して行動しており、その精神力は敬意を表するに値すると思ったから。

ウ 先生に告げ口をしないでいてくれたおかげで、クラス内の百井への嫌がらせに対策する時間ができたと思ったから。

エ 百井が先生に対してきっぱりと嫌がらせの事実を否定してくれたので、何があっても恩返しをしたいと思ったから。

7. この文章の説明として最も適当なものを選び、符号で答えなさい。

ア クラスのグループごとの動きが具体的に表現されており、それぞれの中心人物が明らかになるように描かれている。

イ 出来事が克明かつ時系列に沿って表現されており、場面や心情の移り変わりがわかりやすく描かれている。

ウ 生徒と教員の埋められない溝に焦点を当て、嘘と真実をはっきりと説明しながら双方の対立が描かれている。

エ 「……」という余韻を持たせた表現を効果的に用い、登場人物の心情を読者がイメージできるように描かれている。

二 次の文章を読んで、あとの問いに答えなさい。

「価値と価格」は、ともすれば混同しやすいものです。価格とは何か、1価値とは何かという点をきちんと整理して理解できれば、人生において無駄な買い物をせずに済みますし、物事の本質を見抜く目を持つことができるようになるはずです。

君たちが牛丼一杯に感じる満足感は、当然のことながら君たちのその時のお腹《なか》の空《す》き具合で異なります。死にそうなくらいお腹が空いている時に食べる600円の牛丼は、お腹がいっぱいの時に食べる5000円の焼き肉よりも美味《お》しいかもしれません。また、同じ600円の牛丼でも、牛肉があまり好きではないB君からすれば400円の満足感しかないかもしれません。

「価値」とは君が受け取る効用（≒満足感）であり、君がおかれた状況によっても異なるし、他の人との比較においても全く異なるということです。

2ダイソンの扇風機って面白いですよね。風を起こす羽根がないのも画期的で面白いですが、もっと面白いのはその値段です。4万円以上します。隣に並んでいる普通の扇風機が4000円なのに……。

扇風機なんて、涼しい風を送ってくれるという機能だけあればいいやと考えている人からするとありえない価格です。でも売れていますね。なぜでしょうか？ この「羽根のない扇風機」には送風するという機能以外の効用があるからですね。その効用とは何でしょうか？

私は、あの近未来的なデザインにこそ別の効用があると考えています。送風するという「機能的効用」と区別して、それを「意味的効用」と呼ぶことにします。この2つの効用を足したものに人は「価値」を見出《みいだ》すのです。

実は3身の周りを見渡すと、この「意味的効用」に裏付けられた

「でも、明日から少なくとも、山居くんと岸上くんは嫌がらせしてこないと思うな。だってさっきも、すごく気まずそうだったじゃん」

「………」

「それに矢代くんだって、ドッジの日の後は、一度も僕につっかかってこなかっただろ? あれって、後悔したからだよね?」

「………」

「ね?」

と、百井は、ガキを諭すオトナみたいな顔で笑うと、ゆっくりとした動作で上履きを靴箱にしまった。かわりに、うす汚れたスニーカーを取り出して、ぽつりと言う。

「みんな、本当の悪人じゃないんだよ。半年同じ教室でいたら、それぐらいは分かる」

百井の言うことには、たしかに一理あるような気がした。残酷な衝動や、意地悪な感情は、きっとだれの中にでもある。俺の中にも、クラスのヤツらの中にも、きっと。

だからって、こんなに、簡単に許せるんだろうか? いや、「許す」も何も百井ときたら、ハナから俺たちのことを恨んですらいないように見える。

でも——きっと、そうなんだ。百井は恨んでないんだ。本当に。

「……バカじゃねえの?」

と、俺はようやく、それだけつぶやいた。

「ほんっと、お前って、バッカじゃねーの?」

「うん。そうかもしれない」

ふり向いた百井は、いい笑顔をしてた。心をトン、と突かれるような。

その瞬間、俺の中から、百井に対する敵意や嫉妬がすうっとうすれて消えていった。くやしいけど負けたな、って思えた。ああ、俺とはまるで器がちがう、って。なのに、どうしてだろう。これほどおだやかで、晴れやかな気持ちになれたのは、ずいぶん久しぶりだったんだ。

だから俺は、決めた。

明日から、どうなるのか分からない。

百井への嫌がらせはまだつづくかもしれない。むしろ過熱するかもしれない。

5それでも俺はちゃんと、こいつの味方でいよう、って。

（水野瑠見『十四歳日和』による）

1. A ~ D にあてはまることばとして適当なものをそれぞれ選び、符号で答えなさい。

ア　どすのきいた　　イ　悪意のこもった

ウ　疑わしげな　　エ　凍りついた

2. ——線部1に「——百井は、どうなるんだろう。あんな状況で」とありますが、このときの「俺」の心情を説明したものとして最も適当なものを選び、符号で答えなさい。

ア　いじめに遭っている百井を心配しつつも、このままいじめが続いて百井が学校に来なくなれば、いじめがばれることはないだろうと考えている。

イ　百井をいじめていることを悪いと思いつつも、いじめの影響で百井の成績が下がれば、自分が首位に返り咲くことができるのではないかと考えている。

ウ　壮絶ないじめにも動じない百井を恐れつつも、このまま勉強を続けていれば、勉強では自分の方が百井よりも優秀だと証明できると考えている。

エ　百井に対するいじめを止めるべきだと考えつつも、安易に首を突っ込めば、今度は自分がいじめられる可能性があると考えている。

3. ——線部2に「気がつくと、山居と岸上の間に割って入っていた」とありますが、「俺」がこのような行動を取った理由を答えなさい。

4. ——線部3に「——来る」とありますが、このときの「俺」のでだ、と観念する気持ちにもなった。百井は安堵《あんど》して、これまでに受けた数々の仕打ちを暴露するに決まってる。そうするべきなのだ。百井がどんな表情をしているのか、うつむいて足元を見つめている俺には、まったく分からなかった。でも、百井がゆっくりと身じろぎしたのは、気配で分かった。

3――来る。

「山居くんたちの、証言のとおりです」

ぐっと身を縮めた俺の隣で、百井の声が、すっきりと響いた。瞬間、俺ははっと顔を上げた。いや、俺だけじゃない。山居も、岸上も、ザワ先も。

「4ふざけてて、僕が、ひとりで転びました」

淡々とした、けれど、はっきりとした口ぶりだった。俺たちにびびってるから、という感じはまるでない。意思のはっきりしたしゃべり方に、俺たちは、完全に不意をつかれた。

「……いや、百井。本当のことを言ってくれ。それでお前の立場が悪くなるようなことには、俺が絶対させないから。な？」

ザワ先のほうがよほどあせった様子で、百井のほうを見る。しかし百井はおだやかな仙人みたいな顔をして、「いえ。本当のことですから」と、言い切った。

「心配かけて、すみませんでした」

これでおしまい、とでも言うようにふかぶかと頭を下げる百井を、俺たちはあっけに取られて見つめた。百井ひとりが、平然とたたずんでいる。

……分かんねえ。マジで、わけ分かんねえ。なんで俺たちをかばったのか。裏があるのか。単なるバカか。お人よしなのか。

職員室から解放された後、山居と岸上は気まずさから逃げるように、「塾があるから」と、そそくさと帰っていった。そんなわけで俺はなりゆき上、百井と並んで、廊下を歩くことになったのだった。

もちろん、そうとう居心地は悪い。百井はしゃべらないし、何を考えてるかも分からないし、俺だって、なんて話していいのやら。

「……なんだよ、さっきの」

と、ようやく俺が口を開いたのは、靴箱の前にたどり着いた時だった。

上履きを脱ごうとしていた百井が、顔を上げて俺を見る。そして、ふっと目を細めた。

「……この学校ってさ、いい人、多いじゃん」

「は？」

何言ってんだこいつ、と俺は思った。勉強できるくせに、バカなのか？

「いや、うん。矢代くんの言いたいことは分かるよ。分かるけど」

俺のあきれた表情を読んでか、百井は、あわてたように言葉をつぐ。

「でもやっぱ、基本いい人たちだと思うんだ。だって今までうちのクラス、あからさまないじめってなかったじゃん。派手な層と地味な層が共存をはかれてた、っていうかさ。僕、前に住んでた町では、もっとロコツないじめ受けてたし」

共存。全然ぴんときてない俺に、百井は一瞬がっかりしたようだったけど、「だからさ」とすぐに気を取り直したように、言った。

「みんな根はいい人たちだから、あの場で僕がフォローしておいたほうがいいのかな、って思ったんだよね。そのほうが、良心にうったえられそう、っていうか」

「……いやいやいや」

楽観的すぎるだろう、と俺は今度こそあきれた。だって俺たちをかばうことで、「こいつには何言っても平気」って、かえってナメられることも、大いにありうる。

「たしかに、イチかバチか、ではあったけど。逆効果の可能性もあるしね」

百井は鼻の頭をかいて、苦笑した。

ようとするそばで、山居が百井のえり首をつかみ、力任せに引き戻す。げほっとせきこんで、百井はあっけなくよろけた。その手から、カバンがずるりとすべり落ちる。

まるで、スローモーションみたいだった。

身体をねじった百井が、バランスを失って、倒れ込んでいく。

教科書やノートが床に散らばるのと、百井が、ガタタンッ！　と激しく机ごと床に倒れ込んだのは、一体、どちらが先だっただろう。その場にいるだれもが息をのむ中、百井は、ゆっくりと床から身を起こした。見ると、その額から、流れ落ちるものがある。

「血だ」

と言ったのがだれの声だったのか、俺には分からなかった。

[B] 空気の中、百井だけがぎこちなく額に手をやる。そうして、赤く染まった指先を自分で確認すると、「うん、血だ」と、小さな声でつぶやいた。

「もう一度聞く。お前ら、なんでこんなことになったんだ？」

放課後の職員室。

山居、岸上、俺の三人は一列に並べられ、ザワ先に尋問を受けていた。

どうやらさっきもみ合っている間に、だれかが担任を呼びに職員室へ走っていたらしい。そういえば俺たちがおたおたしているかたわらを、小走りで駆けていく女子ふたりを視界のすみに見たような気もする。美術部の瀬川と佐古――だったような気もするけれど、今となっては、それがだれでもたいした問題ではなかった。ともかく現場に駆けつけたザワ先は、惨状を見るなり眉をつり上げた。で、流血している百井はひとまず保健室へ向かうこととなり、俺たちだけが先に職員室へ連行されたのだけど――。

「え？　山居、説明ぐらいしろよ。何がどうなって百井が怪我《けが》したって？」

[C] 詰問《きつもん》に、山居は居心地悪そうに、上履きの爪先で床を蹴る。

「……ふざけてどつき合ってたら、百井がよろけて、それで、」

「ほう。岸上も矢代も、同じ言い分か？」

ぎろりと [D] 目線を送られ、俺と岸上は、うつむいたままだまり込んだ。

職員室へ向かう廊下ではばくばくしていた心臓は、今ではすっかり冷えていた。百井へのひがみ、ドッジの後で百井につっかかったこと、ハブられる百井を見て見ぬふりをしたこと……そのすべてが、今となってはなんてバカだったんだろうと思った。ちょっと冷静になれば、どっかでストップをかけることくらい簡単だったはずなのに――。

ぴりぴりした硬直状態が、一秒、二秒、三秒……とつづいた、その時だった。

「失礼します」

落ち着いた声が入り口から響き、額にガーゼを貼った百井が職員室へ入ってきた。

「百井、怪我は大丈夫か」

心配そうに眉をひそめたザワ先に、百井はあっさりうなずいた。

「はい。傷はたいしたことなくて、病院へ行くほどでもなかったので」

「そうか」

ザワ先はほっとしたようにうなずき返し、それから、表情を引きしめてつづけた。

「百井、どういう経緯でお前が怪我したのか、教えてくれないか。山居たちからは、ふざけ合ってただけと聞いたが……俺を呼びに来た女子は、お前が一方的に絡まれてた、と言ってたぞ。それに、以前からお前に対する嫌がらせがあった、とも」

なあ百井、とほとんど必死な様子で、ザワ先は言う。その声には、演技ではない悲しみとやるせなさがにじんでいて、こんな時なのに、俺はザワ先のことをちょっと見直していた。と同時に、ああこれま

二〇二二年度　京華高等学校

【国語】（五〇分）〈満点：一〇〇点〉

一　次の文章を読んで、あとの問いに答えなさい。

ついこないだ中間テストが終わったところだと思っていたのに、早くも期末テストの季節がやってきた。

1——百井は、どうなるんだろう。あんな状況で。

いくらポーカーフェイスといえど、あれだけ毎日イヤミや悪口を言われれば、精神をすりへらさないはずがない。そんなことを考えるたび、俺はひりつくような罪悪感を持て余した。その一方で、家に帰ると机に向かうことも、やめられなかった。

思うに、最低なんだけど、ほんとに最低最悪なんだけど、俺はこんな事態に至ってさえまだ、かすかな期待をしてたんだ。今度こそいよいよトップ奪還なるか、って。

しかし——。

信じがたいことに、そうはならなかったのだ。またしても。

十二月の初め。

返却された順位表に、見飽きた「二位」の数字を見た瞬間、俺は絶句した。

嘘《うそ》だろ？　弾かれたように、百井のほうを見る。が、ヤツはその場で順位表を開くことすらせず、あっさりとボロカバンにしまいこんだだけだった。まるで、わざわざ確認などしなくたって結果は分かってる、とでもいうように。

負けた、とその瞬間、確信した。

何も言いわけは浮かばない。脱力するしかなかった。

——帰ろう。今日は何もする気になれない。

「きりーつ、れーい」の号令が終わるなり、がやがやと騒がしくなり始めた教室を、俺はいち早く出ていこうとした。が、カバンを手に、力なく立ち上がった時だった。

「もーもい！　お前、何位だよ？　ちょい見せろって」

教室に響く、［A］耳ざわりな声。

はっとふり向くと、嫌がらせの首謀者たち数人が、百井の席を取り囲んでいるのが見えた。百井を見下ろすどの顔にも、意地の悪い笑みがはりついている。見たところ、筆頭に立っているのは山居と岸上だ。特に、柔道部の山居は高校生並みにガタイがよくて、やせっぽちの百井はいっそう弱々しく見えた。

やばい、と思ったのは、百井の身を案じたからじゃない。この期《ご》に及んでなお、自分の身を案じたからだった。百井に負けたと思われたくない。知られたくない。なけなしのプライドが、俺をどこまでも利己的にしたんだ。

「お前らさあ、いいかげんにしろって！」

2気がつくと、山居と岸上の間に割って入っていた。

突然の乱入者に、山居は、鳩《はと》が豆鉄砲食らったような顔でぽかんと俺を見る。が、岸上のほうは、「いや、なんでお前が止めんの、矢代」とくちびるの端で苦笑した。

「……さすがにやりすぎっていうか。そろそろいいんじゃねえの。後味悪《わり》いって」

「はあ？　お前が言うなよ、ソレ」

俺がぐっと押しだまると、岸上はハッと鼻を鳴らし、こちらに背を向けた。

山居もわれに返ったように、「いいじゃん。勝手に見ちゃおうぜ」と、机の上の百井のカバンに手をかける。と、そこで初めて百井が、ゆっくりと立ち上がった。そうしてそのまますばやく山居からカバンをひったくり、くるりときびすを返そうとした。

「あっ、逃げんなよ、バカ！」

岸上が舌打ちをし、百井の肩に手をかける。

「だから、やめろって！」と、俺が叫ぶ。

そこからは、もみ合いになった。俺が岸上の腕をつかんで阻止し

英語解答

1

1 (1)…ウ (2)…イ (3)…ア

2 (1) (例)They had headrests made of wood.

(2) (例)Because they helped to keep the bed warm and to protect their privacy.

(3) (例)It can be rolled up on and put away during the day.

3 (1)…F (2)…F (3)…T (4)…F (5)…T

2

1 ①…イ ②…エ ⑤…ア ⑥…オ ⑨…ウ

2 絶滅した

3 protect all the plants and animals on Earth

4 (例)人間たちは家を建て，作物を栽培できるように，象が食料として必要とする木々を切り倒してきた。

5 (例)ときに，象は建物を壊し，人間を傷つけたり殺したりすること。

3

1 ① It ② who ③ her ④ him ⑤ his ⑥ he ⑦ she ⑧ you ⑨ I ⑩ they

2 ① covered ② oceans ③ surface ④ salty ⑤ land ⑥ rivers ⑦ animals ⑧ live ⑨ drink ⑩ water

4

1 Though 2 because 3 was 4 no 5 Study

5

1 (例)Kazu is one of the most famous soccer players in Japan.

2 (例)I am interested in collecting dolls.

3 (例)Our teacher told us to read more English books.

4 (例)I was too tired to go on a trip with them.

5 (例)Ken had to get up early to take the first train.

1 〔長文読解総合─説明文〕

≪全訳≫❶人は人生の約3分の1を眠って過ごしている。私たちは，眠らないよりも，食べ物がない方が長く生きられる。眠ることはとても大切なので，ベッドは重要である。科学者によると，最初のベッドはおそらく葉っぱや藁《わら》を積み重ねたものだったようだ。もちろん，今はもっと良いベッドがあるし，たくさんの選択肢がある。平均的なベッドの寿命は15年ほどで，ほとんどの人は一生のうちに5回ほどベッドを変える。これだけの数のベッドがあっても，人々は今でも新しいベッドを開発している。そして，今もなお，理想のベッドを探し続けている人がいる。❷人類の歴史のうちの大半，人々は布や葉，藁，毛皮などを何重にも重ねたものに寝ていた。そして，それらは床に敷かれていた。3000年以上前の古代エジプトでは，ファラオが初めてベッドを床から離れた位置まで高くした。彼らは木でできた軽いベッドで眠った。このベッドは，折りたたんで持ち運ぶことができた。考古学者はツタンカーメンの墓から，このようなベッドを発見した。当時の人々は，柔らかい枕は必要ないと考えていた。エジプト人は木製の枕に頭を乗せ，中国人は陶器製の枕を使った。❸ローマ帝国では，ベッドを持つのは金持ちの人々だけだった。貧しい人々はまだ床で寝ていた。ベッドは富の象徴となった。あるローマ皇帝は銀製のベッドを所有していた。その後，ベッドはその人の最も価値のある財産となった。シェイクスピアは死ぬとき，２番目に良いベッドを妻に残した。ベッドはとても特別なものだったので，イギリスではある金持ちが他人の家に泊まりに行くとき，自分のベッドを持っていったそうだ。宿屋に一晩泊まるときは，知らない人とベッドを共有しなければならなかった。金持ちが宿に来ると，支配人はスペースをつくるため，貧しい旅人をベッドから追い出した。このようにベッドは共有されたので，あまりきれいではなく，虫がつくこともあった。旅先では椅子の上で寝る人もおり，特に金持ちの女性がそうだった。❹1750年以降，ベッドは美しい家具になった。木彫りのベッドである。当時の美しいベッドは，今のお金に換算すると100万ドルもした。ベッドにはそれぞれの角に１本ずつ４本の支柱があった。この支柱を利用して，ベッドの周りにカーテンを掛けた。カーテンはベッドを暖かく保つのに役立った。また，部屋から部屋への移動の際にも，カーテンはプライバシーを守るために有効だった。❺ベッドはまた，どんどん高くなった。ヴィクトリア女王は，７つのマットレスを重ねたベッドで眠った。ベッドの横には，上まで上がるための階段があった。マットレスの内側は通常，藁(貧しい人用)か羽毛(金持ちの人用)だった。1820年以降，人々は綿のマットレスの中に金属のスプリングを入れて眠った。また，金属製のベッドも普及した。最も優れたベッドは，真鍮《しんちゅう》と呼ばれる黄色い金属でできていた。金属製のベッドは，木製のベッドよりも虫の発生が少なく，健康にとってもより良かった。そういうわけで，今日，病院のベッドは金属製である。❻古代ローマでは，人々は普段着で寝ていた。イギリスでは，ベッドで服を着ることはなかった。彼らは頭や耳を温めるために帽子をかぶった。その後，男性はナイトシャツを，女性は長い寝巻きと帽子を着用するようになった。男性がパジャマを着るようになったのは，1870年以降だ。❼ベッドで暖かさを保つためのおもしろい方法が他にもあった。多くの家族が１つの大きなベッドを共有したのだ。足を温めるために小さなイヌと一緒に寝る人もいた。ベッドに入る前に，ベッドを暖めることもあった。石を温めて布に包み，ベッドに入れるのだ。その後，ゴム製の容器にお湯を入れて使うようになった。イギリスのウィリアム・グラッドストン首相は，夜中にのどが渇いたときのために，容器に紅茶を入れたという。❽今日でも，アジアの文化圏では，床で寝ることを好む人がいる。彼らは布団と呼ばれる布を重ねた厚いマットレスの上で眠る。日中は布団を折りたたんでしまっておくことができる。布団を床に敷くのではなく，低い枠の上に置く人もいる。そうすると，洋式のベッドと同じような形になる。❾最近のベッドは，大きさも形もさまざまだ。円形ベッド，キングサイズベッド，２段ベッド，可動式ベッド，ウォーターベッド，エアーベッド，そして布団もある。もう眠くなっただろうか。でも，まだ寝てはいけない。

１＜内容一致＞⑴「ローマ帝国では，ベッドは(　　)だった」―ウ．「富の象徴」　第３段落第３文参照。　⑵「金属でつくられたベッドは(　　)」―イ．「健康に良かった」　第５段落最後から２文目参照。　⑶「暖かくするために，人々は(　　)」―ア．「ベッドの中に温かい石を置いた」　第７段落第５文参照。

２＜英問英答＞⑴「エジプト人はどのような枕を持っていたか」―(例)「木でつくられた枕を持っていた」　第２段落最終文参照。　⑵「なぜベッドの周りにカーテンを掛けたのか」―(例)「ベッドを暖かく保ち，プライバシーを守りたかったから」　第４段落第６，７文参照。　⑶「家庭で布団を使う利点は何か」―(例)「日中は折りたたんでしまっておける」　第８段落第３文参照。

３＜内容真偽＞⑴「食べ物より大切なものはない」…×　第１段落第２文参照。食べ物より睡眠の方が大切だと考えられる。　⑵「今のメーカーはもっとベッドを売りたいから，一生使えるベッドをつくらない」…×　「一生使えるベッドをつくらない」という記述はない。　(3)「昔，ベッドは清潔ではなかった」…○　第３段落最後から２文目に一致する。　(4)「アジアの文化圏では常設のベッドを置くスペースがないため，布団を使う」…×　アジアの文化圏で布団が使われる理由に関する記述はない。　(5)「昔，ベッドの中で暖かさを保つために頭を覆った」…○　第６段落第３文に一致する。

2〔長文読解総合─説明文〕

≪全訳≫❶植物や動物には，何百万という種《しゅ》が存在する。陸上，水中，そして空中で，私たちの周りに生息している。それらがなければ，地球とそこにある全てのものは死んでしまうだろう。❷種はいろいろな意味で重要だ。全ての種はお互いを必要としている。動物は植物を食べ，ある動物は他の動物も食べる。人間は植物や動物を食べる。また，人は植物を薬として，そして工業に利用する。❸全ての個々の植物や動物は死ぬが，ある種の植物や動物が全て死んだとき，その種は絶滅する。これは，永遠に失われることを意味する。ある種が死ぬと，それを必要とする他の種も死んでしまうかもしれない。人間は，地球上の全ての動植物を守る必要がある。もし人間がそうしなければ，将来，多くの種が絶滅してしまうだろう。❹地球上の動植物を守るために，たくさんの人が働いている。自然保護論者は，絶滅の危機に瀕《ひん》している種を守るために働いている。彼らは熱帯雨林や砂漠，海など，世界中のあらゆる場所で活動している。アメリカでは，自然保護論者がウミガメの卵を人の多い浜辺から，安全にふ化できる静かな場所に移動させている。❺アフリカの多くの国には象が生息している。人間と象は何千年もの間，互いに近くに住んできた。人間たちは食肉や象牙のために象を殺し，象から土地も奪ってきた。人間たちは家を建て，作物を栽培できるように，象が食料として必要とする木々を切り倒してきた。ときには，人間が象の生息地に住んでいるので，象が建物を壊したり，人を傷つけたり殺したりすることもある。このことは人々により多くの象を殺させてしまう。動物慈善団体は，象を助けようとしている。彼らは親の象がハンターに殺されたとき，幼い象の世話をしている。❻現在，アフリカ象や多くの種類のウミガメなど，１万6000以上の種が危機に瀕している。WWFという慈善団体は，世界中で絶滅の危機に瀕している種を守るために活動している。❼私たちも，小さなことから動植物の保護に貢献できる。散歩に出かけたら，いつも花をそのままの状態にしておくべきだ。そうすれば，将来，その種《たね》からさらに多くの植物が育つからだ。庭や公園では，動物が食べ物や住むところとして必要とする植物を育てることができる。こうしたことの全てが大切な生物種を守るのに役立つだろう。

1＜適語選択＞①直後のthemはplant and animalを受けていると考えられる。そのうえで文後半の「地球とそこにある全てのものが死んでしまうだろう」につながる内容にする。　without「～なしでは」　②asには「～として」という意味がある。　⑤1つ目の空所直後のrainforests, deserts, and oceansは，直前にあるplacesの具体例になっている。2つ目の空所でも，直後のAfrican elephants and many types of sea turtleがその前にある絶滅の危機にあるspecies「種」の具体例になっている。前置詞like「～のような」は‘具体例’を導くときに使われる。　⑥‘from ～ to …’「～から…へ」の形。　⑨go (out) for a walk「散歩に出かける」

2＜単語の意味＞直前のwhen every plant or animal in a species has diedと，直後のThis means that it's lost forever.がextinctの説明になっている。　extinct「絶滅した」

3＜英文解釈＞直前でPeople need to protect all the plants and animals on Earth.「人間は，

地球上の全ての動植物を守る必要がある」と述べた後，If they don’t「もし人間が(そう)しなければ」と言っているので，これはIf they don’t protect all the plants and animals on Earth「もし人間が地球上の全ての動植物を守らなければ」という意味だとわかる。このように英語では，文脈上意味が明らかな繰り返しとなる部分は，重複を避けるために省略される。

4＜英文和訳＞Theyはpeopleを指す。cut down ～は「～を切り倒す」。thatは先行詞のtreesがneedの目的語であることを示す目的格の関係代名詞。‘so that ～ can …’は「～が…できるように」という‘目的’の意味を表す。grow cropsは「作物を栽培する」。

5＜指示語＞ここに当てはめて意味が通る内容を探す。直前の文のSometimes, elephants break buildings, or hurt or kill peopleの内容がそれに該当する。Thisで始まる文は‘make＋目的語＋動詞の原形’「～に…させる」の形。

3 〔長文読解─適語選択〕

1＜物語＞≪全訳≫キャシーは壁の時計を見上げた。6時を指していた。父親は，リド・シネマで6時半から行われるショーに連れていってくれると約束したのに，まだ帰ってきていない。彼に何があったのだろう。約束したことを忘れてしまったのだろうか。それとも，渋滞に巻き込まれたのだろうか。キャシーは会社に電話してみたが，返事がなかった。何分か過ぎ，彼女は心配で不安になった。突然，父親の車が曲がってくるのが見えた。キャシーは父親を迎えにあわてて外に出た。「長い間，待たせてすまなかったね」と彼は言った。「この2枚の映画チケットを，売り切れるのではないかと思って先に買いに行ったんだ。まだ午後6時15分だから，間に合うよ」

＜解説＞① the clockを指すIt。　② Her fatherを先行詞とする主格の関係代名詞(非制限用法)であるwho。　③父親が映画に連れていく相手は娘。takeの目的語なので，目的格のher。　④娘が身を案じている相手は父親。前置詞toの目的語なのでhim。　⑤「約束」とは父親が行ったもの。promise「約束」という名詞の前にあるので，所有格のhis。　⑥渋滞に巻き込まれた可能性があるのは父親。主語なので主格のhe。　⑦心配で不安になったのは娘。主語なのでshe。　⑧父親が娘に語り掛けている言葉。「君」を待たせた，となるので目的格のyou。　⑨映画チケットを買いに行ったのは，I「私」。　⑩父親が懸念したのは映画チケットが売り切れるのではないかということ。「2枚の映画チケット」を表す代名詞they。

2＜説明文＞≪全訳≫私たちの地球は，そのほとんどが水で覆われている。海洋と海は世界の表面の4分の3近くを占めている。海の水は塩分を含んでいる。陸上にも水がある。池，小川，川，湖などにある。この水は，雨によってもたらされる。全ての植物や動物が生きていくためには水が必要だ。陸上に住む動物は，塩分が多いので海水は飲めない。池や小川，川，湖の水を飲む。植物は根から水を取り込む。

＜解説＞① be covered with ～「～で覆われる」　② seasと並んでいるので，同じ意味のoceans。　③海が4分の3近くを占めているのは世界のsurface「表面」。　④海水の性質として，salty「塩分を含んで」。　⑤ alsoに着目し，水は海だけでなくland「陸」にもある，とする。　⑥陸上で水を含む場所として，rivers「川」。　⑦ plantsと並ぶものとして，水を必要とする生き物であるanimals「動物」。　⑧ Animalsを先行詞とする主格の関係代名詞の後であり，後ろにon land「陸上に」とあるので，live「住む」。　⑨ waterを目的語にとる動詞として，

drink「飲む」。　⑩ take in「取り込む」の目的語として，water「水」。

4〔書き換え―適語補充〕

1.「タクは彼女に手紙を書いたが，彼女は返事を出さなかった」　but「しかし」を使った文を，though〔although〕「～だけれども」を使って書き換える。

2.「激しい雨が私を時間どおりに来させなかった」→「私は大雨のために時間どおりに来ることができなかった」　上は'prevent … from ～ing'「…が～するのを妨げる，～に…させない」を使った形。これを下では'理由'を表す'because of＋名詞'「～のために」を用いて書き換える。

3.「彼はいつこのケーキをつくったのか」→「このケーキはいつ彼によってつくられたのか」　上の文の目的語が下の文では主語になっていることから，下の文は上の文を受け身にしたものだとわかる。受け身形の疑問文は'be動詞＋主語＋過去分詞＋by ～'という形になる。

4.「ボブには兄弟がいない」　'not … any＋名詞'「1つも～ない」は'no＋名詞'に書き換えられる。

5.「あなたは今すぐ英語を勉強しなければならない」→「今すぐ英語を勉強しなさい」　You must ～「あなたは～しなければならない」は，命令文「～しなさい」に書き換えられる。

5〔和文英訳―完全記述〕

1.「最も～の一人です」は'one of the＋最上級＋複数名詞'で表せる。「有名な」はfamousで表せ，この最上級はmost famous。「サッカー選手」はsoccer players。

2.「～することに興味がある」はbe interested in ～ing。「～を集める」はcollect ～。

3.「～に…するように言う」は'tell ～ to …'。「もっと英語の本を読む」は「もっと多くの英語の本を読む」と考えれば，many「多くの」の比較級moreを使って，read more English booksと表せる。または「もっと」をそのまま副詞として考えて，read English books moreと表すこともできる。

4.「あまりにも～なので…できない」は'too ～ to …'で表せる。「疲れて」はtired。「旅行に行く」はgo on a trip〔journey〕，go travelingなどで表せる。

5.「～しなければならなかった」はhad to ～。「早起きする」はget up early。「～するために」は'目的'を表す副詞的用法のto不定詞で表す。「始発電車に乗る」はtake the first train。

数学解答

1 (1) 38　(2) $3xy^4$
(3) $x=-1,\ y=-4$　(4) $\dfrac{\sqrt{6}}{2}$
(5) $x=3\pm2\sqrt{3}$　(6) 20°

2 (1) $\dfrac{5}{9}$　(2) $\dfrac{5}{12}$

3 (1) $y=-\dfrac{3}{2}x+12$　(2) 15
(3) $y=-\dfrac{1}{2}x+\dfrac{19}{2}$

4 (1) $\dfrac{1}{2}$　(2) (0, 15)
(3) $\left(-7,\ \dfrac{37}{2}\right)$

5 (1) 6cm　(2) 12：2：7
(3) $\dfrac{315}{4}$倍

6 (1) 40cm^3　(2) $2\sqrt{5}$cm
(3) $2\sqrt{6}$cm

1 〔独立小問集合題〕

(1)＜数の計算＞与式 $=-64\times\left(-\dfrac{1}{2}\right)-4\times\left(-\dfrac{3}{2}\right)=32+6=38$

(2)＜式の計算＞与式 $=-8x^3y^6\times\left(-\dfrac{5}{4x^4y^3}\right)\times\dfrac{3x^2y}{10}=\dfrac{8x^3y^6\times5\times3x^2y}{4x^4y^3\times10}=3xy^4$

(3)＜連立方程式＞$\dfrac{2x+y}{3}=\dfrac{y}{4}-1$……①，$3(2x-y)-4x=10$……②とする。①×12より，$4(2x+y)=3y-12$，$8x+4y=3y-12$，$8x+y=-12$……①′　②より，$6x-3y-4x=10$，$2x-3y=10$……②′　①′×3+②′より，$24x+2x=-36+10$，$26x=-26$　$\therefore x=-1$　これを①′に代入して，$8\times(-1)+y=-12$，$-8+y=-12$　$\therefore y=-4$

(4)＜数の計算＞与式 $=\dfrac{\sqrt{3}(3\sqrt{3}+2\sqrt{2})-\sqrt{2}(2\sqrt{3}+3\sqrt{2})}{\sqrt{2}\times\sqrt{3}}=\dfrac{9+2\sqrt{6}-2\sqrt{6}-6}{\sqrt{6}}=\dfrac{3}{\sqrt{6}}=\dfrac{3\times\sqrt{6}}{\sqrt{6}\times\sqrt{6}}=\dfrac{3\sqrt{6}}{6}=\dfrac{\sqrt{6}}{2}$

(5)＜二次方程式＞$2x^2-6x+x-3=x^2+x$，$x^2-6x-3=0$ となるので，二次方程式の解の公式より，$x=\dfrac{-(-6)\pm\sqrt{(-6)^2-4\times1\times(-3)}}{2\times1}=\dfrac{6\pm\sqrt{48}}{2}=\dfrac{6\pm4\sqrt{3}}{2}=3\pm2\sqrt{3}$ となる。

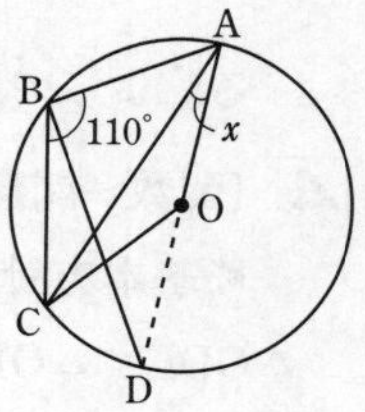

(6)＜平面図形―角度＞右図のように，円Oの円周上の点をA，B，Cと定め，半径AOの延長と円Oの交点をDとする。線分ADは円Oの直径だから，∠ABD＝90°であり，∠CBD＝∠ABC－∠ABD＝110°－90°＝20°となる。よって，$\overset{\frown}{\text{CD}}$に対する円周角より，$\angle x$＝∠CAD＝∠CBD＝20°である。

2 〔データの活用―確率―さいころ〕

(1)＜確率＞大小2個のさいころを投げて出る2つの目の数a，bは，それぞれ6通りあるので，a，bの出方は全部で6×6＝36(通り)ある。このうち，abの値は，3の倍数か，3の倍数ではないかのどちらかであり，3の倍数でないとき，a，bはどちらも3の倍数でない1，2，4，5のいずれかである。これより，abの値が3の倍数でないときのa，bの出方は4×4＝16(通り)あるので，abの値が3の倍数となるa，bの出方は36－16＝20(通り)となる。よって，求める確率は$\dfrac{20}{36}=\dfrac{5}{9}$である。

(2)＜確率＞$a(b-1)-3b+3=a(b-1)-3(b-1)=(a-3)(b-1)$と因数分解できるので，$a(b-1)-3b+3$が自然数となるのは，$a-3$と$b-1$の値が同符号の整数となるときである。$1\leqq a\leqq6$より，$1-3\leqq a-3\leqq6-3$，$-2\leqq a-3\leqq3$であり，$1\leqq b\leqq6$より，$1-1\leqq b-1\leqq6-1$，$0\leqq b-1\leqq5$であるから，$a-3$と$b-1$が同符号の整数となるのは，$a-3=1$，2，3となる$a=4$，5，6の3通り，$b-1=1$，2，

3，4，5となる $b=2$，3，4，5，6の5通りある。よって，$a(b-1)-3b+3$ が自然数となる a，b の出方は $3\times5=15$(通り)となるので，求める確率は $\frac{15}{36}=\frac{5}{12}$ である。

3 〔関数―一次関数のグラフ〕

(1)＜直線の式＞右図1のように，直線②は2点C(0，12)，D(8，0)を通るので，傾きは $\frac{0-12}{8-0}=-\frac{3}{2}$，切片は12より，直線②の式は $y=-\frac{3}{2}x+12$ である。

図1

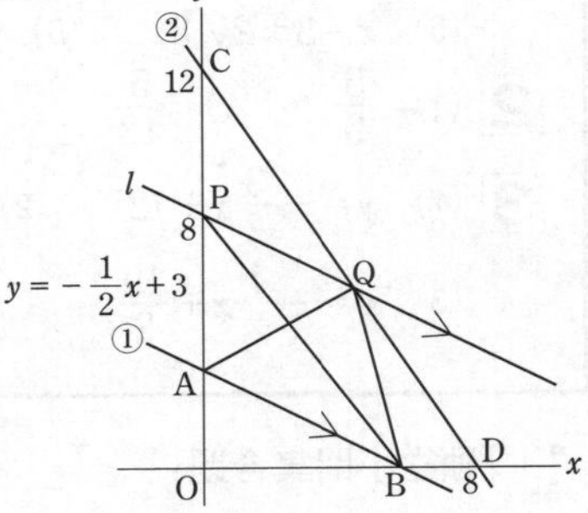

(2)＜面積＞右図1で，PQ∥ABより，△QAB＝△PABとなる。直線 $y=-\frac{1}{2}x+3$ の切片より，A(0，3)であり，点Bは直線 $y=-\frac{1}{2}x+3$ と x 軸との交点だから，$y=0$ を代入して，$0=-\frac{1}{2}x+3$，$0=-x+6$，$x=6$ より，B(6，0)である。よって，P(0，8)であるとき，AP＝8－3＝5，OB＝6だから，△PAB＝$\frac{1}{2}$×AP×OB＝$\frac{1}{2}\times5\times6=15$ より，△QAB＝15である。

(3)＜直線の式＞右図2で，〔四角形ABDC〕＝△OCD－△OAB＝$\frac{1}{2}$×OC×OD－$\frac{1}{2}$×OA×OB＝$\frac{1}{2}\times12\times8-\frac{1}{2}\times3\times6=48-9=39$ である。また，(2)と同様にPQ∥ABより，△QAB＝△PABであるから，点Pの座標を(0，p)とおくと，△PAB＝$\frac{1}{2}$×PA×OB＝$\frac{1}{2}(p-3)\times6=3(p-3)$ と表せ，△QAB＝$39\times\frac{1}{2}=\frac{39}{2}$ のとき，$3(p-3)=\frac{39}{2}$ が成り立つ。これを解くと，$p-3=\frac{13}{2}$，$p=\frac{19}{2}$ となるので，直線 l の傾きは直線①の傾きと等しく $-\frac{1}{2}$ で，切片は $\frac{19}{2}$ である。よって，求める直線 l の式は $y=-\frac{1}{2}x+\frac{19}{2}$ となる。

図2

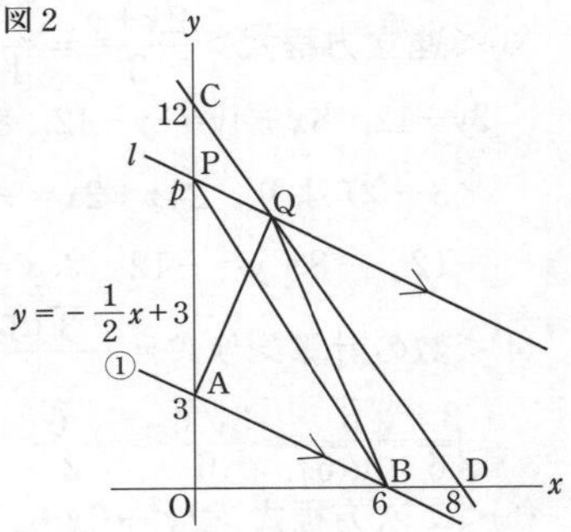

4 〔関数―関数 $y=ax^2$ と一次関数のグラフ〕

≪基本方針の決定≫(2)　平行四辺形の2本の対角線は互いの中点で交わる。　(3)　DE：DB＝△ODE：△ODBである。

(1)＜比例定数＞点Aは2直線 $y=x+\frac{15}{2}$ と $y=-\frac{1}{2}x+3$ との交点だから，2式から y を消去して，$x+\frac{15}{2}=-\frac{1}{2}x+3$ より，$2x+15=-x+6$，$3x=-9$，$x=-3$ となり，これを $y=x+\frac{15}{2}$ に代入すると，$y=-3+\frac{15}{2}=\frac{9}{2}$ より，$A\left(-3,\ \frac{9}{2}\right)$ である。放物線 $y=ax^2$ は点Aを通るので，$x=-3$，$y=\frac{9}{2}$ を代入して，$\frac{9}{2}=a\times(-3)^2$ より，$a=\frac{1}{2}$ である。

図1

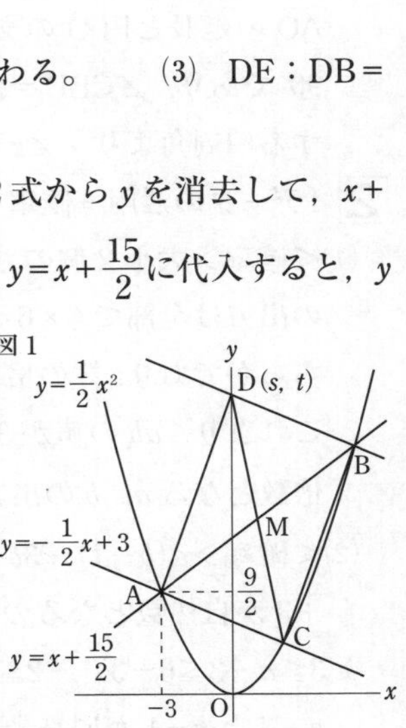

(2)＜点の座標＞右図1のように，平行四辺形ACBDの2本の対角線ABとCDの交点をMとすると，点Mは線分AB，CDの中点である。点Bは放物線 $y=\frac{1}{2}x^2$ と直線 $y=x+\frac{15}{2}$ との交点のうち，点Aでない方の点だから，$\frac{1}{2}x^2=x+\frac{15}{2}$ より，$x^2=2x+15$，$x^2-2x-15=0$，$(x-5)(x+$

3) = 0, $x=5$, -3となるので, $x=5$であり, $x=5$を$y=\frac{1}{2}x^2$に代入すると, $y=\frac{1}{2}\times5^2=\frac{25}{2}$より, B$\left(5,\ \frac{25}{2}\right)$である。同様に, $\frac{1}{2}x^2=-\frac{1}{2}x+3$より, $x^2=-x+6$, $x^2+x-6=0$, $(x-2)(x+3)=0$, $x=2$, -3となるので, $x=2$であり, $y=\frac{1}{2}\times2^2=2$より, C(2, 2)である。点Mは線分ABの中点であるから, x座標は$\frac{-3+5}{2}=1$, y座標は$\left(\frac{9}{2}+\frac{25}{2}\right)\div2=\frac{17}{2}$となり, M$\left(1,\ \frac{17}{2}\right)$である。ここで, D($s$, t)とおくと, 点Mは線分CDの中点でもあるので, x座標について, $\frac{s+2}{2}=1$, y座標について, $\frac{t+2}{2}=\frac{17}{2}$が成り立つ。これらを連立方程式として解くと, $s=0$, $t=15$となり, D(0, 15)である。

(3)<点の座標>右図2のように, 点B, Eからx軸にそれぞれ垂線BB′, EE′を引く。図2で, △OBD $=\frac{1}{2}\times$ OD $\times$ OB′ $=\frac{1}{2}\times15\times5=\frac{75}{2}$だから, △ODE = △OBE − △OBD $=90-\frac{75}{2}=\frac{105}{2}$となる。ここで, 高さの等しい三角形の底辺の比は面積の比に等しいので, DB : DE = △OBD : △ODE $=\frac{75}{2}:\frac{105}{2}=5:7$である。よって, BB′∥DO∥EE′より, OB′ : OE′ = DB : DE = 5 : 7となり, OE′ $=\frac{7}{5}$OB′ $=\frac{7}{5}\times5=7$であるから, 点Eのx座標は-7となる。また, 直線DBは直線$y=-\frac{1}{2}x+\frac{5}{2}$と平行なので, 傾きは等しく$-\frac{1}{2}$で, 切片は点Dの$y$座標の15より, 直線DBの式は$y=-\frac{1}{2}x+15$となる。点Eは, この直線上の点だから, $y=-\frac{1}{2}x+15$に点Eのx座標$x=-7$を代入して, $y=-\frac{1}{2}\times(-7)+15=\frac{7}{2}+15=\frac{37}{2}$となる。したがって, E$\left(-7,\ \frac{37}{2}\right)$である。

図2

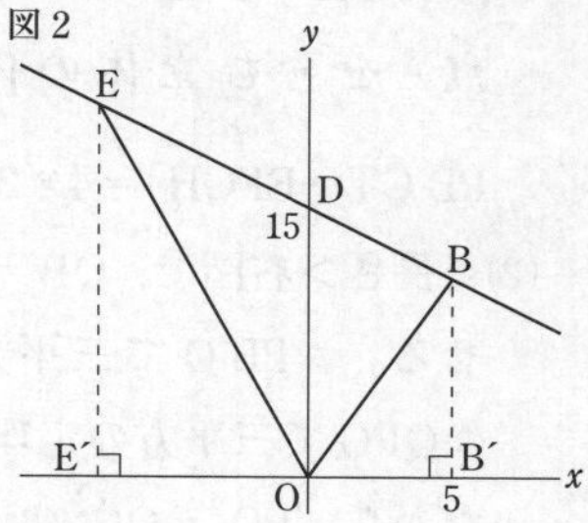

5 〔平面図形—台形〕

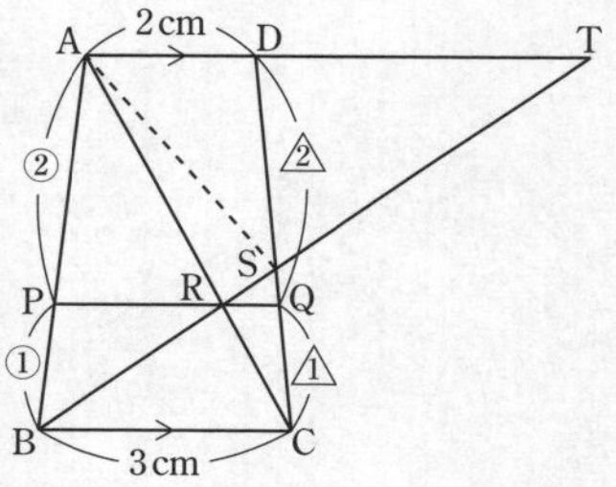

(1)<長さ>右図で, AD∥BCであり, AP : PB = DQ : QC = 2 : 1だから, AD∥PQ∥BCである。よって, AR : RC = AP : PB = 2 : 1となり, AT∥BCより, △ATR∽△CBRで, AT : CB = AR : CR = 2 : 1だから, AT = 2CB = 2×3 = 6(cm)である。

(2)<長さの比>右図で, (1)よりDT = AT − AD = 6 − 2 = 4(cm)であり, DT∥CBより, △DTS∽△CBSだから, DS : CS = DT : CB = 4 : 3となり, DS $=\frac{4}{4+3}$DC $=\frac{4}{7}$DCである。また, DQ : QC = 2 : 1より, DQ $=\frac{2}{2+1}$DC $=\frac{2}{3}$DC, QC $=\frac{1}{2+1}$DC $=\frac{1}{3}$DCである。よって, SQ = DQ − DS $=\frac{2}{3}$DC $-\frac{4}{7}$DC $=\frac{2}{21}$DCとなるから, DS : SQ : QC $=\frac{4}{7}$DC : $\frac{2}{21}$DC : $\frac{1}{3}$DC = 12 : 2 : 7である。

(3)<面積比>右上図で, (2)よりSQ : QC = 2 : 7だから, △SRC $=\frac{2+7}{2}$△QRS $=\frac{9}{2}$△QRSで, AR : RC = 2 : 1だから, △ACS $=\frac{2+1}{1}$△SRC = 3△SRC $=3\times\frac{9}{2}$△QRS $=\frac{27}{2}$△QRSとなる。さらに, (2)より, DS : SC = 4 : 3だから, △ADC $=\frac{4+3}{3}$△ACS $=\frac{7}{3}$△ACS $=\frac{7}{3}\times\frac{27}{2}$△QRS $=\frac{63}{2}$△QRSである。また, AD∥BCより, △ADCと△BCAの底辺をそれぞれAD, BCと見ると高さは等しいから, 面積の

比は底辺の比と等しくなる。これより，△ADC：△BCA＝AD：BC＝2：3だから，△BCA＝$\frac{3}{2}$△ADC＝$\frac{3}{2}\times\frac{63}{2}$△QRS＝$\frac{189}{4}$△QRSとなる。よって，台形ABCDの面積は，△ADC＋△BCA＝$\frac{63}{2}$△QRS＋$\frac{189}{4}$△QRS＝$\frac{315}{4}$△QRSとなるから，△QRSの面積の$\frac{315}{4}$倍である。

6〔空間図形―直方体〕

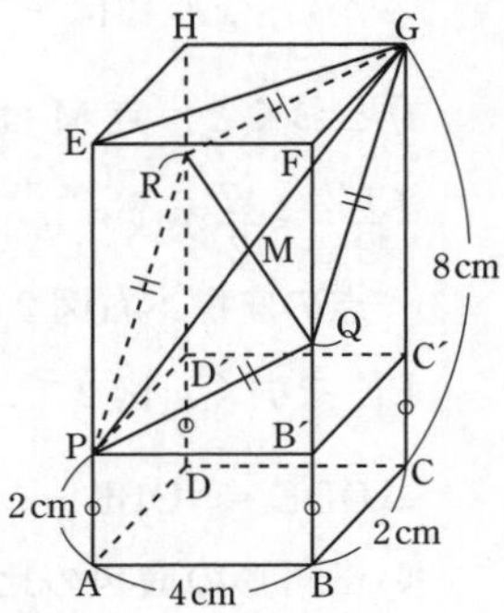

(1)＜体積＞右図のように，点Pを通り底面ABCDと平行な面と，辺BF，CG，DHとの交点をそれぞれB′，C′，D′とすると，切り口のひし形PQGRは，直方体PB′C′D′-EFGHの体積を二等分する。よって，PE＝AE－AP＝8－2＝6より，直方体ABCD-EFGHを2つに切った後の頂点Aを含む立体の体積は，〔直方体ABCD-PB′C′D′〕＋$\frac{1}{2}$〔直方体PB′C′D′-EFGH〕＝$4\times2\times2+\frac{1}{2}\times4\times2\times6=16+24=40$(cm^3)である。

(2)＜長さ＞右図で，QB′＝x(cm)とおくと，QF＝FB′－QB′＝6－x(cm)と表せる。△PB′Qで三平方の定理より，$PQ^2=PB'^2+QB'^2=4^2+x^2$となり，△QFGで三平方の定理より，$QG^2=QF^2+GF^2=(6-x)^2+2^2$となり，ひし形PQGRより，PQ＝QGだから，$PQ^2=QG^2$より，$4^2+x^2=(6-x)^2+2^2$が成り立つ。これを解くと，$16+x^2=36-12x+x^2+4$，$12x=24$，$x=2$となる。よって，$PQ^2=4^2+2^2=20$より，$PQ=\sqrt{20}=2\sqrt{5}$(cm)である。

(3)＜長さ＞右上図の△EFGで三平方の定理より，$EG^2=EF^2+FG^2=4^2+2^2=20$となるから，△GEPで三平方の定理より，$GP=\sqrt{EG^2+EP^2}=\sqrt{20+6^2}=\sqrt{56}=2\sqrt{14}$(cm)となる。図のように，ひし形PQGRの2本の対角線GP，QRの交点をMとすると，GP⊥QRで，$PM=GM=\frac{1}{2}GP=\frac{1}{2}\times2\sqrt{14}=\sqrt{14}$(cm)，QR＝2QMとなる。よって，△PMQで三平方の定理より，$QM=\sqrt{PQ^2-PM^2}=\sqrt{20-(\sqrt{14})^2}=\sqrt{6}$となるから，$QR=2\times\sqrt{6}=2\sqrt{6}$(cm)である。

2022年度／京華高等学校

国語解答

一　1　A…イ　B…エ　C…ア　D…ウ

2　イ

3　今回も自分が百井に負けたことがばれてしまうため，返却された順位表を二人に見られてしまうことを阻止しようとしたから。

4　百井によって自分たちのこれまでの行いが先生に暴露されてしまうと観念する気持ち。(39字)

5　Ⅰ　共存　Ⅱ　いじめ　Ⅲ　いい人　Ⅳ　良心

6　ア　7　イ

二　1　A…エ　B…ア　C…イ　2　エ

3　風を起こす羽根がないことに加え，風を送るという機能的効用は他の扇風機とあまり違いがないにもかかわらず，近未来的なデザインという意味的効用が加わることで高額であること。

4　モノの時代～てきたから

5　ア…×　イ…○　ウ…○　エ…×

6　(1)「価格」の奴隷になっている　(2)…ウ

7　エ　8　イ

三　①　どじょう　②　きんさ　③　はんらん　④　ぐどん　⑤　な

四　①　刑事　②　軟式　③　鋭利　④　一斉　⑤　雇

一〔小説の読解〕出典；水野瑠見『十四歳日和』。

1＜表現＞A．「嫌がらせの首謀者たち」が，「百井の席を取り囲んで」，意地悪な気持ちに満ちた耳ざわりな声を上げた。　B．もみ合いになり，倒れ込んだ百井が身を起こすと，額から血が流れ落ちていたので，その場が緊張した雰囲気になった。　C．「俺たちだけが先に職員室へ連行され」て，ザワ先から「え？　山居，説明ぐらいしろよ」と低く太くてすごみのある声で厳しく問い詰められた。　D．山居が「……ふざけてどつき合ってたら，百井がよろけて，それで」と言うと，ザワ先は「ほう。岸上も矢代も，同じ言い分か？」と，山居の発言が事実かどうかすぐには信じられないという感じの鋭い目線を，岸上と「俺」に送った。

2＜心情＞「俺」は，百井が仲間はずれにされるのを見て見ぬふりをするなど，自分が百井をいじめていることに罪悪感を持て余す一方で，百井が嫌がらせによって精神をすり減らして成績が下がるなら，自分が期末テストで「トップ奪還」，つまり再び一位になれるのではないかと期待していた。

3＜文章内容＞「俺」は，山居と岸上に百井の順位表を見られて，百井が一位だと知られたら，自分が負けて二位だったことがばれてしまうと心配した。そのため，山居と岸上の間に入って，二人に百井の順位表を見られるのを妨げようとした。

4＜心情＞「俺」は，百井がザワ先に「これまでに受けた数々の仕打ちを暴露するに決まってる」と思い，自分たちの行いをザワ先に隠して無事でいられるのもこれまでだと「観念する」，言いかえれば，覚悟する気持ちになった。

5＜文章内容＞職員室から出た後，「俺」が百井になぜ自分たちをかばったのかときくと，百井は，このクラスでは「派手な層と地味な層が共存を」図れていて(…Ⅰ)，「あからさまないじめってなかった」から(…Ⅱ)，「みんな根はいい人たち」であり(…Ⅲ)，だから「あの場で僕がフォローしておいた」方が，「良心にうったえられそう」で有利だと答えた(…Ⅳ)。

6＜文章内容＞「俺」は，成績優秀な百井に負けたくないと思っていたが，百井がトラブルを無難に収め，「俺たちのことを恨んですらいないように」見えるので，「俺の中から，百井に対する敵意や嫉妬が」消え，心が広くて包容力のある百井には勝てないことを受け入れる気持ちになった。

7＜表現＞まず，期末テストの順位表が返ってきたときの「俺」の心情があり，次に，クラスで起きたトラブル，職員室での先生との会話，そして，百井による事態の収拾，さらに，「俺」と百井との会話，それによる「俺」の百井に対する感情の変化と，話が時系列に進んでいき，場面の状況や主人公の心情の変化がわかりやすく表現されている(イ…○)。

二〔論説文の読解―政治・経済学的分野―経済〕出典；奥野一成『先生，お金持ちになるにはどうしたらいいですか？』。

≪本文の概要≫価値と価格は混同しやすいが，価値とは何か，価格とは何かを整理して理解すれば，物事の本質を見抜く目を持つことができるようになる。価値とは，人が満足する程度であり，そのモノを必要としているかなどのその人が置かれた状況や，それが好きかどうかなどの他の人との比較においても異なる。そして，モノの機能的な効用に意味的な効用を加えたものに，人は価値を見出す。モノが足りなかった時代は，モノの機能的効用が重視されたが，モノがあふれる時代になると，意味的効用の方が重視されるようになる。「かっこよさ」，「しっくりくる」など人の感性に訴える意味的効用は多様性を持ち，価値観が多様化している現代では，さまざまな意味的効用を持つモノを見つけることができる。一方，価格とは何かを考えるには，コスト，プロセス，競争の視点で分析する方法が有効である。コスト，つまり費用は，材料費，人件費，光熱費，地代などからなり，これに利益を加えて価格が決定される。そして，財・サービスの多くはセットで販売されているので，作業やパーツに分解して価格を考えられる。また，価格は，公正な競争が行われると下がる。さて，価値と価格の違いを理解する以外に大切なのは，考える順番である。安ければ必要かどうかにかかわらず飛びついたり，「高いモノ」を持っている人が立派な人だと錯覚したりするのは，他人が決めた価格だけに心を奪われていることになる。価格よりもまず価値について判断することが重要である。

1＜接続語＞A．「モノが足りなかった時代は，モノの機能面の効用が重視」されたことの例を挙げていえば，「自動車は走るのが」，また，「テレビは映像を映し出すのが」機能であり，その機能的効用に対して多くの人はお金を払った。　B．目の前にある軽自動車について5人に聞くと，「軽自動車に対する認識は5人ともそれほど」変わらないため，「彼らが受け取る価値」にそれほど違いはない。　C．モノが足りなかった時代は，機能的な効用が重視されるため，「誰が評価してもそれほど金額にブレは」ないけれども，「モノがあふれる時代になると，機能的な効用よりも意味的な効用が重視されるようになり，価値の大きな部分を占めるように」なるため，評価する人によって価格に差が生じる。

2＜文章内容＞お腹がすいているか，いっぱいかなどのその人の状況や，それが好きか嫌いかなどの他の人との感覚の違いによって，その人が受け取る効用，言い換えれば，その人がどれくらい満足するかは異なる。そういった，人によって異なる満足感の程度が，「価値」である。

3＜文章内容＞ダイソンの扇風機には羽根がないのがおもしろいが，それ以上に，どの扇風機にもある「送風するという『機能的効用』」に加えて，近未来的なデザインによる意味的効用があり，人はその意味的効用に「価値」を見出すため，高額になっているというところがおもしろい。

4＜文章内容＞「モノの時代」とは，モノが足りないためにモノ本来の機能的な効用が重視される時代である。そのような時代が終わって，現代はモノがあふれる時代になった。そして，価値観が多様化し，人々がモノに対して，「かっこよさ」，「しっくりくる」といった感性に訴える意味的効用を求める現代では，モノの「機能的な効用よりも意味的な効用が重視されるように」なっているので，身の周りに，「『意味的効用』に裏付けられたモノがあふれて」いるのである。

5＜文章内容＞コスト，言い換えれば，費用には，材料費や人件費，光熱費，地代などがあり，この費用に利益を加えたものが価格である(ア…×)。パソコンとソフトウェア，床屋さんでの作業のように，世の中の財・サービスの多くはセットで売られているが，それをパーツや「作業ごとに分解していく」アプローチが「アンバンドリング」である(イ…○)。「競争経済においては，公正な競争は価格を下げるプレッシャーになり」，財・サービスは安い価格になる(ウ…○)。「価格を分析する上で役に立つアプローチ」は，コスト(費用)・プロセス・競争という観点で考えることであり，分析的に考えて「モノの値段がある程度当てられるくらいになるまで経験を」積むことが望ましい(エ…×)。

6⑴＜表現＞価格が予想より安ければ，「本当に必要なモノか」どうかにかかわらず，飛びついてしまったり，高いモノを持っている人を「立派な人だと錯覚して」しまったりと，人が感じる「価値」は，「価格」に影響されがちである。これは，「他人が決めた『価格』」に心を奪われ，そのためにだけ行動する人のようなものである。　⑵＜文章内容＞「本当に必要なモノか」，本当に価値のあるものかということを考えなければ，価格が安いモノを必要なモノだと思ったり，高いモノを持っている人を立派な人だと感じたりなど，他人の決めた価格によってモノや人の価値を判断するようになる。

7＜主題＞フルーツの香り，左右どちら側にも開く扉，花柄の模様は，それぞれ歯磨き粉，冷蔵庫，トイレットペーパーの機能的効用ではなく，意味的効用である(…ア・イ・ウ)。スピーカーの音質の良さは，音を出すというスピーカーの機能的効用の中の，音質という要素の良し悪しの度合いである(…エ)。

8＜要旨＞価格と価値について整理して理解できれば，「物事の本質を見抜く目を持つことができるようになるはず」である。そして，価値が価格に引っ張られないようにするためには，まず，価値について判断できるようになる必要がある。

三〔漢字〕

①作物を育てる土のこと。　②ごくわずかな差のこと。　③事物があふれるほど多く出回ること。　④頭のはたらきが悪く，行動も鈍いこと。　⑤音読みは「萎縮」などの「イ」。

四〔漢字〕

①犯罪の捜査や容疑者の逮捕にあたる警察官のこと。　②野球・テニスなどで，軟球を使って行う方式のこと。　③刃が鋭くてよく切れること。　④同時にそろって物事をすること。　⑤音読みは「雇用」などの「コ」。

Memo

Memo

Memo

2021年度 京華高等学校

【英　語】（50分）〈満点：100点〉

1 次の英文を読んで，後の問いに答えなさい。

In Kenya these days, many people pay for things with mobile phones. People can use mobile money at supermarkets and restaurants, and they can pay *utility bills and even *school tuition.

Safaricom, the largest mobile phone company in Kenya, started its mobile money service in 2007, and other companies have followed. Mobile money services are now used by about 70 percent of the population, including *nomadic groups such as the Masai and Samburu. Why has Kenya become a *leading mobile money country ?

In Kenya, most people do not have landline phones. They use mobile phones instead. Mobile phones have spread very fast because it takes less time and money to create mobile networks than landline networks throughout the country. Many areas in Kenya do not have electricity, so people use solar energy to charge their mobile phones.

Also, many Kenyans do not have *bank accounts. People always had to carry cash. Mobile money is much easier and safer to use. For example, if you want to send money to someone with a mobile phone, all you need is the *recipient's phone number and your *PIN code. You can also *withdraw cash at 200,000 mobile money *agents nationwide. That is about three times more than the total number of convenience stores in Japan.

Everywhere I go in Kenya, I see a sign that says "M-Pesa." My safari guide told me that M-Pesa is mobile money. "Pesa" means "money" in Swahili, one of the languages of Kenya. According to the guide, it is used by most Kenyan people, including the Masai. I was surprised and asked him, "Do the Masai people use mobile phones ?" He laughed and said, "Of course. Everyone uses a mobile phone in Kenya. And the Masai use mobile money services to buy *livestock."

（注） utility bill　公共料金　school tuition　学費　nomadic　遊牧民　leading　先進的な
bank account　銀行口座　recipient　受取人　PIN code　暗証番号　withdraw　引き出す
agents nationwide　全国の代理店　livestock　家畜

1．本文の内容に合うように，次の空欄（１）～（５）に入る最も適当なものを下から選び，ア～コの記号で答えなさい。

（ １ ）が発達していないケニアでは，多くの人たちが（ ２ ）を使用している。また，（ ３ ）を持たない多くのケニア人にとって，モバイルマネーサービスはお金のやり取りをする上で，非常に簡単で安全な方法であり，現在，人口の約（ ４ ）の人たちに使用されている。取り扱う代理店の数も多く，日本のコンビニエンスストア数の約（ ５ ）もある。

ア．電子マネー制度　イ．銀行口座　ウ．財産　エ．70％
オ．携帯電話　カ．30％　キ．固定電話網　ク．13倍
ケ．太陽エネルギー　コ．３倍

2．ケニアで携帯電話が急速に普及した理由を，簡潔に日本語で答えなさい。

3．本文の内容と一致するものにはT，一致しないものにはFと答えなさい。

(1) Kenyan people are able to pay utility bills and even school tuition with mobile phones.

(2) Safaricom started mobile phone system the earliest in Kenya.

(3) As there is no electricity in many areas in Kenya, people charge their mobile phones with solar energy.

(4) The name, address and phone number will always be needed in returning the mobile money.

(5) M-Pesa is used by all the people except the Masai.

2 次の英文を読んで，後の英文の＿＿＿に入る最も適当なものを下から選び，ア～エの記号で答えなさい。

People often tell me how cute my dog is. But they do not know how cute my dog can really be. He is really cute when I have him do tricks. I thought it would be hard to teach a dog to do tricks, but it was really easy. The lady at the pet store gave me some good *tips about how to teach my dog. Let me share some of them with you.

One reason it was easy to teach my dog tricks was because I used the right kind of food. If you go to the store, you will find many dog snacks. They come in all sizes, shapes, colors, and flavors. Dogs do not see in color, so snacks can be green, brown, or red. Dogs do not care. Also, dogs do not care if their food looks like cats or not. The dog food company just makes them that shape so that people will think the snacks are cute. Dogs do not care about the shape. They care about the taste. You want to pay attention to the taste of snacks that your dog likes. Some dogs only like chicken or fish. My dog loves peanut butter, so I always use peanut butter snacks when I teach him. However, I only use small ones. This is important because you have to use a lot of snacks to teach a dog to do tricks. If you use big snacks, your dog might get sick from eating too much.

Another good tip that the lady at the store told me was always take your dog for a walk before you try to teach him a trick. If you exercise a dog, he will not be nervous. Instead, he will be calm. When the dog is calm, he will listen to you better. When the dog pays attention to you, he will learn the trick faster.

Another way to teach a dog tricks quickly is to work on tricks that are natural for dogs. My dog quickly learned to shake hands and to roll over because he did these kinds of things from time to time on his own. For example, my dog already liked to sit when he was beside me. So when he came near me on his own, I said the word "sit." Then, when he sat, I gave him a snack.

(注) tip 役立つアドバイス

1．The story is mainly about ＿＿＿＿＿

ア．why dogs like to do tricks.

イ．the famous saying "Practice makes perfect."

ウ．tricks and snacks.

エ．teaching tricks to dogs.

2．The writer thinks that his pet is ＿＿＿＿＿

ア．very smart.

イ．not very good at doing tricks.

ウ．very cute when doing tricks.

エ．cute only when doing tricks.

3．The writer got the tips from ＿＿＿＿＿

ア．one of his parents.　　イ．someone at the pet store.

ウ．a book.　　エ．one of his neighbors.

4．The writer says that to teach a dog, ＿＿＿＿＿

ア．you need the dog's favorite food.

イ．you need a good trainer.

ウ．you need food of the right color.

エ．you need to spend much time together.

5．When the writer gives snacks to his dog, ＿＿＿＿＿

ア．he uses a certain snack because of its shape.

イ．he takes care over the color of a dog's snack.

ウ．he uses fish snacks.

エ．he takes care not to give too much.

6．The writer says that it is easier to teach a dog tricks ＿＿＿＿＿

ア．before it has exercised.　イ．in the morning.

ウ．after it has exercised.　エ．that isn't natural for dogs.

7．The writer says " ＿＿＿＿＿ " about teaching dogs tricks.

ア．Do it when the dog is calm.

イ．Do it when the dog is nervous.

ウ．Do it before the dog eats dinner.

エ．Do it when the dog comes near you on his own.

3　次の英文を読んで，後の問いに答えなさい。

The natural world ①is full of beautiful sights, and an Asian *peacock's feathers are more *spectacular than anything ; (1), their decorated feathers don't just show off their beauty. The colors of their feathers are gold and green, and they have "eyespot" markings on their feathers. Those colors and markings are so unique that they are not only a visual *delight, but also serve as an attraction to the female of ②the species before and during *mating season.

The female peacock, known as the peahen, chooses her mate based on the quality of his feathers. They especially value the number and size of eyespots. In 1994, Marion Petrie, a zoologist at Oxford University, performed an experiment to determine whether the *offspring benefited in any way from this *preference on the part of the mother. She discovered that the babies of peacocks with the most eyespots were generally larger than others 84 days after birth.

The birds were then taken from the controlled environment and released into the *comparatively wild habitat of Whipsnade Park. There were many foxes and other *predators in this park. ③［reduced / the size of / by / that / the sample population］59 percent. By analyzing the population, it showed that the larger birds had a higher chance of survival than the smaller ones.

Petrie observed that the offspring of those males with a more decorated feathers have a higher chance of survival under near-natural conditions. Petrie concluded that the peahen may be attracted by genetic information apparent in the decorative *train of a peacock.

Various studies have been done to determine whether humans also have visible attractive characteristics carrying genetic information, (2) Petrie's results were published.

（注） peacock　クジャク　spectacular　見ごたえのある　delight　楽しみをあたえるもの
mating season　交尾期　offspring　子　preference　好み　comparatively　比較的に
predator　捕食動物　train　尾

1．下線部①の意味として最も適当なものを下から選び，ア～エの記号で答えなさい。

ア．～でいっぱいである　　イ．～が好きである

ウ．～を失う　　　　　　　エ．～と協力している

2．空欄（1）・（2）に入る最も適当なものを下から選び，ア～エの記号で答えなさい。

ア．so　　イ．however　　ウ．before　　エ．since

3．下線部②の意味として最も適当なものを下から選び，ア～エの記号で答えなさい。

ア．the gold and green feathers

イ．the Asian peacock

ウ．its "eyespot" markings

エ．a visual delight

4．下線部③が「それでサンプル数は59パーセント落ち込みました。」という意味になるように，［　］内の語句を並べかえ正しい英文にしなさい。ただし，文頭の語も小文字になっている。

5．本文の内容と一致するものにはT，一致しないものにはFと答えなさい。

(1) The feathers of an Asian peacock are one of the most beautiful sights in nature.

(2) All Asian peacocks have the same number of eyespots.

(3) The female peacock is attracted by the color of the male's feathers.

(4) The babies of peacocks with the least eyespots were generally larger than the others 12 weeks after birth.

(5) Petrie's experiment showed that peacocks have visible attractive characteristics carrying genetic information.

4　次の空欄（1）～（5）に入る最も適当なものを下から選び，ア～エの記号で答えなさい。

1．A： Excuse me.　What time will the next train reach the airport？

B： Let me check the schedule, sir.　Hmm, it'll be there at 10：15.

A： Really？（　　1　　）

B： You'd better take a taxi, then.　It'll be much faster.

ア．I'd like one ticket to the station, please.

イ．I have to be there by 9：30.

ウ．My flight has been canceled.

エ．My schedule says 10：25.

2．A： Hi, Jonny.　What are you reading？

B： Oh, it's a book about the history of Mexico.

A： Really？　That's an unusual subject.（　　2　　）

B： I'm planning on studying there next time.

ア．Is it a long book？

イ．Is Mexico an old country？

ウ．Why are you reading it？

エ．Why do you think so？

3．A： Welcome to Randy's Restaurant.　May I take your order？

B： Yes, I'd like pancakes with scrambled eggs and sausage.

A： Would you like anything else？　A cup of coffee？

B： No,（　　3　　） I'll have a cup of tea instead, please.

ア．I already had some this morning.
イ．I don't want anything hot.
ウ．I'm ready to order now.
エ．I have to go soon.

4．A： Hi, I'd like to have my hair cut, please.
B： Sorry. We're full all day today. Would you like to make an appointment for another day ?
A： All right. How about tomorrow evening ?
B： I'm sorry, but (4)
A： Oh. Then what about Wednesday evening ?
B： That would be fine. How about 7 p.m. ?
A： Wednesday at 7 p.m. ? (5) My name is Jim Brown.
B： OK, Mr. Brown. You'll be seeing Marvin for your haircut.

（4） ア．we can do it today.
イ．we're full tomorrow, too.
ウ．we need a new hair stylist.
エ．we're closed in the evenings.

（5） ア．I have to work on Wednesday.
イ．I'll check again tomorrow.
ウ．That sounds good to me.
エ．That's too late for me.

5 次の空欄（1）～（5）に入る最も適当なものを下から選び，ア～エの記号で答えなさい。

1．Can you see that (1) window ?
ア．broken イ．breaks ウ．broke エ．breaking

2．My brother has studied English (2) 2010.
ア．during イ．since ウ．in エ．for

3．You are not able to speak French, (3) ?
ア．aren't you イ．are you ウ．don't you エ．do you

4．I finished (4) my room.
ア．cleaned イ．clean ウ．to clean エ．cleaning

5．Would you bring me (5) ?
ア．something hot to drink イ．something to drink hot
ウ．hot something to drink エ．to drink hot something

6 次の日本文を英文にしなさい。

1．ロンドン(London)には見るべき場所がたくさんある。
2．エベレスト山(Mt. Everest)は雪で覆われている。
3．今までにサンフランシスコ(San Francisco)に行ったことがありますか。
4．ナイル川(The Nile)は世界で一番長い川です。
5．インド(India)はとても寒かったので，私たちは海で泳げませんでした。

【数　学】 (50分) 〈満点：100点〉

1　次の各問いに答えよ。

(1)　$-2^6 \div (-2)^4 \times 8 \times \left(2\frac{3}{4} - \frac{3}{8}\right)$ を計算せよ。

(2)　$\frac{2x-y}{5} - \frac{x+2y}{4} + y$ を計算せよ。

(3)　連立方程式 $\begin{cases} \frac{x}{2} + \frac{y-7}{5} = -1 \\ y = -5 + x \end{cases}$ を解け。

(4)　$\frac{\sqrt{8}+\sqrt{24}}{\sqrt{3}} + (1-\sqrt{2})^2$ を計算せよ。

(5)　2次方程式 $\frac{1}{5}(x-2)(x+1) = \frac{1}{3}(x+1)^2$ を解け。

(6)　右の図1のように，正方形と中心角が90°のおうぎ形を2つ重ねたとき，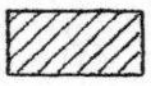 の部分の周の長さを求めよ。ただし，円周率はπとする。

図1

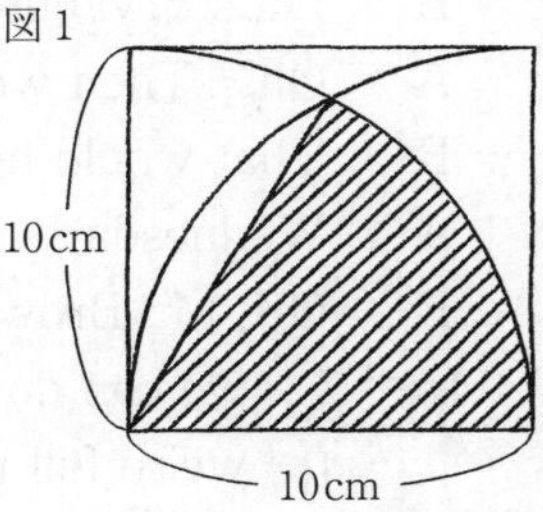

(7)　2直線 $y = \frac{1}{2}x - 6$，$y = 2x - 3$ の交点を通り，直線 $y = -3x + 1$ に平行な直線の式を求めよ。

(8)　下の図2は正十二面体の展開図である。これを組み立てたとき，面アと平行になる面を，イ～シの中から選べ。

図2

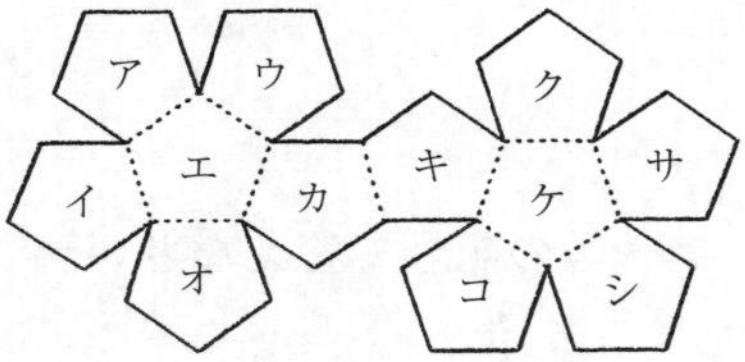

2　大小2つのさいころを投げ，大きいさいころの出た目の数をa，小さいさいころの出た目の数をbとする。

次の各問いに答えよ。

(1)　$\frac{b}{a}$ が整数となる確率を求めよ。

(2)　$\sqrt{ab} > 3$ となる確率を求めよ。

3　右の図のような底面の直径が8cmの円錐の形をした空の容器に，一定の割合で水を入れていくと，水面の高さが4cmになるのに5秒かかった。

次の各問いに答えよ。ただし，円周率はπとする。

(1)　この容器の容積を求めよ。

(2)　水面の高さが12cmになるのは，空の容器に水を入れ始めてから何秒後か。

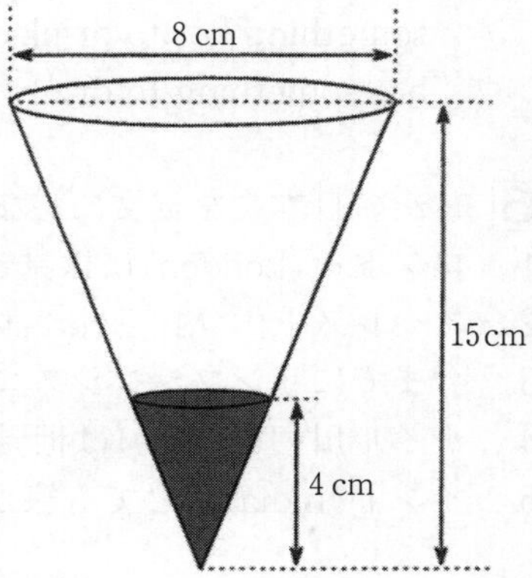

4　下の図のように，y 軸上の点A(0, 9)と放物線 $y=ax^2$ 上の点B(−3, 3)がある。また，放物線上に，四角形ABCDが平行四辺形となるように2点C，Dをとる。
次の各問いに答えよ。

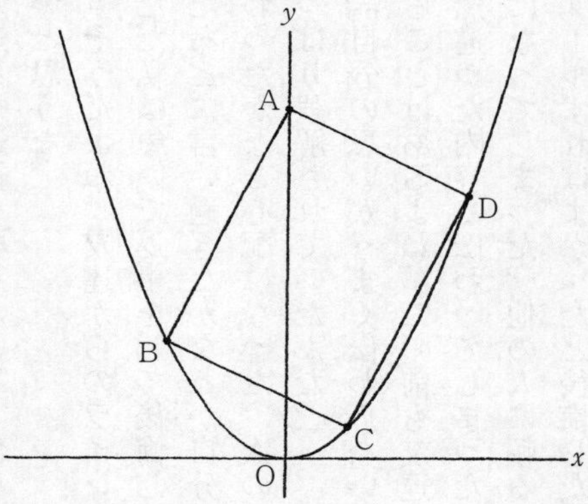

(1)　a の値を求めよ。

(2)　次の文中の $\boxed{ア}$ ～ $\boxed{カ}$ にはすべて1けたの自然数が入る。$\boxed{オ}$ と $\boxed{カ}$ に入る自然数を答えよ。ただし，同じカタカナには同じ自然数が入るものとする。

> 点Dの x 座標を t とすると y 座標は $\dfrac{\boxed{ア}}{\boxed{イ}}t^2$ と表される。四角形ABCDが平行四辺形であることから点Cの座標は $\left(t-\boxed{ウ},\ \dfrac{\boxed{ア}}{\boxed{イ}}t^2-\boxed{エ}\right)$ と表される。また，点Cが放物線上にあることから $t=\dfrac{\boxed{オ}}{\boxed{カ}}$ が求められる。

(3)　平行四辺形ABCDの面積を求めよ。

5　右の図のような平行四辺形ABCDがある。点E，F，Gはそれぞれ辺AB，BC，CD上の点で，AE：EB＝2：1，BF：FC＝3：1，CG：GD＝1：1である。また，2つの線分AF，AGが，線分EDと交わる点をそれぞれH，Iとする。
次の各問いに答えよ。

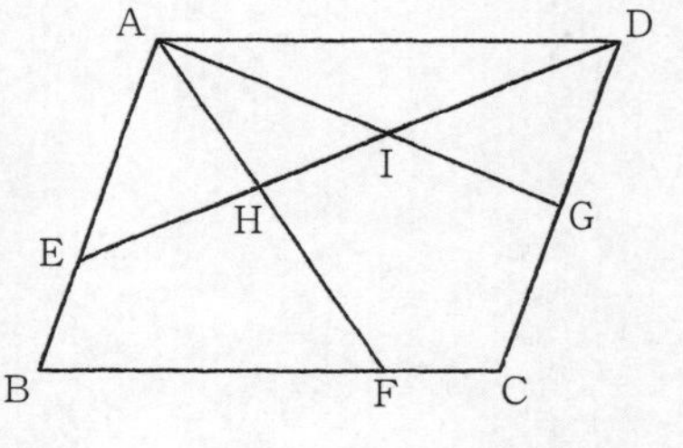

(1)　AI：IGを最も簡単な整数の比で表せ。

(2)　EH：HI：IDを最も簡単な整数の比で表せ。

(3)　△AHIの面積が 10cm^2 のとき，平行四辺形ABCDの面積を求めよ。

6　右の図で，△ABDは1辺10cmの正三角形である。∠ACB＝60°，DC＝DE，AC＝11cmのとき，次の各問いに答えよ。

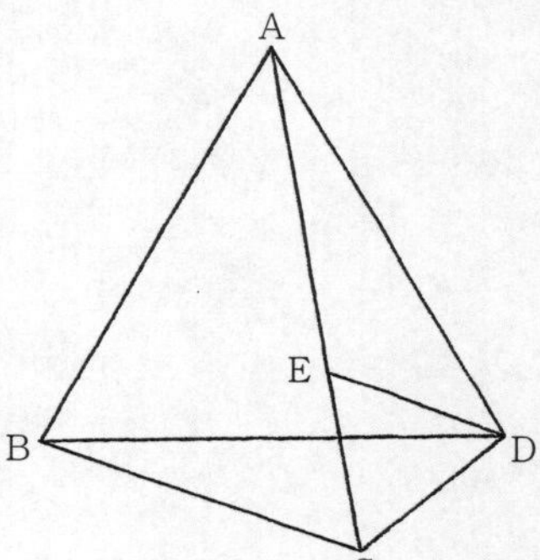

(1)　∠ACDの大きさを求めよ。

(2)　四角形ABCDの周の長さを求めよ。

友達とも連絡を取りたいし、便利なものはどんどん使いたいと思うな。」

生徒イ「そうだよね。友達からのラインには早く返したいしね。ただ私は急いで返事をして後悔したことがあったよ。送ったあとに言い過ぎたかなとか自分の言いたかったことは伝わったかなと心配になった。次の日に学校で話をしたらやっぱり誤解されていたんだ。」

生徒ウ「自分の思いがうまく伝わらないんじゃないかと不安になることはあるよね。この前も友達に伝言をお願いしたら全然違った内容で伝わってしまったことがあって、少し険悪になってしまった。他の人に頼るのではなくて自分で直接メールすればよかったと後悔したよ。」

生徒エ「自分で直接伝えることは大切だよね。今の時代、ツイッターで自分の気持ちをつぶやいたり、インスタグラムで世界中に写真を公開したりできるから自分のことをみんな理解してくれると勘違いしてしまうけれど、本当に仲のいい人には、電話したり手紙を書いたりして直接的なつながりを大事にしていきたいな。」

三 次の①～⑤の——線部のカタカナを、漢字で書きなさい。

① 株のバイバイをする。
② チセツな文章。
③ 代金をセイキュウする。
④ 提案をコバむ。
⑤ 罪をツグナう。

四 次の①～⑤の——線部の漢字の読み方を、平仮名で書きなさい。

① 閑静な住宅街。
② 父は寡黙な人だ。
③ 政府を弾劾する。
④ 過去を顧みる。
⑤ 廃れた街並み。

もあらためて目を向ける必要があるのではないでしょうか。

（山極寿一『スマホを捨てたい子どもたち　―野生に学ぶ「未知の時代」の生き方』による）

1．A・Bにあてはまることばとして適当なものをそれぞれ選び、符号で答えなさい。

A　ア　違和感　イ　疎外感
　　ウ　圧迫感　エ　緊張感

B　ア　冷却材　イ　研磨材
　　ウ　緩衝材　エ　断熱材

2．――線部1に「言葉はポータブルなものです」とありますが、「言葉」が「ポータブルなもの」であることによってもたらされたこととしてあてはまらないものを一つ選び、符号で答えなさい。

ア　過去に起こった出来事を時間にとらわれずに自分の目で確認すること。

イ　実際に起きていないことをあたかも起きたかのように人に話をすること。

ウ　他の国に住む人と手紙を送り合うことでコミュニケーションをとること。

エ　死について考えるとともに、死者と対話することができると考えること。

3．――線部2に「同じ能力」とありますが、どのような能力ですか。「～能力」につづくように二十九字で探し、初めと終わりの五字をそれぞれ抜き出しなさい。

4．――線部3に「ゴリラの社会」とありますが、どのような社会ですか。「～がある社会」につづくように十五字で抜き出しなさい。

5．――線部4に「文字を介した理解には、常に疑いがつきまといます」とありますが、その理由を「対話」との違いを明らかにしつつ、九十字以内で答えなさい。

6．――線部5に「その論理には二重の意味で誤解があります」とありますが、筆者が「誤解」と考える理由として適当なものをすべて選び、符号で答えなさい。

ア　SNSは自分の考えを一方的に相手や社会に対して公開するものに過ぎないから。

イ　文字では相手の言葉を受けた瞬間の自分の感情を正確に表現することができないから。

ウ　ラインなどのSNSでは即時の返事を相手が望むため言葉をじっくりと考える時間がないから。

エ　SNSやメールは信頼関係が築けていない相手とも文字でのやりとりができるから。

オ　SNS内で使われる言葉では具体的状況のすべてを相手に伝えることはできないから。

7．本文の内容としてあてはまるものには○、そうでないものには×をそれぞれつけなさい。

ア　昔よりも身体的能力が低下してしまったため、現代人は身体よりも言葉を信じるようになった。

イ　スマホの普及によって、服装への気遣いや目上の人への礼儀を気にしない人が増えてきている。

ウ　言葉の便利さに慣れてしまうことは、人間が本来的に持つ能力を喪失させてしまうことにつながる。

エ　ゴリラの仕草は一定の法則に基づいているため、訴えていることや次の行動を予測できる。

オ　言葉によって成り立つルールにみなが従おうとすることで、人間社会は維持されている。

8．次にしめすのは四人の生徒が「コミュニケーション」について会話している場面です。生徒ア～エがしめした考えのうち、筆者の考えに最も近いものを選び、符号で答えなさい。

生徒ア「僕は親からよくスマホばかり見るなと言われます。理由を聞いたら、親はスマホばかり見ていると情報に振り回されて考える力を失ってしまうと言っていました。でも僕は言葉を発達させるうちに、文字も生まれました。最初は、石や木に書いていた文字を、紙に書くようになり、やがてそれを印刷するようになる。さらに技術が進み、テレックスができ、ファクスが生まれ、そして今、ぼくたちはインターネットを通じて電子文字でつながるようになりました。

　そもそも4文字を介した理解には、常に疑いがつきまといます。会って話していれば、発せられた言葉だけの意味ではなく、相手の顔の表情や仕草、声色から裏の意味や背景を同時に感じることができます。相手の言葉を聞きながら、「おそらく嘘《うそ》を言っているな」とか「本気みたいだな」と思ったりするのは、人間は言葉を話しているとき、無意識のうちに感情を出すものであり、同時に相手の感情を読み取る能力をもっているからです。話し手は、相手の解釈が間違っていると感じたら訂正することができます。本来、言葉の役割が発揮される場所は、こうしたやり取りが可能な場面でした。

　しかし、文字は読み手本位のコミュニケーションツールであって、対話ではありません。書いた人はその場にいないので、読み手の勝手な解釈が許されます。読み手本位であるために、ときに誤解を生んで書き手が思ってもいなかった結論になったりします。再現する過程で誤解が生じるのは当たり前で、それを避けることはできないのです。

　ラインなどのSNSがあたかも対話しているかのような使われ方をしていますが、それは、あくまでシンボルを使った文字世界の延長です。ラインを利用している人の中には、すぐに返事が来るから対話と同じような信頼関係をつくれていると反論する人もいるかもしれませんが、5その論理には二重の意味で誤解があります。

　一つは、言葉は抽象化されたものだということ。誰かと話をしていても、それは出来事すべてを表しているわけではなく、出来事をいったん言葉という抽象的なシンボルに集約してそれを再現しているだけのものです。実際には、言葉だけで相手の感情はわかりません。

　もう一つは、文字化したり、肉声ではないものに変換してしまったりした場合、そこにさらに時間的な要素が加わるということです。言葉を話すということは本来、瞬間の作業でもあります。対話を書き言葉にすると、Aさん「…」、Bさん「…」というように、時系列に並べられることになりますが、実際は、相手が話しているとき、相手の言葉を聴きながら、自分が次に話すことを考えている。それは書き言葉では表現できません。文字は、相手の言葉を受けて考えた結果出てくるものではあるけれど、その瞬間に自分の胸の中に生じた感情とは違うものです。書き文字の行間を読み取ることはできても、実際に言葉を肉声をもって交わし合っている状況とは違うのです。そこにも齟齬《そご》が生じます。

　ぼくたちは、誰かに会いに行くときには、服装や身だしなみを考えますね。相手によっては敬語も使う。そういうときの［A］は、身体からほとばしり出るものです。ところが、スマホで言葉を文字でやり取りするだけなら、礼儀も敬語もそれほど気にしなくてもいい。だから相手によって変えることをしなくなります。相手が不特定多数であれば、ますます身構えがなくなっていきます。

　さらに、顔も知らない相手から得た情報に対しては、勝手に想像ができる分、実際に会ったときに、文字の情報に裏切られるかもしれないし、それがコミュニケーションの足かせになるかもしれません。だから行き違いも起こるし、それがときに犯罪に結びつくこともある。言葉はもともと［B］の役割を果たしていましたが、今は文字に引きずられて、行動を誘発している。会って「殺してやる」と言われたなら、「バカやろー」と言い返せるし、取っ組み合って解消できることもある。殺すなどという行為はそうそう実現しません。でも、文字は、読み方次第でいくらでも想像が広がります。それが知らない相手であればなおさらでしょう。「殺される！」と恐怖で身がすくんでしまうかもしれません。

　言葉を生み出し、文字を発明し、今、インターネットの世界を介して言葉をやり取りしているぼくたちは、こうした言葉の負の面にことを目論《もくろ》んでいるのではないか、などと言葉にこだわってしまう。これは、言葉による幻想、フィクションが前面に出てくれば、動物のように生の感情のぶつかり合いを通じて瞬時に何らかの解決策を見出《みいだ》す、という人間本来の能力が落ちていきます。

こうして今、人間の世界には、身体を通じたコミュニケーションをまったく無視した社会が出来上がっています。

人間は、言葉でルールをつくっています。たとえば、保育園では、「ねんねの時間ですよ」「一列に並びましょう」と言われて、子どもたちは眠くないけど眠らされ、並びたくはないけど並ぶ。小学校もそうです。「今日は朝礼があるから整列する」「教室に入ったら席につく」。こうした言葉による規則が先にあって、自分がしたいことより、その規則を守ることが先決になります。会社のルールや法律など、すべて言葉によるルールです。

ゴリラの場合、何の挨拶もなしに2メートル以内に近づいたら、身体が「えっ、何かおかしいぞ」と反応します。この「2メートル」という距離も、ぼくが感じたことを言葉に翻訳しただけで、実際の距離は状況によって異なります。でも、その距離はその場にいればわかるし、ゴリラが何かを訴えてきていることもわかる。「何か興味があるものがぼくの周りにあるんだな」「ぼくと遊びたがっているんだな」「ぼくの隣に座りたがっているな」ということは、目を見ればわかります。何かいたずらをしようというときには、目がキラキラと光っています。ゴリラの行動や表情を受けて、ぼくは瞬間瞬間に理解し、どういう行動をとるかを判断します。こうしてぼくが身につけた彼らの「行動文法」は、「こういう行動をしたからこうだ」「こういう表情をしたからこう」などと言葉だけで表すことはできません。

かつては、人間も、身体感覚でさまざまな問題を解決してきました。お互いの関係や環境は毎日変わります。こうすれば今日はこうなるということを直観で判断して互いの関係を調整していました。

ぼくが子どもの頃もそうでした。自然は日々変わるものだから、ぼくらも変わらざるを得ません。雨が降れば、太陽が出れば、遊ぶ場所も方法も変わります。その度に、友だちと顔を見合わせて、気持ちがつながっていることを確認しながら、互いの関係を調整していました。それは、3ゴリラの社会にとても近いものです。こういう子ども時代があったからこそ、ぼくは、言葉では理解できないゴリラの群れに入ることができたのかもしれません。ゴリラの場合は、人間と表現の方法が近いから、余計わかりやすかったのです。

ところが、今の人間社会は、不変のルールに従うことが日常生活になっています。言葉が先行しているから、身体が感じていることより言葉を信じる。ルールが合わなくなったときにすぐに調整することができないために無理が生じます。

科学技術には良い面もあれば悪い面もあります。最初は良い面に注目が集まりますが、ある域を超えると今度はネガティブな面が強調されていきます。ダイナマイトを考えてもそうでしょう。最初は人間の力が及ばない物を壊すために非常に役立ったのに、それがやがて社会を破壊する戦争の道具に使われるようになりました。言葉も同じです。

言葉は、人間が手にした技術の中で最初にして最大のものといってよいと思います。人間の認知能力は、言葉の発明によって一度つくり変えられました。これが、「認知革命」と呼ばれるものです。かつて言葉は人々の間のトラブルを調整するための交渉にも使われていたはずだし、集団間の暴力を鎮めるためにも使われていたでしょう。だから人間は集団を大きくすることができました。国家という巨大な組織をつくることができたのも、言葉によってバーチャルな世界をつくり、その物語を共有してみんながまとまれるようになったからです。ダイナマイトと同様、最初は言葉もよい作用をもたらしました。しかし、やがてその言葉が、暴力をつくり出すために使われるようになると、だんだん人間にとってネガティブな作用をし始めます。

ことを深く後悔している。

エ　顧問からの指示を共有する大切な幹部会議が、他の三年生により思うように進まない状況に気持ちが萎えつつも、基を援護して議論を進めようとしている。

5.――線部4「朝練への参加人数について」という議題に対する部員たちの発言の内容としてあてはまらないものを一つ選び、符号で答えなさい。

ア「三年生がもっと率先して練習しなければいけない。そうしないと後輩達に示しがつかなくなってしまう」

イ「朝練は強制ではないがもっと積極的に参加してほしい。もっと練習しないとまた県大会で敗退になる」

ウ「受験勉強が大変という理由で朝練に参加できないのであれば他の部員のために部活を引退すべきだ」

エ「部活の後に夜遅くまで勉強して、その上朝練にまで参加することになったら身体を壊してしまう」

6.――線部5に「そのイメージが、一歩、二歩と遠のいていった」とありますが、このときの基の心情を、「覚悟」ということばを用いて、五十字以内で答えなさい。

7.この文章の表現の特徴として最も適当なものを選び、符号で答えなさい。

ア　基の視点から物語を描くことで、状況の変化と基の心情の変化を読者にわかりやすくしている。

イ　会話文の中に比喩表現を多用することで、部員達の青年期特有の揺れ動きやすい心情を表現している。

ウ　登場人物の表情や態度を細かく描くことで、先輩達の不満と部内で孤立する基の姿を読者に印象づけている。

エ　登場人物を多く登場させることで、基の存在感が薄れ、部長になることへの自信のなさを描いている。

8.登場人物の説明として最も適当なものを選び、符号で答えなさい。

ア　越谷は部長になれず残念に思ったものの、サックスパートのリーダーになれたことには満足している。

イ　堂林は基の唯一の味方であり、真面目に部活に取り組まない先輩達に対して持つ不満を隠そうとしない。

ウ　基は自分に自信がなく、本当は吹奏楽部の部長をやりたくないが、顧問の指名なので仕方がなくやっている。

エ　玲於奈は吹奏楽部がまとまることを願っており、一年生である基が部長を務めることを納得し支援している。

二　次の文章を読んで、あとの問いに答えなさい。

ぼくたち人間は、進化の過程で言葉を得たことで、距離を保ってつながれるようになるとともに、身体を使わず、時間と空間を超え、いろいろな人とつながることができるようになりました。

1言葉はポータブルなものです。重さがないので、どこにでも持ち運びができる。言葉を使うことで、過去に起こったことを、まるで目の前で起こっているかのように解説することができるし、目の前で起きていることを、別の場所、もしくは今ではない時間に再現することもできます。自分が行ったことのない場所で起こったことを、あたかも行ったかのように再現して伝えることもできます。言葉を得た人間はフィクションを生み出しました。死を考えられるようになったのも言葉を得たためです。死者と対話できるという幻想も生まれました。フィールドワークの心得で書いたように、「緑の葉」や「赤い実」も、そう口にした段階でフィクションになります。

一方、言葉をもたない動物は、その場で瞬時に直観で対峙《たいじ》し、解決します。それ以外のオプションをもちません。人間も本来、2同じ能力をもっていたはずですが、言葉の力が大きくなるにつれ、その力が減退しました。たとえば、その場はやり過ごして、あとで考えるといった状況では、言葉が力をもちます。あのときあの人はこう言ったけど、本当はどうだったのだろう、こんな情報を流しているけど、裏では何を考えているのか、ひょっとしたらとんでもない岸原先輩が基を見る。今度は、「どうせできないだろうけど」という顔をしていた。

「せ、先輩方は特に、受験勉強で僕達なんかよりずっと忙しいと思います。そんな中……」

「でもさ、受験を理由にコンクールを大事にしてる部員の足を引っ張っていいことにはならないと思うけど」

櫻井先輩の言葉の棘《とげ》は取れない。基の話を遮って、また大谷先輩に喧嘩腰《けんかごし》で突っかかる。

「じゃあコンクールのせいで受験に落ちてもいいのかよ。櫻井だって受験するんだろ」

「そもそもオーディションの形式がぁ」と増田先輩が話を蒸し返しそうになって、慌てて玲於奈が止めた。今にも堂林が「先輩達がそんなだから一年に部長と副部長を取られるんですよー！」と言うんじゃないかと思い、あらかじめ彼の足を思い切り踏んだ。

この三年生達の上に、一体どうやって部長として立てというんだ。まだ堂林の方が好戦的な分、素質がありそうだ。

部長として全日本の舞台に立つ。5そのイメージが、一歩、二歩と遠のいていった。

（額賀　澪『風に恋う』による）

1. [A]～[D]にあてはまることばとして適当なものをそれぞれ選び、符号で答えなさい。

ア　ぐっと　　イ　さっと
ウ　ちらりと　エ　ぴしゃりと

2. ――線部1に「引き受けたのは僕の意志です」とありますが、このときの基の心情として最も適当なものを選び、符号で答えなさい。

ア　先輩達がいる中で部長を務めるのは無謀だと思いながらも、「先生に指名されたからやるのではない」ということを強調している。

イ　先輩達がいる中で一年生にも関わらず部長に抜擢《ばってき》されたことへの不安を押し殺しつつ、「しっかり務めよう」と決意している。

ウ　同じパートの先輩達なら、自らの意志で部長に立候補したことを正直に明かせば、自分のことを応援してくれるだろうと期待している。

エ　先輩達に任せていては部として今後の成長が見込めないということを示し、部長としての自分を認めてもらえるようにアピールしている。

3. ――線部2に「彼は真っ直ぐ基を見ていた」とありますが、このときの越谷の心情として最も適当なものを選び、符号で答えなさい。

ア　部長になった基を生意気な後輩と思うものの、他の部員からの目を気にして感情を抑えようと思っている。

イ　自分と同じパートである基が部長になったことで、自分のパートリーダーの立場を奪われると思っている。

ウ　練習の雰囲気が何よりも大切であり、基が和を乱すようなことをしないように見張ろうと思っている。

エ　同じ三年生の玲於奈から連絡を受け、後輩でありながら部長になった基を支援しようと思っている。

4. ――線部3に「玲於奈が小さく溜め息をついて、基の代わりに答えた」とありますが、このときの玲於奈の心情として最も適当なものを選び、符号で答えなさい。

ア　一向にまとまろうとしない部員たちの身勝手さにあきれつつも、せめて後輩たちの前でだけは仲の悪さを見せるべきではないと考え、取りつくろおうとしている。

イ　オーディションの直前なのに審査方法さえも部員に教えない瑛太郎コーチに憤《いきどお》りを覚えつつも、なんとかこの場をしのごうとしている。

ウ　新体制となって初めての幹部会議にも関わらず、自信のない様子でメモを読み上げるだけの基にいらだち、部長を交代したを蹴った。
「……と、俺は思いますけどね」
　顔を半分歪《ゆが》め、基を睨みながら堂林がそう付け足す。増田先輩がそれ以上に苦々しい顔で彼を見ているのに、気づいているのか、あえて無視しているのか。
「ていうか、部長は本当に先生から聞いてないの？」
　フルートのパートリーダー、岸原先輩がすっと基の方を見て言う。目が笑っていない。「こっそり教えてもらってるんじゃないの」という顔だった。
「……聞いてないですけど」
　喉の奥から声を捻《ひね》り出す。何故《なぜ》かそのまま「すみません」と謝りたくなった。
「部長も副部長も学指揮も聞いてないよ」
[C]、また玲於奈が答える。
「瑛太郎先生と一対一かもしれないし、全員の前で吹く形かもしれない」
　玲於奈がそう言ってやっと、岸原先輩も増田先輩も、他のパートリーダーの先輩達も納得してくれた。基は慌ててメモに視線を落とす。
「えーと、次なんですが、学指揮の鳴神先輩から、朝練について提案が出ています」
「[4]朝練への参加人数について」。玲於奈があらかじめ出してくれた議題がすでにメモに書いてある。それを読み上げる形で、玲於奈は話し出した。
「朝練は自主練ということになってますけど、コンクールに向けた練習も本格的になって来たし、もう少し積極的に参加してほしいなと思っています」
　玲於奈の声はよく通る。話し終えたあとの室内の静けさが、ちょっと怖くなるくらい。
「俺達もさ、別にサボりたくて朝練来てないわけじゃないんだけど」
　渋い顔でそう言ったのは、クラリネットの大谷先輩だった。
「部活のあとに塾行って、帰って宿題片付けて、夜遅くに寝て。朝練まで強制参加ってなったら、過労死するよ、過労死」
　大谷先輩の「過労死」という言葉に頷《うなず》く人も、何人かいた。大谷先輩の言う「俺達」とは、彼等を含めてのことなのだろう。
「それは私もわかってる。でも、千学は月曜や夜の七時以降が部活禁止で、ただでさえ他の学校に比べて練習時間が短いから、もっとそれを自覚してほしい。少しでも練習しようって思わないと、また埼玉県大会敗退だよ」
「はーい、わかりました」
　話を無理矢理終わらせるように、大谷先輩は少し声を張ってそう言った。
　でも、話は穏便に終わってくれなかった。
「でもさあ、受験受験っていう人はどうして部に残ったのって話じゃない？　自分の受験が大事なら、二年までで引退すればよかったのに」
　そう言ったのはトランペットの櫻井《さくらい》先輩だった。「あの先輩、性格はきついけど、やる気はある」なんて堂林が言っていたっけ。
　千学では部活は三年の最後の大会まで続けることができるが、大学受験に備えて、二年までで辞めてしまう人も少なからずいる。
「じゃあ何だよ、朝練出れないなら引退しろってことかよ」
　案の定、大谷先輩が応戦する。櫻井先輩も引かない。
「誰もそんなこと言ってないじゃない。でも、三年が率先して練習しないと、一、二年にこの程度でいいのかって思われちゃうでしょって話」
　越谷先輩が「お二人ともまあまあ！」と割って入り、櫻井先輩がテーブルに乗り出しかけた体を[D]引いた。大谷先輩が音を出さずに舌打ちをしたのが基の席からは見えた。
「部長、議長なんだから話をまとめてよ」

「あ、言っとくけど、サックスパートのリーダーは俺だからな？　そこ、忘れるなよ」

越谷先輩が自分の顔を指さしながら、周囲に念を押すように言う。池辺先輩が「誰も盗《と》りません」と言って、ほんの少し笑いが起こって、きりりと冷えていた教室が温かくなる。

「じゃあ、練習始めまーす」

遠くからトランペットの音が聞こえた。空を裂くように鋭い音は、間違いなく堂林だ。瑛太郎は彼を副部長に任命した。その音は、同じパートの部員をなぎ払うようだった。

午前の授業が終わると同時に弁当を掻《か》き込《こ》んで、教室を飛び出した。やや遅れて、メロンパンの端っこを口に突っ込んだ堂林もついて来た。

「ついに俺達、先輩にアレをされるんじゃないか、焼きを入れられるってやつ」

もごもごとメロンパンを咀嚼《そしゃく》しながら言う堂林を、「物騒なこと言わないで」と振り返る。

「ただの幹部会議じゃん」

「ここぞとばかりに、部長と副部長になった生意気な一年にガツンと言うつもりかも」

今日は昼休みに音楽準備室で吹奏楽部の幹部会議が開かれる。部長と副部長、学指揮、各パートリーダーが集まって、今後の練習の進め方や部内でトラブルが起きていないかを確認し、顧問からの指示を細かく共有するための集まりだ。

正直、怖い。自分が「駄目だ」と烙印《らくいん》を押した先輩達の中に飛び込んでいくのだから。

幹部会議の会場である音楽準備室の戸を開けると、中にはすでに玲於奈がいた。

「残念、二番と三番」

部長らしく一番に到着しようという魂胆は見え見えだったようで、玲於奈は基と堂林を順番に指さして笑った。五分もしないうちに他の部員もやって来て、狭い音楽準備室はぎゅうぎゅうになった。しかも自分と堂林以外は全員三年生。威圧感を覚えながら、基は今日の議題のメモに視線を落とした。とりあえず、一番無難な議題から入ることにする。

「まず、パート練のときに使う教室ですが、瑛太郎先生より戸締まりや片付けを徹底するようにということです。窓の鍵の閉め忘れがあったと、他の先生から報告があったらしいです」

言い終えると、一拍置いて玲於奈と堂林と越谷先輩が返事をした。さらにそれに遅れて、他のパートリーダーが続く。

「続いて月末のオーディションについて、各パートで情報は共有されてるかどうか、改めて確認してください。パートごとに演奏範囲が違うので、間違いのないように」

「練習しとく範囲は聞いてるけど、どういう形で審査するかって、まだ決まらないの」

低音パートの増田先輩が、テーブルに頬杖《ほおづえ》をついたまま聞いてくる。チューバを吹く、長身で肩幅もある男子生徒だ。

「決まってない、と思います」

「なんだよ、思いますって」

小声で増田先輩がそうこぼすのが、しっかりと聞こえた。3玲於奈が小さく溜《た》め息をついて、基の代わりに答えた。

「まだ決まらないって言うか、瑛太郎先生の口振りだと、多分当日まで教えないと思う」

「せめて先生の前で一対一で吹くのか、全員の前で吹くのかくらい決めてもらわないと、こっちも気持ちの準備ってのがあるじゃん」

まだ不満そうな増田先輩のことを、堂林がわざとらしい笑顔で見た。

「別に、演奏することには変わりないんすから、どうでもいいんじゃないですか？」

嫌みが籠もった言い方に、基はテーブルの下でさり気なく彼の足

二〇二一年度
京華高等学校

【国語】（五〇分）〈満点：一〇〇点〉

一　次の文章を読んで、あとの問いに答えなさい。

> 　吹奏楽に打ち込むも全日本コンクール出場を果たすことなく中学を卒業した茶園基《ちゃぞのもとい》。憧れていた吹奏楽の強豪校である千間学院（通称千学）に進学したものの、幼馴染《おさななじみ》の鳴神《なるかみ》玲《れ》於《お》奈《な》が部長を務める今の吹奏楽部にはかつての栄光など見る影もなかった。しかし、そんな基の前に、黄金時代のＯＢである不《ふ》破《わ》瑛《えい》太《た》郎《ろう》が吹奏楽部のコーチとして現れ、一年生の基を部長に指名した。本文は、部長として始動した二日目にあたる場面である。

「今日から部長として、改めてよろしくお願いします」

サックスパートの練習の前に、基は同じパートの先輩達にそう頭を下げた。サックスパートは基を入れて七人。一年生が二人で、あとの五人はみんな先輩だ。昨日の放課後に部長として挨拶はしたけれど、同じパートの先輩達には改めて伝えたかった。

基礎練習前の椅子の並びは半月状で、アルトサックス、テナーサックス、バリトンサックスと、形の違う楽器が基を取り囲んでいる。

「僕を部長にと決めたのは瑛太郎先生ですけど、1引き受けたのは僕の意志です。先輩方はいろいろと思うところもあると思いますが……」

　話の途中で、二年の池辺先輩が喉を鳴らした。あまりにあからさまだった。縁なしの眼鏡の向こうから、鋭利な視線が基へ飛んでくる。

　A 、三年の越谷先輩を見た。自分の楽器を膝にのせ、2彼は真っ直《す》ぐ基を見ていた。話を遮るだけ遮って目を伏せたままの池辺先輩や、不満げな様子のまま顔を背けている他の二年生や、居心地悪そうに視線を泳がせている同級生とも、違う。

「僕、『僕なんかが部長になってすみません』とは言いませんから」

一人ひとりを見つめて、そう言い放った。強がっている。今、自分は爪先に B 力を入れて、必死に背伸びをしている。でも、気丈に振る舞わないといけない。じゃないと、自分はどうして玲於奈を泣かせてまで部長になったんだ。

「格好いいこと言うなあ、茶園は」

　越谷先輩の手がするりと楽器から離れた。「よしよし、わかったわかった」と、小さな拍手をする。木々の隙間から木漏れ日が落ちるような、穏やかな顔で。

「鳴神から昨夜ＬＩＮＥが来てさ。後輩が部長をやることを不満に思うのはわかるけど、三年が率先して部長の足を引っ張るようなことのないように、ってお達しが三年全員に回ってるんだよ。鳴神にそう言われちゃあ、嫌ですなんて誰も言えない」

　昨夜、自分と話したあと、玲於奈は部屋に戻ってそんなことをしていたのか。

「俺もさあ、思うところがないわけじゃないんだけど、俺がパート内で茶園に冷たく当たったりすると、パート練がとんでもない空気になるだろ？　それは嫌だから、とりあえず俺は茶園をサポートしようかなと思います」

　言いながら、越谷先輩は隣に座っていた池辺先輩の椅子の足を爪先でこん、と蹴る。池辺先輩は口をへの字にして、基を睨《にら》みつけてきた。

　まさか、全員がいきなり受け入れてくれるとは思わない。もし自分が池辺先輩の立場だったら、同じことをしたかもしれない。

　でもとりあえず、今は三年の越谷先輩が「応援する」と言ってくれるだけ、幸せだ。「一年が生意気なこと言ってんじゃねえ」と胸ぐらを摑《つか》まれるくらいの覚悟は、していたから。

「ありがとうございます。よろしくお願いします」

2021年度／京華高等学校

英語解答

1
1　1…キ　2…オ　3…イ　4…エ　5…コ
2　国全体に固定電話のネットワークをつくるよりも，モバイルネットワークをつくるほうがかかる時間と費用が少ないため。
3　(1)…T　(2)…F　(3)…T　(4)…F　(5)…F

2
1　エ　2　ウ　3　イ　4　ア　5　エ　6　ウ　7　ア

3
1　ア　2　1…イ　2…エ
3　イ
4　That reduced the size of the sample population by 59 percent.
5　(1)…T　(2)…F　(3)…F　(4)…F　(5)…T

4
1　イ　2　ウ　3　ア
4　4…イ　5…ウ

5
1　ア　2　イ　3　イ　4　エ　5　ア

6
1　There are a lot of places to see in London.
2　Mt. Everest is covered with snow.
3　Have you ever been to San Francisco?
4　The Nile is the longest river in the world.
5　It was so cold in India that we could not swim in the sea.

1〔長文読解総合―説明文〕

≪全訳≫❶ケニアでは近年，多くの人が携帯電話を使って支払いをしている。スーパーマーケットやレストランでモバイルマネーを使うことができるし，公共料金や学費さえも支払うことができる。❷ケニア最大の携帯電話会社であるサファリ・コムが2007年にモバイルマネーサービスを開始し，他の企業がそれに続いた。現在，モバイルマネーサービスは，マサイ族やサンブル族のような遊牧民の部族を含め，人口の約70パーセントの人に利用されている。ケニアはなぜ，モバイルマネーの先進国となったのだろうか。❸ケニアではほとんどの人が固定電話を持たない。その代わりに，携帯電話を使っている。携帯電話が急速に普及したのは，国全体に固定電話のネットワークをつくるよりも，モバイルネットワークをつくるほうがかかる時間と費用が少ないからである。ケニアの多くの地域には電力が普及していないので，人々は携帯電話を充電するのに太陽エネルギーを用いている。❹また，多くのケニア人は銀行口座を持っていない。人々は常に現金を持ち運ばなければならなかった。モバイルマネーはそれよりもずっと簡単で安全である。例えば，携帯電話を使って誰かに送金をしたいとき，必要なのは受取人の電話番号と自分の暗証番号だけである。また，全国の20万軒のモバイルマネー代理店で現金を引き出すこともできる。その数は，日本の全てのコンビニエンスストアの数の約３倍である。❺ケニアのどこに行っても，「M-Pesa」という看板を見かける。私のサファリのガイドによれば，「M-Pesa」とはモバイルマネーのことだ。「Pesa」とはケニアで用いられる言語の１つであるスワヒリ語で，「お金」を意味する。ガイドによると，それはマサイ族を含むほとんどのケニア人に利用されている。私は驚いて，彼に「マサイ族の人たちも携帯電話を使うのですか」と尋ねた。彼は笑って，「もちろんです。ケニアでは誰もが携帯電話を使います。そしてマサイ族の人たちは，家畜を買うためにモバイルマネーサービスを使っています」と言った。

1＜要約文完成＞1．第3段落第1文参照。　2．第3段落第2文参照。　3．第4段落第1～3文参照。　4．第2段落第2文参照。　5．第4段落最終文参照。 about three times「約3倍」

2＜文脈把握＞第3段落第3文で，ケニアで携帯電話が急速に普及した理由が述べられている。‘It takes＋時間(金額)＋to ～’で「～するのに時間(金額)が…かかる」。

3＜内容真偽＞(1)「ケニアの人は，公共料金や学費さえも携帯電話で支払うことができる」…○　第1段落第2文に一致する。　(2)「サファリ・コムはケニアで最も早く携帯電話システムを開始した」…×　第2段落にサファリ・コムがモバイルマネーサービスを最初に始めたという記述はあるが，携帯電話システムの開始についての記述はない。　(3)「ケニアの多くの地域には電力が普及していないので，人は太陽エネルギーを使って携帯電話を充電している」…○　第3段落最終文に一致する。　(4)「モバイルマネーを返すときには，常に氏名・住所・電話番号が必要とされる」…×　第4段落第4文参照。モバイルマネーの送金に必要なのは受取人の電話番号と送金側の暗証番号だけである。　(5)「M-Pesaはマサイ族を除く全ての人に利用されている」…×　第5段落第4～最終文参照。マサイ族の人たちも利用している。

2〔長文読解―内容一致―エッセー〕

≪全訳≫❶人々はよく，私のイヌがなんてかわいいかと言ってくれる。しかし，彼らは私のイヌが本当にはどれほどかわいいかを知らない。彼に芸をさせるときが本当にかわいいのである。イヌに芸を教えるのは難しいだろうと思っていたが，実に簡単だった。ペットショップの女性店員が，教え方についていくつかの役立つアドバイスをしてくれた。その内のいくつかを紹介しよう。❷私がイヌに芸を教えるのが簡単だった理由の1つが，適切な種類の食べ物を用いたということである。店に行くと，たくさんの種類のイヌのおやつを見かけるだろう。あらゆる大きさや形，色，味のものが売られている。イヌは色を見分けないので，おやつは緑色でも茶色でも赤色でもいい。イヌは気にしない。また，イヌはおやつがネコの形をしていようがいまいが気にしない。ドッグフードの会社は，人間がそのおやつをかわいいと思うだろうと考えてそのような形につくっているだけなのだ。イヌは形を気にすることはない。彼らが気にするのは味である。あなたのイヌが気に入るおやつの味に注意を払いたい。チキン味とかサカナ味だけを好むイヌもいる。私のイヌはピーナツバターが大好きなので，彼に芸を教えるときはいつもピーナツバターのおやつを使う。しかし，小さいものだけを使う。これは大切なことで，というのも，イヌに芸を教えるにはたくさんのおやつを使わなければならないからだ。大きなおやつを使うと，あなたのイヌは食べすぎで病気になってしまうかもしれない。❸ショップの女性店員が教えてくれた別のよいアドバイスは，芸を教えようとする前にいつも散歩に連れていきなさい，ということだった。イヌに運動させると，神経質になることがない。その代わりに落ち着くのだ。イヌは，落ち着いているときには飼い主の言うことをよく聞くだろう。イヌが飼い主に注目しているときには，芸を速く覚えるだろう。❹イヌに芸をすばやく教える別の方法は，イヌにとって自然な芸に取り組むことである。私のイヌはお手をすることと寝転ぶことをすぐに覚えたが，それは彼が自分でしょっちゅうそのようなことをしていたからだ。例えば，私のイヌは私のそばにいるときは，もともと座ることが好きだった。そこで，彼が自分で私に近づいてきたとき，私は彼に「お座り」という単語を言った。そして彼が座ると，私はおやつを与えたのである。

1．「この文章は主に(　　)についてである」―エ．「イヌに芸を教えること」　本文は，ペットのイヌに芸を教えることについて書かれている。　2．「筆者は，彼のペットは(　　)と思っている」―ウ．「芸をするときがとてもかわいい」　第1段落第3文参照。　3．「筆者は(　　)から役立つアドバイスを受けた」―イ．「ペットショップの人」　第1段落第5文参照。　4．「筆者は，イヌに芸を教えるためには，(　　)と言っている」―ア．「イヌの好きな食べ物が必要だ」　第2段落第10～12文参照。　5．「筆者は，イヌにおやつを与えるとき，(　　)」―エ．「与えすぎないように気をつけている」　第2段落最後の3文参照。食べすぎると具合が悪くなる可能性があると指摘している。　6．「筆者は(　　)，イヌに芸を教えるのがより簡単だと言っている」―ウ．「運動をさせた後」　第3段落参照。　7．「筆者は，イヌに芸を教えることについて『(　　)』と言っている」―ア．「イヌが落ち着いているときにやりなさい」　第3段落最後の2文参照。

3〔長文読解総合―説明文〕

≪全訳≫❶自然界は美しい光景でいっぱいで，アジアのクジャクの羽よりも見ごたえのあるものは他にない。しかし，彼らのきらびやかな羽は彼らの美しさを見せつけるだけのものではない。彼らの羽の色は金色と緑色で，羽の上には「目玉模様」がある。これらの色と模様はとても独特なので，単に視覚的に楽しみを与えるものというだけでなく，交尾期の前と期間中においては，種のメスの関心を引く力としてはたらく。❷「peahen(インドクジャク)」として知られるメスのクジャクは，自分の相手を，その羽のクオリティーに基づいて選ぶ。彼女たちは特に，目玉模様の数と大きさを評価する。1994年，オックスフォード大学の動物学者であるマリオン・ペトリーは，クジャクの子どもが，母親側のこの好みから何らかの恩恵を受けたかどうかを確かめる実験を行った。彼女は，最も多くの目玉模様を持ったクジャクの赤ん坊は一般的に，生後84日の他のクジャクの赤ん坊よりも大きいことを発見した。❸鳥たちはそれから，管理された環境から，ウィプスナード公園の比較的野性的なすみかに放された。この公園には多くのキツネや捕食動物がいた。それでサンプル数は59パーセント落ち込んだ。個体数を分析したところ，大型の鳥は小型の鳥よりも生き残る確率が高いことが判明した。❹ペトリーは，より豪華な羽を持ったオス鳥の子どもは，より自然に近い環境で生き残れる確率が高いことに気づいた。ペトリーは，メスのクジャクはオスのクジャクの豪華な尾に現れる遺伝情報にひかれるのだろうと結論づけた。❺ペトリーの実験結果が公表されて以来，人類も遺伝情報を持つ目に見える魅力的な特徴を持っているかどうかを検証する多くの実験が行われてきた。

1＜語句解釈＞be full of ～「～でいっぱいである」

2＜適語選択＞1．文の前半の「アジアのクジャクの羽は美しい」という内容と，後半の「それはただ美しさを見せつけるだけではない」という内容をつなぐ語として，‘逆接’の however「しかし」が適切。　2．前半の「さまざまな研究が行われてきた」という現在完了の文と，後半の「ペトリーの報告書が公表された」という内容をつなぐ語として，since「～以来」が適切。

3＜語句解釈＞species は「(動植物の)種」。the female of the species は「その種のメス」，つまり「アジアのクジャクのメス」を指している。

4＜整序結合＞語群から，「それがサンプルの個体数を59パーセント減らした」と読み換え，主語に that，動詞に reduce を用いて表す。「*A* を～減らす」は‘reduce *A* by ～’，「サンプルの個体の数」は the size of the sample population とまとめる。

5＜内容真偽＞(1)「アジアのクジャクの羽は，自然界の最も美しい光景の1つである」…○　第1段落第1文に一致する。　(2)「アジアのクジャクは全て同じ数の目玉模様を持っている」…×　第2段落第1，2文参照。メスのクジャクは目玉模様の数でオスを選ぶとあるので，目玉模様の数は同じではないことがわかる。　(3)「メスのクジャクはオスの羽の色にひかれる」…×　第2段落第2文参照。羽の目玉模様の数と大きさにひかれる。　(4)「一般的に，最も目玉模様が少ないクジャクの赤ん坊は生後12週間の他のクジャクよりも大きい」…×　第2段落最終文参照。目玉模様が多いクジャクの赤ん坊の方が大きい。　(5)「ペトリーの実験は，クジャクには遺伝情報を伝える視覚的に魅力的な特徴があることを示した」…○　第4段落最終文に一致する。

4〔対話文完成―適文選択〕

1．A：すみません。次の列車は何時に空港に着きますか？／B：時刻表を確認いたします。うーん，10時15分に到着します。／A：本当ですか？　私は9時半までに到着しなければならないのです。／B：それなら，タクシーを使うべきです。ずっと早く着きます。／／Bが列車の到着時刻よりずっと早く到着するためにはタクシーを使うべきだ，と言っていることから，Aは10時15分より早く到着する必要があると言っていると判断できる。

2．A：こんにちは，ジョニー。何を読んでいるの？／B：やあ，メキシコの歴史についての本だよ。／A：本当？　珍しいテーマね。どうしてそれを読んでいるの？／B：次回はそこを勉強する予定なんだ。／／この後のBの返事はその本を読んでいることの理由になっているので，Aはこれを尋ねたのだとわかる。

3．A：ランディ・レストランにようこそ。ご注文をよろしいでしょうか？／B：はい，スクランブルエッグとソーセージを添えたパンケーキをお願いします。／A：他には何かいかがですか？　コーヒーは？／B：いいえ，今朝飲んでしまいました。代わりに紅茶をお願いします。／／コーヒーを勧められたBが「いいえ」と断った後，代わりに紅茶を注文しているので，コーヒーはすでに飲んでしまった(からいらない)，と答えたと判断できる。

4．A：こんにちは，髪のカットをお願いします。／B：すみません。今日はいっぱいです。他の日の予約をしていただけますか？／A：わかりました。明日の夜はどうですか？／B：申し訳ありませんが4明日もいっぱいです。／A：おや。それでは，水曜日の夜はどうですか？／B：それなら大丈夫です。7時ではいかがですか？／A：水曜日の7時ですね？　5それで大丈夫です。私の名前はジム・ブラウンです。／B：わかりました，ブラウン様。マービンがお客様のヘアカットを担当します。／／4．明日の予定を尋ねたAが，この後「では水曜日はどうか」と尋ねているので，Bは「明日もいっぱいだ」と答えたと判断できる。　5．Aはこの後自分の名前を伝えて予約を取っているので，Bの提示した日時が自分にとって都合がよい，と答えたと判断できる。

5〔適語(句)選択〕

1．「壊れた窓」は，「壊された」という受け身の意味を表す過去分詞の形容詞用法で表せる。　「あの壊れた窓が見えますか」

2．「～以来(ずっと)」を表す since が適する。　「私の兄〔弟〕は2010年から英語を勉強している」

3．否定文の付加疑問には肯定形を用いる。　「あなたはフランス語を話すことはできませんね」

4．finish は目的語に to不定詞ではなく動名詞をとる。　finish ～ing「～し終える」　「私は部屋の掃除をし終えた」

5．形容詞的用法の不定詞が something などの -thing を修飾する場合，形容詞は -thing の後に置き，‘-thing＋形容詞＋to不定詞’ の語順にする。　「何か温かい飲み物を持ってきてください」

6〔和文英訳―完全記述〕

1．「…に～がある」は‘There is/are ～ in＋場所を表す語句’で表せる。「見るべきたくさんの場所」は形容詞的用法の to不定詞が名詞を修飾する形で表し，a lot of places to see とする。

2．「～で覆われている」は be covered with ～ で表せる。

3．「(あなたは)今までに～したことがありますか」は‘経験’を表す現在完了の疑問文で表す。「～に行ったことがある」は‘have/has been to ～’で表し，疑問文は‘Have/Has＋主語＋been to ～?’の語順になる。ever「今までに」は過去分詞の前に置く。

4．「一番長い」は long の最上級 the longest で表す。「世界で」は in the world。

5．「とても～なので…」は‘so ～ that …’の形で表せる。気候を表す文では主語に it を用いる。「泳げなかった」は can not の過去形の could not,「海で」は in the sea と表せる。

数学解答

1 (1) -76 (2) $\dfrac{3x+6y}{20}$

(3) $x=2$, $y=-3$ (4) $3+\dfrac{2\sqrt{6}}{3}$

(5) $x=-1$, $-\dfrac{11}{2}$

(6) $20+\dfrac{10}{3}\pi$cm (7) $y=-3x-13$

(8) 面コ

2 (1) $\dfrac{7}{18}$ (2) $\dfrac{19}{36}$

3 (1) $80\pi\text{cm}^3$ (2) 135秒後

4 (1) $\dfrac{1}{3}$ (2) オ…9 カ…2

(3) $\dfrac{135}{4}$

5 (1) 4：3 (2) 7：5：9

(3) 126cm^2

6 (1) 60° (2) 31cm

1 〔独立小問集合題〕

(1)＜数の計算＞$2\dfrac{3}{4}-\dfrac{3}{8}=\dfrac{11}{4}-\dfrac{3}{8}=\dfrac{22}{8}-\dfrac{3}{8}=\dfrac{19}{8}$より，与式$=-64\div16\times8\times\dfrac{19}{8}=-\dfrac{64\times8\times19}{16\times8}=-76$となる。

(2)＜式の計算＞与式$=\dfrac{4(2x-y)-5(x+2y)+20y}{20}=\dfrac{8x-4y-5x-10y+20y}{20}=\dfrac{3x+6y}{20}$

(3)＜連立方程式＞$\dfrac{x}{2}+\dfrac{y-7}{5}=-1$……①，$y=-5+x$……②とする。①×10より，$5x+2(y-7)=-10$，$5x+2y-14=-10$，$5x+2y=4$　これに②を代入して，$5x+2(-5+x)=4$，$5x-10+2x=4$，$7x=14$　$\therefore x=2$　②に$x=2$を代入して，$y=-5+2$　$\therefore y=-3$

(4)＜平方根の計算＞$\dfrac{\sqrt{8}\times\sqrt{24}}{\sqrt{3}}=\dfrac{\sqrt{2^2\times2}\times\sqrt{2^2\times6}}{\sqrt{3}}=\dfrac{2\sqrt{2}}{\sqrt{3}}+\dfrac{2\sqrt{6}}{\sqrt{3}}=\dfrac{2\sqrt{2}\times\sqrt{3}}{\sqrt{3}\times\sqrt{3}}+2\sqrt{\dfrac{6}{3}}=\dfrac{2\sqrt{6}}{3}+2\sqrt{2}$，$(1-\sqrt{2})^2=1^2-2\times1\times\sqrt{2}+(\sqrt{2})^2=1-2\sqrt{2}+2=3-2\sqrt{2}$より，与式$=\dfrac{2\sqrt{6}}{3}+2\sqrt{2}+3-2\sqrt{2}=3+\dfrac{2\sqrt{6}}{3}$となる。

(5)＜二次方程式＞$x+1=A$として，両辺を15倍してから解く。$3(x-2)A=5A^2$，$5A^2-3(x-2)A=0$，$A\{5A-3(x-2)\}=0$　Aをもとに戻して，$(x+1)\{5(x+1)-3(x-2)\}=0$，$(x+1)(5x+5-3x+6)=0$，$(x+1)(2x+11)=0$となるから，$x+1=0$より，$x=-1$，$2x+11=0$より，$x=-\dfrac{11}{2}$である。

(6)＜図形―長さ＞右図1のように，正方形の頂点をO，A，2つのおうぎ形の弧の交点をBとする。OA＝OB＝AB＝10より，△OABは正三角形だから，∠AOB＝60°である。よって，おうぎ形OABの弧の長さは，$\overset{\frown}{\text{AB}}=2\pi\times10\times\dfrac{60^\circ}{360^\circ}=\dfrac{10}{3}\pi$となるから，求める斜線の部分の周の長さは，$\text{OA}+\text{OB}+\overset{\frown}{\text{AB}}=10+10+\dfrac{10}{3}\pi=20+\dfrac{10}{3}\pi$(cm)となる。

図1

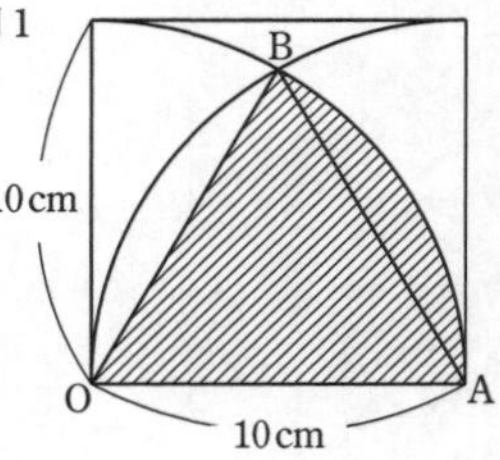

(7)＜関数―直線の式＞まず，2直線$y=\dfrac{1}{2}x-6$，$y=2x-3$の交点の座標は，2式を連立方程式として解いたときの解として求められる。2式からyを消去して，$\dfrac{1}{2}x-6=2x-3$，$x-12=4x-6$，$x-4x=-6+12$，$-3x=6$　$\therefore x=-2$　これを$y=2x-3$に代入して，$y=2\times(-2)-3$　$\therefore y=-7$　よって，交点の座標は$(-2,\ -7)$となる。次に，直線$y=-3x+1$に平行な直線は，傾きが等しく-3だから，求める直線の式を$y=-3x+b$とする。この直線は点$(-2,\ -7)$を通るから，$y=-3x+b$に$x=-2$，$y=-7$を代入して，$-7=-3\times(-2)+b$より，$b=-13$となる。よって，求める直線の式は$y=$

$-3x-13$である。

(8)＜図形―平行な面＞右図2の展開図を組み立てたときに，面アと平行になるのは，面オ，カと辺を共有する面コである。

図2

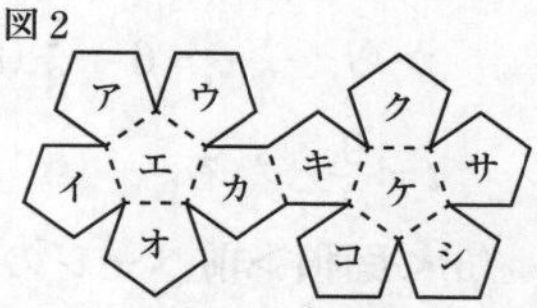

2 〔確率―さいころ〕

(1)＜確率＞さいころの目の数は1〜6の6通りあるから，大小2つのさいころを投げたとき，出た目の数の組は全部で$6\times6=36$(通り)ある。また，$\frac{b}{a}$が整数となるのは，bがaの倍数となるときである。このようなa，bの組は，$a=1$のとき，$b=1$〜6の6通りあり，$a=2$のとき，$b=2$，4，6の3通り，$a=3$のとき，$b=3$，6の2通り，$a=4$，5，6のとき，それぞれ$b=4$，5，6の1通りずつある。よって，$6+3+2+1\times3=14$(通り)あるから，求める確率は$\frac{14}{36}=\frac{7}{18}$である。

(2)＜確率＞$3=\sqrt{9}$だから，$\sqrt{ab}>3$となるとき，$\sqrt{ab}>\sqrt{9}$より，$ab>9$である。このようなa，bの組は，$(a, b)=(2, 5)$，$(2, 6)$，$(3, 4)$，$(3, 5)$，$(3, 6)$，$(4, 3)$，$(4, 4)$，$(4, 5)$，$(4, 6)$，$(5, 2)$，$(5, 3)$，$(5, 4)$，$(5, 5)$，$(5, 6)$，$(6, 2)$，$(6, 3)$，$(6, 4)$，$(6, 5)$，$(6, 6)$の19通りある。よって，求める確率は$\frac{19}{36}$である。

3 〔空間図形―円錐〕

≪基本方針の決定≫(2)　相似な図形の体積の比を利用する。

(1)＜体積＞右図の円錐の形をした容器は，底面の円の半径が$8\div2=4$(cm)，高さは15cmだから，容積は，$\frac{1}{3}\times\pi\times4^2\times15=80\pi$(cm^3)である。

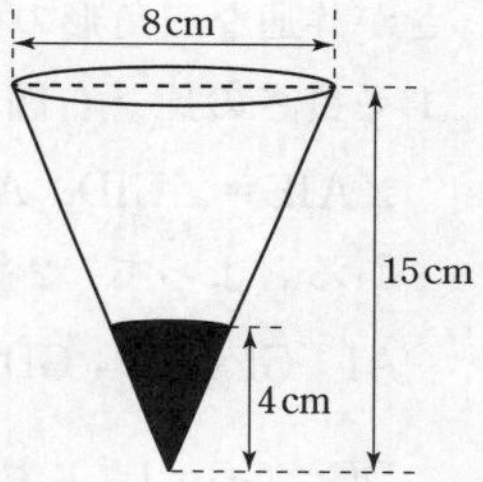

(2)＜時間＞右図で，水面の高さが4cmになったとき，水が入った部分にできる円錐と，水面の高さが12cmになったき，水が入った部分にできる円錐は相似である。相似比は，高さの比より，$4:12=1:3$となるから，入った水の体積の比は，$1^3:3^3=1:27$である。これより，水面の高さが12cmになったときに入った水の体積は，水面の高さが4cmのときに入った水の体積の27倍である。よって，5秒で水面の高さが4cmになったことから，水面の高さが12cmになるのは，空の容器に水を入れ始めてから，$5\times27=135$(秒)後である。

4 〔関数―関数$y=ax^2$と直線〕

(1)＜比例定数＞放物線$y=ax^2$上に$B(-3, 3)$があることから，$y=ax^2$に$x=-3$，$y=3$を代入して，$3=a\times(-3)^2$より，$a=\frac{1}{3}$である。

(2)＜x座標＞右図のように，点Dのx座標をtとすると，(1)より放物線の式は$y=\frac{1}{3}x^2$で，点Dがこの放物線上にあることから，y座標は$y=\frac{1}{3}t^2$と表され，$D\left(t, \frac{1}{3}t^2\right)$となる。また，図のように，点Bから$y$軸へ垂線BPを引き，点Dから$x$軸へ引いた垂線に点Cから垂線CQを引く。このとき，四角形ABCDが平行四辺形であることから，AB∥DC，AB＝DCで，△ABP≡△DCQとなる。よって，$CQ=BP=0-(-3)=3$，$DQ=AP=9-3=6$より，点Cのx座標は，$x=t-3$，y座標は$y=\frac{1}{3}t^2-6$となるから，$C\left(t-3, \frac{1}{3}t^2-6\right)$である。点Cは，放物線$y=\frac{1}{3}x^2$上にある

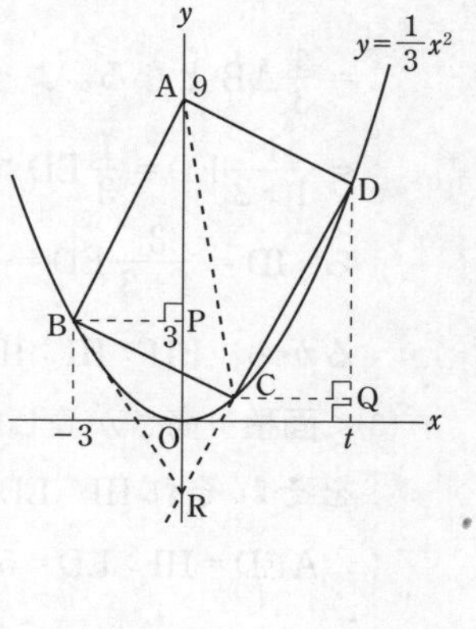

から，$\frac{1}{3}t^2-6=\frac{1}{3}(t-3)^2$ が成り立つ。これを解くと，$t^2-18=(t-3)^2$，$t^2-18=t^2-6t+9$，$6t=27$，$t=\frac{9}{2}$となる。

(3)＜面積＞前ページの図で，▱ABCD＝2△ABC である。図のように，DC の延長線と y 軸の交点を R とすると，AB∥DR より，△ABC＝△ABR となるから，▱ABCD＝2△ABR である。△ABR は，底辺を AR と見ると，高さは BP＝3 となり，AR の長さがわかれば，△ABR の面積を求めることができる。点 R は直線 CD と y 軸の交点だから，その y 座標を求めるために，まず，直線 CD の式を求める。直線 CD は直線 AB と平行だから，A(0, 9)，B(−3, 3) より，傾きは$\frac{9-3}{0-(-3)}=2$となり，その式を $y=2x+b$ とする。(2)より，点 D の x 座標は $x=\frac{9}{2}$だから，y 座標は$\frac{1}{3}t^2=\frac{1}{3}\times\left(\frac{9}{2}\right)^2=\frac{27}{4}$となり，D$\left(\frac{9}{2},\ \frac{27}{4}\right)$である。よって，点 D は直線 CD 上にあるから，$\frac{27}{4}=2\times\frac{9}{2}+b$ より，$b=-\frac{9}{4}$となり，直線 CD の式は $y=2x-\frac{9}{4}$だから，切片より，点 R の y 座標は$-\frac{9}{4}$である。したがって，AR$=9-\left(-\frac{9}{4}\right)=\frac{45}{4}$より，▱ABCD$=2\times\frac{1}{2}\times$AR$\times$BP$=2\times\frac{1}{2}\times\frac{45}{4}\times3=\frac{135}{4}$となる。

5 〔平面図形―平行四辺形〕

≪基本方針の決定≫(2)　点 H を頂点とする相似な三角形をつくり，相似比を利用する。(3)　高さが共通な三角形の面積の比は，底辺の比に等しい。

(1)＜長さの比＞右図の △AEI と △GDI において，対頂角は等しいから，∠AIE＝∠GID，AE∥DG より，錯角は等しいから，∠AEI＝∠GDI である。よって，2 組の角がそれぞれ等しいので，△AEI∽△GDI であり，AI：GI＝AE：GD となる。AE：EB＝2：1 より，AE$=\frac{2}{2+1}$AB$=\frac{2}{3}$AB，DG：GC＝1：1 より，GD$=\frac{1}{1+1}$CD$=\frac{1}{2}$CD となり，四角形 ABCD が平行四辺形より，AB＝CD だから，GD$=\frac{1}{2}$AB である。したがって，AI：IG$=\frac{2}{3}$AB：$\frac{1}{2}$AB＝4：3 となる。

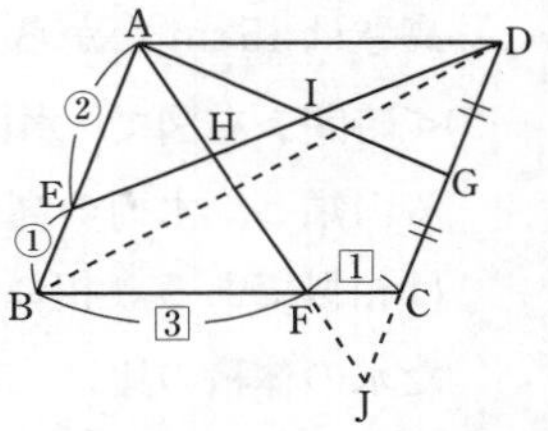

(2)＜長さの比＞右上図で，AF の延長線と DC の延長線の交点を J とする。AE∥DJ より，△AEH∽△JDH となり，EH：HD＝AE：JD である。また，CF∥DA より，△JCF∽△JDA となり，JC：JD＝CF：DA であり，▱ABCD において，DA＝BC だから，JC：JD＝CF：BC＝CF：(BF＋CF)＝1：(3＋1)＝1：4 である。これより，JD：CD＝JD：(JD−JC)＝4：(4−1)＝4：3 だから，JD$=\frac{4}{3}$CD$=\frac{4}{3}$AB となる。よって，(1)より，AE$=\frac{2}{3}$AB だから，EH：HD$=\frac{2}{3}$AB：$\frac{4}{3}$AB＝1：2 となり，EH$=\frac{1}{1+2}$ED$=\frac{1}{3}$ED である。さらに，(1)で，AI：IG＝4：3 より，EI：ID＝AI：IG＝4：3 となるから，ID$=\frac{3}{4+3}$ED$=\frac{3}{7}$ED である。以上より，HI＝ED−EH−ID＝ED$-\frac{1}{3}$ED$-\frac{3}{7}$ED$=\frac{5}{21}$ED となるから，EH：HI：ID$=\frac{1}{3}$ED：$\frac{5}{21}$ED：$\frac{3}{7}$ED＝7：5：9 である。

(3)＜面積＞高さが等しい三角形の面積の比は，底辺の比に等しい。右上図の △AHI と △AED の底辺をそれぞれ HI，ED と見ると，(2)より，HI：ED＝5：(7＋5＋9)＝5：21 となるから，△AHI：△AED＝HI：ED＝5：21 である。よって，△AHI＝10 より，△AED$=\frac{21}{5}$△AHI$=\frac{21}{5}\times10=42$ であ

る。さらに，図のように対角線BDを引くと，△AED：△ABD＝AE：AB＝2：(2＋1)＝2：3より，△ABD＝$\frac{3}{2}$△AED＝$\frac{3}{2}$×42＝63となる。したがって，▱ABCD＝2△ABD＝2×63＝126(cm^2)である。

6〔平面図形―正三角形，円〕

≪基本方針の決定≫(2)　△BCDと△AEDが合同となることに気づきたい。

(1)＜角度＞△ABDが正三角形より∠ADB＝60°で，∠ACB＝60°だから，∠ACB＝∠ADBである。よって，円周角の定理の逆より，右図のように，4点A，B，C，Dは同じ円の周上にある。これより，$\overset{\frown}{AD}$に対する円周角は等しいから，∠ACD＝∠ABD＝60°である。

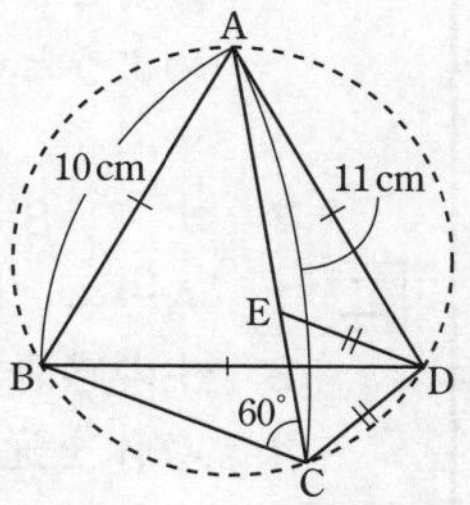

(2)＜長さ―合同＞右図で，△CDEはDC＝DEであり，(1)より∠ACD＝60°だから，∠DEC＝∠DCE＝60°となり，正三角形である。これより，∠CDE＝60°となる。△BCDと△AEDにおいて，BD＝AD，$\overset{\frown}{CD}$に対する円周角だから，∠CBD＝∠EADであり，∠CDE＝∠BDA＝60°より，∠CDB＝∠CDE－∠BDE＝60°－∠BDE，∠EDA＝∠BDA－∠BDE＝60°－∠BDEだから，∠CDB＝∠EDAである。よって，1辺とその両端の角がそれぞれ等しいので，△BCD≡△AEDとなる。対応する辺の長さは等しいから，BC＋CD＝AE＋EDとなり，さらに，△CDEが正三角形より，ED＝ECだから，BC＋CD＝AE＋EC＝AC＝11である。したがって，四角形ABCDの周の長さは，AB＋BC＋CD＋DA＝10＋11＋10＝31(cm)となる。

国語解答

一　1　A…ウ　B…ア　C…エ　D…イ

2　イ　3　エ　4　エ　5　ウ

6　好き勝手な意見を言い合う幹部たちの姿をまの当たりにして，部をまとめようという覚悟が揺らいでいる。（48字）

7　ア　8　エ

二　1　A…エ　B…ウ　2　ア

3　生の感情の～策を見出す［能力］

4　身体を通じたコミュニケーション［がある社会］

5　対話であれば相手の表情や仕草，声色から相手の感情や裏の意味を読み取れるが，文字のコミュニケーションは相手がその場にいないので，読み手の勝手な解釈によって誤解するかもしれないから。（89字）

6　イ，オ

7　ア…×　イ…×　ウ…○　エ…×　オ…○

8　［生徒］イ

三　①　売買　②　稚拙　③　請求　④　拒　⑤　償

四　①　かんせい　②　かもく　③　だんがい　④　かえり　⑤　すた

一〔小説の読解〕出典；額賀澪『風に恋う』。

1＜表現＞A．池辺先輩から「鋭利な視線」を向けられた基は，いたたまれなくなって，一瞬だけ，「三年の越谷先輩」を見た。　B．基は，「僕，『僕なんかが部長になってすみません』とは言いませんから」と言い放ち，爪先に一気に力を入れて「気丈に」振る舞った。　C．審査のとき，「先生の前で一対一で吹くのか，全員の前で吹くのか」ということを部員たちから問い詰められて困っている基を見て，玲於奈は「部長も副部長も学指揮も聞いてないよ」と強く言いきった。　D．櫻井先輩と大谷先輩が言い合いをしているところに，越谷先輩が割って入ったので，櫻井先輩は「テーブルに乗り出しかけた体」を，すばやく引いた。

2＜心情＞基は，一年の自分が部長になったことに，先輩たちには「いろいろと思うところ」もあるだろうと思うと不安ではあったが，その不安を押しのけるように「気丈に」振る舞って，自分の意志で引き受けたことを伝え，部長としての役割を果たそうという決意を新たにしたのである。

3＜心情＞越谷先輩は，視線を合わせなかったり，背を向けたりしている部員たちとは違い，「真っ直ぐ」に基を見ていた。玲於奈から「三年が率先して部長の足を引っ張るようなことのないように」と連絡がきたので，越谷先輩は，その気持ちをくんで，自分は「茶園をサポートしよう」と思っていたのである。

4＜心情＞「顧問からの指示を細かく共有するため」の幹部会議なのに，三年生の増田先輩が，オーディションがどういう形で行われるかについて基が答えられないことに不満そうな態度を見せたので，玲於奈は，うんざりして「小さく溜め息」をついた。しかし，基を助けて会議の進行を図るために「多分当日まで教えないと思う」と，自分なりの考えを述べたのである。

5＜文章内容＞「朝練は自主練」だが「もう少し積極的に参加してほしい」という玲於奈の意見に対し，大谷先輩は「部活のあとに塾行って，帰って宿題片付けて，夜遅くに寝て」，さらに「朝練まで強制参加」となったら「過労死」してしまうと不満を言い，その意見に同意する部員も何人かいた（エ…○）。しかし，玲於奈は「少しでも練習しようって思わないと，また埼玉県大会敗退だよ」と言い，みんなの奮起を促した（イ…○）。そこに櫻井先輩が「自分の受験が大事なら，二年生までで引退すればよかったのに」と言い，さらに，「朝練出れないなら引退しろ」とは言わないが，「三年が率先して練習しないと，一，二年にこの程度でいいのか」と思われてしまうと言った(ア…○，ウ…×)。

６＜心情＞基は，先輩たちを前にして，部長を「引き受けたのは僕の意志です」ときっぱりと言い，不安や怖さを感じながらも，部長としての役目を果たそうとしている。しかし，朝練のことで言い合ったり，「オーディションの形式」のことで不満を言ったりする先輩たちを前にして，「全日本の舞台に立つ」ために部員たちをまとめていこうという覚悟が少しずつ揺らいでいったのである。

７＜表現＞基の視点で他の部員たちの表情や動作などの様子を描くことにより，基に反発する部員だけではなく，彼の意見に賛成する部員や理解を示す部員など，さまざまな人物が吹奏楽部にいることや，パート練習や幹部会議での状況の変化が読み取れる。また，その状況の変化の中で，自分を奮い立たせて部長としての役目を果たそうとしていた覚悟が揺らいでいく基の心情が読み手に伝わるようになっている。

８＜文章内容＞玲於奈は，基が部長をやることになってから，「三年が率先して部長の足を引っ張るようなことのないように」と三年全員に連絡し，基が部長としての務めを果たしやすいように尽力している。また，幹部会議においては，オーディションの形式のことで問い詰められている基の代わりに自分なりの考えを述べたり，好き勝手な意見を言う部員を制止したりするなど，基のことを支えている。

二〔論説文の読解―社会学的分野―コミュニケーション〕出典；山極寿一『スマホを捨てたい子どもたち―野生に学ぶ「未知の時代」の生き方』。

≪本文の概要≫人間は，言葉を使うことで，過去に起こったことや行ったことのない場所での出来事を解説したり，再現したりすることができる。一方，言葉を持たない動物は，その場で瞬時に直観で向き合って解決するが，人間も，かつては同じ能力を持っていた。しかし，言葉の力が大きくなるに連れて身体感覚で問題を解決する力が減退し，人間は，言葉でルールをつくるようになった。今の人間社会は言葉によるルールに従うことが日常生活になり，最初はよい作用をもたらした言葉も，今では人間にとってネガティブな作用をし始めるようになった。そして，人間は，言葉を発達させるうちに文字も生み出し，今ではインターネットを通じて電子文字でつながるようになった。会って話していれば，相手の様子などから，言葉の裏の意味などを感じ取ることもできるが，SNSを通じた会話も含め，文字だけのコミュニケーションでは，相手との間に行き違いが生じる。我々人間は，言葉の負の面にも目を向ける必要がある。

１＜文章内容＞Ａ.「誰かに会いに行くとき」は，「服装や身だしなみ」に気を遣ったり，「相手によっては敬語」を使ったりするなど，張り詰めた気持ちが「身体からほとばしり出るもの」である。Ｂ.「緩衝材」は，物と物がぶつかるときの衝撃を緩和するための材料のこと。かつて言葉は「人々の間のトラブルを調整するための交渉」や「集団間の暴力を鎮める」ために使われるなど，他者との衝突を和らげるという「役割を果たして」いた。

２＜文章内容＞「ポータブル」は，持ち運びできるさま。言葉を使えば「自分が行ったことのない場所で起こったことを，あたかも行ったかのように再現して」伝えられるし(イ…○)，遠く離れた所にいる人とでも「目の前で起きていること」などを電話や手紙で「再現すること」もできる(ウ…○)。また，言葉を得た人間は，フィクションを生み出して「死を考えられるようになった」ため，「死者と対話できるという幻想」も生まれた(エ…○)。つまり，言葉は，時間や空間を超えて，他者にさまざまなものを伝えることができるのである(ア…×)。

３＜文章内容＞言葉を使うようになった人間は，「あのときあの人はこう言ったけど，本当はどうだったのだろう」などと「その場はやり過ごして，あとで考える」ようになった。つまり，人間は，

「言葉による幻想，フィクション」にこだわるようになり，他の動物が持っている「生の感情のぶつかり合いを通じて瞬時に何らかの解決策を見出す」という，本来人間にも備わっていた能力が，失われてきたのである。

4<文章内容>ゴリラは，他者の身体が近づいてきたら「えっ，何かおかしいぞ」と反応するし，遊びたいとか隣に座りたいといった，ゴリラが何か訴えていることは，目を見るとわかる。ただし，ゴリラの「行動文法」は，「こういう行動をしたからこうだ」とか「こういう表情をしたからこう」などと言葉だけで表せるものではなく，身体そのものを通じて，その場の反応でコミュニケーションをとるのが，ゴリラの社会なのである。

5<文章内容>人間は，言葉を話しているとき，「無意識のうちに感情を出す」ものであり，それと同時に「相手の感情を読み取る」という能力も持っている。だから，会って話していれば，「相手の顔の表情や仕草，声色」から，その言葉の「裏の意味や背景」を同時に感じ取ることもできるが，文字は，書いた人がその場にいない「読み手本位のコミュニケーションツール」なので，「読み手の勝手な解釈」がされる場合もあり，「書き手が思ってもいなかった結論」になることもある。

6<文章内容>ラインなどのSNSでは，「あたかも対話しているかのような使われ方」をしているが，ある「出来事」を伝えようとしても，言葉は「抽象的なシンボル」にすぎないので，その「出来事すべて」を表すことはできないし，「感情」も伝わらない(…オ)。また，「文字化したり，肉声ではないものに変換してしまったり」すると，「時間的な要素」が加わるので，「相手の言葉を受けて」考えて書いたものでも，対話のときのように「その瞬間に自分の胸の中に生じた感情」とは違ったものになってしまうのである(…イ)。

7<要旨>言葉を得た人間は，かつてはゴリラなど他の動物と同じように「その場で瞬時に直観で対峙し，解決」する能力を持っていたが，「言葉の力が大きくなるにつれ，その力が減退」した(ウ…○)。人間は，「言葉でルール」をつくり，その「規則を守ることが先決」となり，「身体を通じたコミュニケーションをまったく無視した社会」になっている(オ…○)。一方，ゴリラの行動はその場での身体を通じたもので，その「行動文法」は「言葉で表すこと」ができないものである(エ…×)。今の人間社会は，ルールに従うことが日常となり，「言葉が先行しているから，身体が感じていることより言葉を信じる」のである(ア…×)。人間は言葉を発達させるうちに，文字を生み，さらに「インターネットを通じて電子文字でつながるように」なったが，直接会って話すことのない「スマホで言葉を文字でやり取りするだけなら，礼儀も敬語もそれほど気にしなくてもいい」ので，スマホでやり取りする言葉を「相手によって変えることをしなく」なっている(イ…×)。

8<主題>言葉は「抽象化されたもの」であるから，全てを表すことはできないし，文字に変換する場合「時間的な要素が加わる」から，「自分の胸の中に生じた感情とは違うもの」が伝わってしまうこともある。だから，インターネットを通じた電子文字のやり取りにおいては，すぐに返信できるという利点がある反面，相手に誤解されるかもしれないという欠点もある(生徒イ…○)。

三〔漢字〕

①売ることと買うこと。　②未熟で幼稚なこと。　③あることを行うよう相手に求めること。　④音読みは「拒否」などの「キョ」。　⑤音読みは「代償」などの「ショウ」。

四〔漢字〕

①静かで落ち着いているさま。　②口数が少ないさま。　③不正や罪をはっきりさせて，責任を追及すること。　④音読みは「回顧」などの「コ」。　⑤音読みは「荒廃」などの「ハイ」。

2020年度 京華高等学校

【英　語】（50分）〈満点：100点〉

1　次の英文を読んで，下の設問１～10の英文が本文の内容と一致していればＴを，一致していなければＦを答えなさい。

There is an idea to build an elevator that takes us into space. The elevator consists of a very long cable that *extends far into space from a station on the Earth. People can go to space using a vehicle that moves up and down the cable. An elevator like this will be cheaper and more environmentally-friendly because it will not need a lot of fuel like a rocket. Riding in an elevator will be much more comfortable than riding in a rocket because the acceleration will be slower.

If a space elevator becomes a reality, we can make use of space in many useful ways. One important use will be *manufacturing. In space, we can make use of the no-gravity or low-gravity environment to manufacture useful material that cannot be made on the Earth. At present it is not a good idea to make a factory in space because we need to use expensive rockets to transport goods, but space factories *make sense if we can transport goods to and from space at a lower cost using a space elevator.

We can also use a space elevator to *launch a space vehicle to other planets. As the far side of the space elevator cable moves very fast, it is easy to launch a space vehicle. If you simply *let go of a space vehicle at about 47,000 kilometers from the ground, it will leave the Earth's *gravitational field easily. In fact, the vehicle does not have to use an engine at all other than to *adjust its course. *Likewise, from about the 57,000 kilometer point, space vehicles can easily travel to Mars. Space exploration will be much easier and cheaper than now.

Another possible use of a space elevator is sightseeing. Space elevator will make it easier and cheaper to travel to space. If we go up into space, we will be able to see the Earth from high up and enjoy beautiful stars in space. We can also experience no-gravity or low-gravity conditions, which will be fun.

However, until recently, people were *skeptical about the practical possibility of a space elevator. There are indeed a lot of problems to overcome. One of the biggest problems is the material to make the cable. This cable has to be very strong and very lightweight, but advancements in *nanotechnology may solve this problem. Another problem is to avoid dangers such as *space debris. There is a lot of space debris around the Earth. Any debris could cause damage to the space elevator, so we must find ways to avoid them. We also have to come up with ways to repair any damage that can occur on the elevator cable.

The elevator vehicle design is also a challenge. Since it is not a good idea to *install heavy batteries in the vehicle, engineers are thinking about supplying electricity to the vehicle wirelessly by lasers or *microwaves. Another important problem will be *lubrication because *normal grease quickly *evaporates in space. Human beings have lubrication technology that works in space, but the current technology has to be improved to create a vehicle that can move up and down a very long cable.

Although there are a lot of problems to overcome, technology is advancing and engineers are working on them.　A space elevator may become a reality sooner than we think.

（注）　extend　伸びる　　manufacture　製造する　　make sense　意味をもつ　　launch　発射する
let go of ～　～を放つ　　gravitational field　重力圏　　adjust　調整する　　likewise　さらに
skeptical　疑っている　　nanotechnology　ナノテクノロジー　　space debris　宇宙ゴミ
install　設置する　　microwave　マイクロ波　　lubrication　潤滑　　normal grease　普通の潤滑油
evaporate　蒸発する

設問

1．Riding in a space elevator is more comfortable because it travels much faster than a rocket.
2．In space, we can make useful material that we can't make on the Earth.
3．Many countries have already made factories in space.
4．If we can use a space elevator, we don't have to make space factories.
5．A space vehicle will easily reach Mars if it is launched from a space elevator.
6．If you launch a space vehicle at about 47,000 kilometers from the ground, it only needs an engine to adjust its course.
7．Space travel will become easier and cheaper with the use of a space elevator.
8．One of the problems to overcome is making a strong and lightweight cable.
9．One of the problems to overcome is transporting heavy batteries from the Earth.
10．Human beings have lubrication technology that can move up and down a very long cable.

2　次の英文を読んで，下の問いに答えなさい。

［１］　My niece, Julia, has always wanted to be a chef.　She graduated from *culinary school four years ago and worked in a French restaurant for a while.　Her true passion, however, is Italian cuisine. So, she changed jobs and worked in an Italian restaurant that offers fine dining, as well as pizza.　After doing that for two years, she quit her job and spent three years working in restaurants in Italy.　She was in Rome for about half of the time, Milano for six months and in other regions the rest of the time. She came back home to California a few months ago.

［２］　I saw her the other day and she told me all about her plan to open a pizza restaurant here.　As part of her research, she wants to travel around the US before she decides on her final menu.　She explained that pizza as it is known around the world is really more American style than Italian style. Julia wants to combine some of the traditional Italian methods, sensibilities and flavors with what Americans like to eat in order to get the right balance for her restaurant.　She already has some investors, so she just needs to decide what to serve.

［３］　She plans to go to New York first and visit a place called Lombardi's.　In 1905, Gennaro Lombardi received a license for America's first *pizzeria.　Julia wants to study Lombardi's because of the history and the fact that they only use the highest quality ingredients for making pizza and they put the sauce on last.

［４］　The next city she is focusing on is Chicago.　Chicago is home to deep dish pizza, which was first made by a chef working at Pizzeria Uno in 1943.　Thick *crust pizza was so unusual at the time that they had to give it away rather than sell it, in the beginning, because nobody had seen anything like it and . . . wouldn't buy it.　Nowadays, people go to Chicago specifically to eat deep dish pizza.　Julia isn't so fond of deep dish pizza, but she does like the stuffed pizza that is popular in Chicago.

［５］　Stuffed pizzas have crust on both the bottom and the top and lots of ingredients in the middle.

Julia wants stuffed pizza at her restaurant because it is fairly unique. Except for one franchise restaurant found in shopping malls, there is very little stuffed pizza outside of Chicago, so she thinks authentic stuffed pizza would be a good seller here in Santa Barbara.

[6] To research her third and final type of pizza, Julia is going to a restaurant in Grand Haven, Michigan. They make ultra-thin pizza. Cosmo Fricano began making thin crust for pizza in 1949. Julia is interested in Fricano's because they insist on only offering five toppings. They have a special blend of spices that they mix and season in house, spicy pepperoni, imported mushrooms, finely diced green peppers and anchovies from the Mediterranean, only.

[7] Julia also plans to visit a few pizzerias in other cities that make New York style pizza. She wants to see how authentic they are. Some people believe that the minerals in New York water are part of the reason that the pizza crusts taste so good. Julia read about a pizza parlor in Arizona that was filtering specific minerals into their water to taste like New York's and she wanted to taste that pizza. She may create special water at her restaurant. People also say Chicago pizza only tastes authentic with Chicago water, so Julia may need to consider different minerals for different pizzas.

(注) culinary school 料理学校　pizzeria ピザレストラン　crust ピザ生地

1．本文の内容に合うように____に入る最も適当なものを下から選び，ア～エの記号で答えなさい。

(1) Julia is my ______.

ア．brother's son　イ．mother's brother

ウ．father's sister　エ．sister's daughter

(2) Julia gave up being a French chef because ______.

ア．she wasn't good at cooking French food

イ．she preferred Italian cooking

ウ．the French restaurant she had worked for closed

エ．she found a job in another field

(3) The underlined statement implies ______.

ア．Julia has sources of money available

イ．Julia is raising money to start her restaurant

ウ．Julia's investors want to decide her menu

エ．Julia has to decide about her investors and menus

(4) New York ______.

ア．has the custom that they put the sauce on last when eating pizza

イ．has the pizzeria which originated American pizza

ウ．is the only place that one can get high quality ingredients

エ．is the only city that offers a pizzeria business license

(5) Julia likes Chicago pizza ______.

ア．because she eats it for free　イ．with the extra thick crust

ウ．nobody has seen　エ．that is stuffed

(6) Fricano's has strong ideas about ______.

ア．having only five types of toppings

イ．offering mushrooms grown in Michigan

ウ．selling only Chicago-style thin pizzas

エ．having the minerals in New York water

(7) What is discussed in the article is ＿＿＿＿＿.

ア. the menu details of the chef's travel around Italy

イ. the pizza toppings that are the most popular in the US

ウ. the chef's interest in and plans for researching pizza

エ. the growing popularity of specific types of pizza in the US

2. 第3段落[3]～第7段落[7]を4つのグループに分けると，次の4つのうちどの分け方が最も適当か，ア～エの記号で答えなさい。

ア. [3][4]　[5]　[6]　[7]　　イ. [3]　[4][5]　[6]　[7]

ウ. [3]　[4][5][6]　[7]　　エ. [3]　[4]　[5]　[6][7]

3 次の会話文の(　)内に入る最も適当なものを下から選び，ア～エの記号で答えなさい。

1. A: Look, someone left a wallet on the beach.
   B: What should we do?
   A: (　　　　) It'll be safer there.
   B: Yeah, that's probably better than just leaving it there.

ア. We had better leave it there.

イ. Let's take it to the police station.

ウ. I hope the robber gets caught.

エ. Let's look for the owner.

2. A: My cell phone signal is too weak. I need to find a better place.
   B: We're in the basement. You need to go one floor up to get a good signal.
   A: OK, I'll go there to make a call. (　　　　)
   B: It'll be that way, but the stairs are closer and faster.

ア. What's the fastest way to get upstairs?

イ. Where are stairs?

ウ. Where's the nearest elevator?

エ. But I need a better signal to do that.

3. A: It's your turn to take the dogs for a walk.
   B: I know, but I really have to finish this report now.
   A: (　　　　)
   B: Thanks for understanding.

ア. I'm sorry I can't help you.　　イ. You can finish it late.

ウ. That's too hard for me.　　エ. All right, I'll do it for you then.

4. A: Your Japanese has become much better. How do you study?
   B: Actually, I don't. I just read Japanese comic books all the time.
   A: That's it? (　　　　)
   B: I think you can learn the most from things you enjoy.

ア. Why do you read English comic books?

イ. What's so bad about comic books?

ウ. Don't you use a Japanese textbook?

エ. Don't you get tired from studying so much?

5. A: What time are you coming home tonight?

B： The movies starts at 6 P.M., so I'll be a little late.

A： OK, just be careful.　(　　　　　)

B： No, I'll have it at the mall, so don't worry.

ア．Do you want dinner when you get home？

イ．Do you want me to drop you off at the mall？

ウ．Should I buy you a DVD player？

エ．Are you having a party tonight？

4　次の各組で下線部に入れることができないものを１つ選び，ア～エの記号で答えなさい。

1．The book is ________.

ア．written in plain English

イ．so difficult that I can't understand it

ウ．twice as expensive as that one

エ．small enough to put it in my pocket

2．Do you know ________？

ア．the animal swimming over there

イ．whose book is this

ウ．that boy playing the violin under the tree

エ．why Tim said such a foolish thing

3．The girl ________ is my classmate.

ア．who planted vegetable seeds the other day

イ．Jim met at the library yesterday

ウ．reading a fashion magazine lying on the sofa

エ．who play tennis very well

5　次の日本語を指定された語数で英語にしなさい。（ピリオドやクエスチョンマークは語数に数えません）

1．この壊れた窓を見なさい。（５語で）

2．あなたはこの本を今までに読んだことがありますか。（６語で）

3．そのテーブルの上にかばんが一つあります。（７語で）

4．あの家はこの町で一番古いです。（８語で）

5．Tom は彼らに会うためにその公園に行きました。（８語で）

【数　学】 (50分) 〈満点：100点〉

1 　次の各問いに答えよ。

(1) $\left\{\frac{1}{3}\left(1-\frac{3}{4}\right)+2\right\}^2\div\left(\frac{-5^2}{2}\right)$ を計算せよ。

(2) $-3x^3y^4\div5xy^5\times$ □ $=-6x^3$ のとき，□ に入る単項式を答えよ。

(3) 連立方程式 $\begin{cases}\frac{x-1}{3}-\frac{2-3y}{4}=1\\x=y+12\end{cases}$ を解け。

(4) $(\sqrt{18}-1)^2-8\sqrt{\frac{1}{8}}$ を計算せよ。

(5) 2次方程式 $(x-1)(3x+2)=x(2-x)$ を解け。

(6) 右の図で $l /\!/ m$ のとき，$\angle x$ の大きさを求めよ。

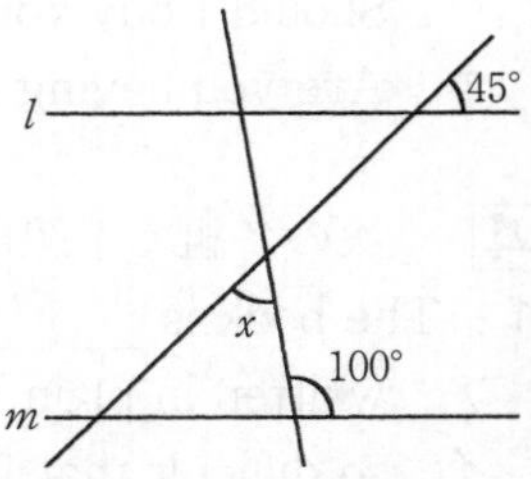

(7) $280n$ の値がある自然数の平方になるとき，n にあてはまる自然数のうち，最も小さい数を求めよ。

2 　A，B，Cの3つの箱があり，どの箱にも [1]，[2]，[3]，[4] のカードがそれぞれ1枚ずつ入っている。この3つの箱から1枚ずつカードを取り出す。A，B，Cから取り出されたカードの数字をそれぞれ a，b，c とするとき，次の各問いに答えよ。

(1) $a=b=c$ となる確率を求めよ。

(2) $a\leqq b\leqq c$ となる確率を求めよ。

3 　A，B，Cの3人が全部で x 枚あるカードを分け合った。まず，Aは全体の $\frac{1}{3}$ の枚数を受け取った後，さらに25枚受け取った。次に，Bは30枚受け取った後，さらに残りの枚数の6割を受け取った。最後に，残りのカードのすべてをCが受け取った。

　次の各問いに答えよ。

(1) Bが受け取ったカードの枚数の合計を x を用いて表せ。

(2) Cが受け取ったカードが46枚だったとき，x の値を求めよ。

4 　右の図のように，放物線 $y=ax^2$ と2直線 l，m があり，l と m は点A(8, 12)で交わっている。また，l は放物線と2点O，Bで交わり，m は放物線と2点C，Dで交わっている。

　m の y 切片が4，点Dの x 座標が -2 のとき，次の各問いに答えよ。

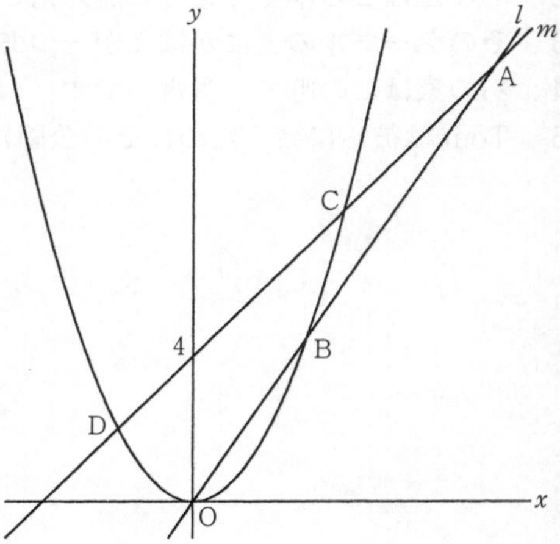

(1) a の値を求めよ。

(2) 点Cの座標を求めよ。

(3) 放物線上に，△OBPの面積が△OBCの面積の $\frac{5}{2}$ 倍になるような点Pをとる。点Pの座標を求めよ。ただし，点Pの x 座標は正とする。

5　右の図のように，すべての頂点が円Oの周上にある長方形ABCDがある。辺ADの延長上にAC＝AEとなる点Eをとる。また，線分CEと円Oの交点をPとし，線分APと辺CDの交点をQとする。

　AB＝8cm，BC＝6cmのとき，次の各問いに答えよ。

(1)　DEの長さを求めよ。

(2)　AQの長さを求めよ。

(3)　点Oと点Pを結んだ線分と線分QCの交点をRとする。四角形EDQPと△CPRの面積の比を最も簡単な整数の比で表せ。

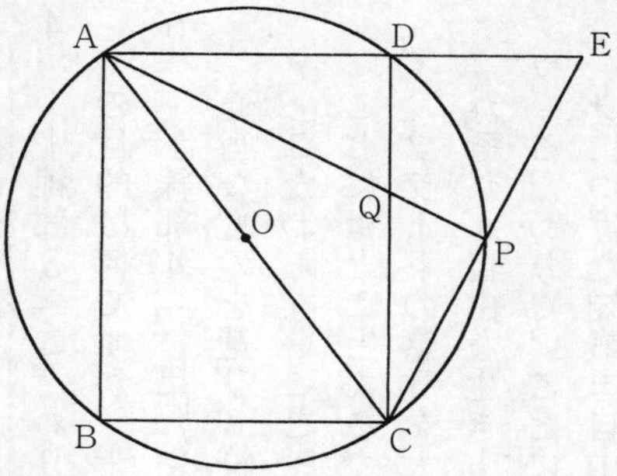

6　右の図のような1辺の長さが8cmである正四面体OABCがある。OP＝2cm，OQ＝OR＝4cmとなるように点P，Q，Rをとるとき，次の各問いに答えよ。

(1)　PQの長さを求めよ。

(2)　△PQRの面積を求めよ。

(3)　点Pから平面AQRにひいた垂線と平面AQRとの交点をSとする。PSの長さを求めよ。

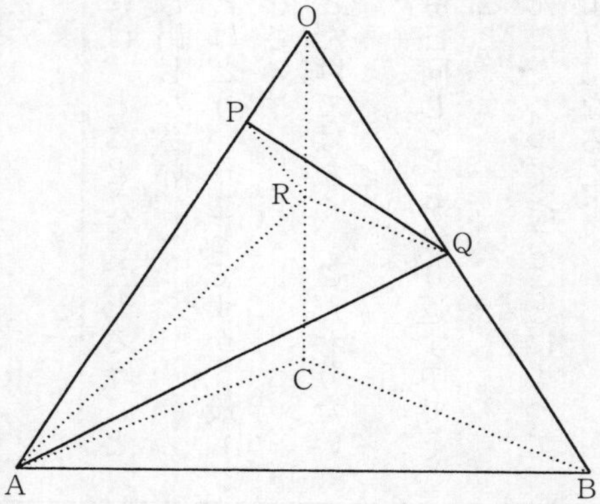

22 こだわらないこと、手放すことだけが自由ではないのです。こだわりたいことにとことんこだわることを通して、真の自由は現れるのです。

（諸富祥彦『孤独の達人』による）

＊得度…仏門に入ること。出家。
＊ミンデル…アメリカの心理学者。（一九四〇年～）

1．A ～ D にあてはまることばとして適当なものをそれぞれ選び、符号で答えなさい。

ア　すると　　イ　例えば
ウ　あるいは　エ　ですが

2．――線部1「意識的目的的に……大切にする」ことは、どのような利点をもたらしますか。「～という利点」につづくように、十一字で抜き出しなさい。

3．――線部2に「人生も同じです」とありますが、これを説明した次の文の Ⅰ ～ Ⅲ にあてはまることばを、それぞれ指定字数で抜き出しなさい。

> 人生もまた Ⅰ（九字） と同じように、Ⅱ（九字） を高めるために Ⅲ（八字） を持つことが大切だということ。

4．――線部3「こだわりたいことには、とことんこだわる」ことの目的は何ですか。十五字で抜き出しなさい。

5．――線部4『自由に生きる』とはどういうことですか。最も適当なものを選び、符号で答えなさい。

ア　こだわらないこと、手放すことだけではなく、こだわりたいことにはとことんこだわること。
イ　フラートの感覚を大切にし、毎日同じことを繰り返す中でそれぞれが自由な生き方を見出《みいだ》すこと。
ウ　こだわりたいことにはとことんこだわってやることによって、身につけた知識を自由に扱えるようになること。
エ　ストレスを除くことで、心が解放されてやりたいことをとことんやることができること。

6．全体を大きく二つに分けるとすると、後半はどの段落から始まりますか。形式段落の番号で答えなさい。

7．本文の内容としてあてはまるものには○、そうでないものには×をそれぞれつけなさい。

ア　自分で決めたことに縛られている人は、時間とエネルギーを無駄にしながら生活している。
イ　毎日繰り返される決まりきったものからはみ出したり直感に従ったりすると、思いがけないものと出会うことがある。
ウ　突然目の前に開かれた人生を素直に受け入れてゆくには、物事へのこだわりが不可欠だ。
エ　頑固さは柔軟性に欠けていると評価されるが、損得を勘定するには捨ててはいけないものだ。
オ　満足した人生を送るうえで何かに執着することは、執着を捨てることと同様に必要である。

三　次の①～⑤の――線部のカタカナを、漢字で書きなさい。

①　内容をギンミする。　②　スイサイ画を描く。
③　サッカクに陥る。　④　サビしい景色。
⑤　青色にソめる。

四　次の①～⑤の――線部の漢字の読み方を、平仮名で書きなさい。

①　真偽を確かめる。
②　暗礁に乗り上げる。
③　喪主は長女です。
④　逃亡を企てる。
⑤　夜が更ける。

き道へと強引に連れて行ってくれるのです。

12 一方で、3こだわりたいことには、とことんこだわるというのも大事なことです。ものの本では(特に仏教系の本では)よく、執着しないこと、手放すことが大事だと言います。私も、寄り道が大事だ、計画にこだわらないことが大事だと述べてきました。

13 けれども、いつもこのようにしていたら大事なことを見失ってしまいます。こだわりたいときには徹底的にこだわらないと、魂の抜けた人生になってしまいます。私もカウンセリングを行う過程で、執着を下手に手放してしまったために、魂の抜けたような人生になってしまっている方に何度も出会ってきました。

14「これは譲れない」と思えるものにはとことんこだわるという姿勢も、失ってはいけないものです。

15 私たちは、ときどき「これだけはどうしても譲れない」というものに出会うことがあります。私たちの魂は、そうしたものに宿るのだろうと思うのです。単純に損得で考えたら、物事にこだわると損になってしまうことが多いでしょう。例えば、頭で考えると、上司に逆らっても仕方がないことはわかっている。むしろ上司に逆らってもいいことはないこともわかっている。けれども、どうしてもこれだけはこだわりたいというものがある。「これは違うんじゃないですか。この会社は、こういう仕事はしないことを誇りにしていたのではないですか」と言いたくなることがある。「お前、頭堅いな」と言われてしまうようなことです。

16 頑《かたく》なさや頑固さは、しばしば柔軟性がないと言われて、低く評価されがちです。けれども、大人にならなきゃと思って流してしまうと、心が渇いてしまうことがあります。「青い」と言われてもいいから、これだけはこだわりたいということにはとことんこだわる。これだけは譲れないというところはとことん譲らない。こういう姿勢を保つことは、心が満たされた人生を生きるためには、とても大事なことです。言い換えれば執着ということは、自分の魂を大事に生きていく上ですごく重要な役割を果たすのです。「これだけは」と思うことにとことんこだわる。そうした「こだわり」の中に魂はしばしば顕現してくるのです。

17 ＊ミンデルが、こういう例を紹介しています。ある子どもが不登校になった。すごく疲れた顔をしていたので、お母さんは「もう学校なんか行かなくていい。勉強もしなくていい。ゆっくり休んだほうがいいよ」と学校を休ませた。それで、その子もお母さんの言うとおりに休んでいた。でも、お子さんはどんどん無気力になっていく。休めば休むほど、無気力になるのです。

18 あるときミンデルがこのお子さんのカウンセリングをしていたら、その子は「僕は勉強したい」と言うんです。「とことん勉強したい」と言う。お母さんは「駄目よ、まだ休んでなきゃ。疲れているんだから」と言おうとした。 D この子は、「僕は徹底的に勉強したいんだ。ママが駄目って言うからしなかったけど」と言い始めたんです。ミンデルが「よし、じゃあ、とことん勉強をやってご覧」と言うと、この子は寝る間も惜しんで勉強し始めたのです。勉強して、勉強して、勉強しぬいた。すると、すぽんと症状はなくなったのです。

19 私たちはストレスはよくないと考えがちです。けれどもこの考えが誤っていることもしばしばあります。ストレスを除こうとすることが、うつの原因になっていることもあります。むしろ、こだわりたいところにはとことんこだわる。やりたいことをとことんやる。そうすることで、ようやくうつから脱却できることもあるのです。

20 そういうことを私たちは忘れがちです。4「自由に生きる」ということは、Let it go と手放すだけではありません。こだわりたいことにはとことんこだわるということが本当の意味での自由なのです。

21 職人もそうです。自分のこだわりたいことにとことんこだわる職人気質《かたぎ》の方がいます。そうすることで、はじめて心が満たされて自由になるのです。

二 次の文章を読んで、あとの問いに答えなさい。なお、文中の[1]～[22]は形式段落の番号を示します。

[1]「本屋で本を探すこと」と、人生とは似ている面があるなと思うことがあります。本屋をうろついていて、途中ですごく気になる本が目に入ったとしましょう。そのときは買うつもりはなかったから、最初から買う予定のあった本だけをパッと買って店を出てしまう。だけど、店から出て数分経っているのにもかかわらず、その本のことが気になって仕方がない。そうしたときに、パッと本屋に戻って本を買う。こういうことができるかどうか。精神の自由さの度合というのは、こういうところでわかるんだと思うんです。

[2] つまり、1意識的目的的に何かを探すだけでなく、何か心に引っかかるもの、妙に気になるものを大切にするということです。言い方を変えると、「人生は寄り道が大事」ということです。寄り道をエンジョイできる人が、精神的なランクが高い人。自由に一人を楽しむことができる人です。本屋であらかじめ決めていた目的の本だけを買ってすぐに本屋を後にする人は、時間を無駄にしない、目的合理性に富んだ人だと言えるでしょう。もちろん忙しいときはそうしたほうがいいですし、それ以前に今多くの人は、まず本屋にも行かずに、アマゾンで注文してしまうと思います。

[3] [A]、せっかく時間とエネルギーを使って本屋に行ったのだったら、目的の本だけ買って帰るのでは、あまりにもったいない。何か自分の魂を惹《ひ》きつけるようなものを新たに発見するチャンスを見失っている可能性があります。せっかく本屋に足を運んだのなら、目的の本を探しながらも、なぜか目に飛び込んでくる本とか、妙に気になる本を手に取ってパラパラめくりながら本屋の中を歩くという姿勢が、人生の幅を広げてくれるのではないかと思います。

[4] 2人生も同じです。常に計画的に生きているだけでは、人生の幅はどんどん狭くなってしまいます。何か妙にチラチラと気になるもの、意識に誘いかけてくるもの、そういったものに意識を向けて、寄り道をすることが大事です。

[5] [B] あるレストランに行ってみたら、イベントのチラシが置いてあった。最初はこんなもの全然行くつもりないと思っていたけれども、なんだか気になるからフッと行ってみた。そうしたらそこで出会った人と交際が始まり、結婚したということになるかもしれません。[C]、すごく長く関係が続く親友がそこで見つかるかもしれません。

[6] こういう「寄り道」が苦手な人は、人生がどんどん乾いた感じになってしまいます。豊かな人生を送るためには、「寄り道」の感覚がとても重要です。

[7] フラートの感覚(ワクワク感、寄り道感)を大切にしましょう。

[8] あるビジネスパーソンは、いつも職場と自宅の往復だけでした。しかし、あるときふと気になって、脇道を通りたくなったのです。通ろうと思ったらいつでも通れたはずだけど、それまで一度も通ったことはなかったその道を。「自分でも脇道が苦手な人間だったと思う」とおっしゃっていました。でもそのときは、ふと気になって脇道を通ってみたのです。

[9] そうしたら、お寺があった。見ると、一九時半から禅の講座をやっていた。その後、残業がない日にこの禅の講座に通ってみた。面白かったので、いろんな講座に足を運んでいるうちに、「私の人生は本当に大事なことをやっているだろうか」「私の人生で本当に大事なのは、むしろ今この講座で勉強していることではないか」と思い始めたそうです。その結果、この方は四〇代で*得度《とくど》をしてお坊さんになったのです。

[10] この方は、「寄り道」を大事にすることによって、人生にとって本当に大事なものと出会えたのです。

[11] 私たちの人生は、こんなふうに突然開かれていくものです。あなたの魂のミッションとか、人生の使命、運命の道というものは、毎日の一見シンプルに見える同じことの繰り返しの中で、突然姿を現します。あなたの意識を突然鷲掴《わしづか》みにして、あなたが本来歩むべ

ア 「伊田先生」がトラブルの原因を「ケンカ」だと思っているのだとわかり、自分の気持ちなんて全く理解されていないのだと意気消沈しているという状態。

イ 「伊田先生」が明日家に来るということを聞いて緊張しているところに、「真田さん」の名前を聞き、完全に心を閉ざしてしまったという状態。

ウ 「真田さん」の名前がお母さんの口から出たことにショックを受け、お母さんに学校に行けなくなった原因が分かってしまったと思い混乱しているという状態。

エ 「真田さん」という、自分が学校に行けなくなった原因である人物の名前を聞いて、嫌悪感が瞬間的によみがえり、何も考えられなくなったという状態。

3. ――線部3「『お母さんと一緒に、先生に会おう、こころ』」と言ったときの、「お母さん」が抱いていた気持ちを説明しなさい。

4. ――線部4に「この人は、真田美織たちの〝イダ先〟」とありますが、「こころ」がそのように思うのは、「伊田先生」をはじめとする学校の先生について、どのような考えをもっているからですか。その考えが表現されている部分を二文ひと続きでさがし、初めの五字を抜き出しなさい。

5. ――線部5に「お母さんはまず怒るはずだ――と思ったのに、違っていた」とありますが、お母さんが怒らなかったのはなぜですか。最も適当なものを選び、符号で答えなさい。

ア 「こころ」に対して「真田さん」たちが行った行為に怒りを覚える以上に、自分が「こころ」のことを分かってあげることができなかったことに対する申し訳なさの方が強かったから。

イ 「こころ」に対して「真田さん」たちが行った行為に怒りを覚える以上に、「伊田先生」にどうしたら今回のことを理解してもらえるのかということに心を奪われていたから。

ウ 「こころ」に対して「真田さん」たちが行った行為に怒りを覚える以上に、「こころ」が無駄にしてきた半年以上の月日を取り戻せない無念さの方が勝ったから。

エ 「こころ」に対して「真田さん」たちが行った行為に怒りを覚える以上に、「こころ」が感情的にならず淡々と話してくれたことで安心感を覚えたから。

6. この文章の表現の特徴として最も適当なものを選び、符号で答えなさい。

ア 「こころ」と「お母さん」の会話を中心に物語が展開することによって、母と子が次第に心を通わせていく様子が描き出されている。

イ 時間の流れに従って物語が展開していくことによって、場面の変化や登場人物の心情の変化が読者に的確に把握されるようになっている。

ウ 「――」が多く使われることによって、登場人物の心理に余韻が与えられ、読者が様々に解釈できるようになっている。

エ 「こころ」の視点で物語を描くことによって、読者が主人公の心の動きを、細かく正確にとらえることが可能になっている。

7. この文章の登場人物の説明として最も適当なものを選び、符号で答えなさい。

ア 笑顔で家庭訪問に訪れた「伊田先生」は、面倒なことに巻き込まれないようにわざと明るくしている。

イ 「こころ」は、自分の娘を何とかしたいという「お母さん」の気持ちはわかるものの、自分の本心は伝えないでいる。

ウ 「お母さん」は「こころ」の微妙な表情や言葉から気持ちを読み取り、何とか寄り添おうとしている。

エ 「真田美織」は人気者として描かれているが、内心ではその地位を維持しようと必死である。

然《ぜん》とさせてみたい気もしたけど、先生はきっと、それでもあの子の味方をするだろう、と思っていた。もっと言うなら、知っていた。

先生はきっと、真田美織に「本当なのか」と正面から尋ねるようなことを、きっと、する。

認めるわけなんかないのに。

あの子は、あの子にとって正しい話《はなし》しか、きっとしないのに。

――どうして出てこないの、ひどい。

友達みんなと家を取り囲み、その中でこころがあんなに恐怖に震えていたのに、真田美織はそんなふうに、外で泣いていた。それを、あの子の友達が「美織、泣かないで」と慰めていた。

あの世界で、悪者はこころの方だ。信じられないけれど、そうだ。

リビングで、先生と、こころのお母さんが向き合う。

前に先生が来た時より、お母さんの空気が硬い。

四月に真田美織と何があったのかを、こころは昨日の夜、お母さんに話した。これまでずっと言えなかったけれど、お母さんが先生の口から、何か間違った「ケンカ」みたいな言葉であのことを聞くのかと思ったら、どんどん、声が出た。こころの口から、聞いてほしかった。

先生が来ると、こころはひとまず、二階の自分の部屋に行っているように、と言われた。まずは、お母さんと先生が話すから、と。

本当は、先生がどんなふうに思っているか知りたくて、こころは残りたかった。けれど、お母さんの顔が怒ったように硬い。

昨夜、こころの話を聞いたお母さんは、怒ったり取り乱したりしなかった。

何ヵ月か経った後だったから、こころも説明しながら、もう泣くようなこともなかった。泣いて、つらかった、と訴えられたらいいのに、と思ったけれど、涙が出てこなかった。

恋愛絡みのことなんか、話しにくかったけど、頑張って話した。話を聞き終えたお母さんに、感情的になって、怒ってほしかったからだ。なんて子たちなの、と怒って、こころを庇《かば》ってほしかった。

5 お母さんはまず怒るはずだ――と思ったのに、違っていた。話の途中で、お母さんの目に涙が浮かんだ。その涙を見たら、こころは動揺して、ますます自分の涙が出なくなった。

ごめんね、とお母さんは言った。

「お母さん、何も気づかなかった。ごめんね」

こころを抱き寄せ、手を握る。こころの手の甲に、お母さんの涙がぽたぽた落ちた。

闘おう、とお母さんが言った。その声が震えていた。

「長い闘いになるかもしれないけど、闘おう。頑張ろう、こころ」

（辻村深月『かがみの孤城』による）

1. ――線部1に「声の先を聞きたいような、聞きたくないような気がした」とありますが、このときの「こころ」の気持ちとして最も適当なものを選び、符号で答えなさい。

ア 学校に行けない理由をお母さんに話していない後ろめたさがあり、話をするきっかけが欲しいという思いと、怒られそうだから話したくないといった思いが入り混じった気持ち。

イ 半年以上も学校に行っていないことについて、今の状態から抜けだすきっかけが得られるかもしれないという思いと、そのことには触れられたくないという思いが入り混じった気持ち。

ウ クリスマスが近いので、何かプレゼントのことを話してくれるのではないかという期待と、学校に行けない理由を聞かれるのではないかという不安の入り混じった気持ち。

エ 学校に行けなくなった原因をお母さんがどう思っているのか知りたいという好奇心と、一方で「真田さん」の話はしたくないという思いが入り混じった気持ち。

2. ――線部2に「耳の奥がわあん、と鳴って、音が一時的に消える」とありますが、これは「こころ」のどのような心の状態を表現していますか。最も適当なものを選び、符号で答えなさい。

ようやくそう、口にした。お母さんの目がわずかに見開かれる。

こころはゆっくり、顔を上げる。そして、言った。

「私――」

人のことを嫌いなんて言ってはいけない。

お母さんはいつも、こころにそう言う人だった。どんなにムカつく友達がいても、誰かの悪口なんて絶対に言ってはいけない。だから、怒られるだろうと思った。だから言えなかった。でも。

「お母さん、私――。真田さんのことが、嫌い」

お母さんの瞳の表面が大きく揺れた。ケンカなんかじゃない――、とこころは続ける。

「私とあの子は、ケンカなんかしてないよ」

翌日、伊田先生は、午前中にやってきた。

火曜日の、まだ学校がやっている時間だったけど、授業と授業の合間に来たようだった。お母さんも、今日は仕事を休んだ。

前に会った時よりも、髪が少し伸びていた。よく履きこまれた様子のスニーカーを玄関で脱ぎ、こころに向けて、「こんにちは。こころ、元気か?」と聞いた。

伊田先生は、最初から、こころのことは呼び捨てだった。

たった一ヵ月教室で過ごしただけなのに、他の、自分と仲のいい子たちにそう呼びかけるのと同じように呼ぶ。声をかけてもらうと、自分が他のクラスメートと同じような普通の子になれたような気がして、確かに嬉《うれ》しくなる。だけど、嬉しくなったその後で、だから、先生はこころを嬉しい気持ちにするためにわざとそうしたんだろうな、と思ってしまう。

仕事だから。

こころのことが特別気にかかるわけではなくて、気にかけなければいけない仕事だから。

そんなちっぽけなことを気にする自分を、幼稚でバカみたいだと思うけれど、止められない。

だって、先生は、真田美織《さなだみおり》や、その周りの子たちのものだから。

四月の教室を、こころは覚えている。忘れようったって忘れられない。

――イダ先生って、彼女いるんですか?

――なんだよ、いても教えません!

――えぇー、気になるうー。イダ先のけちー!

――おいおい。その呼び方はやめろよ。

口ではそう言いながらも先生は仕方ないなぁと笑って、その時もあの子たちを強くは怒らなかった。だから、四月から時が経《た》った今も、真田美織たちからそう呼ばれているはずだ。

4 この人は、真田美織たちの〝イダ先〟。

先生がうちに来て、こころに「無理することない」と言うたびに、だから思った。

――無理することないよ。こころが教室に来てくれたら、そりゃあみんな嬉しいけど。

優しい気持ちで伊田先生は言っているのかもしれないけれど、先生は、本当はこころに学校に来てほしくないと思ってるんだろう。どっちでも、いいんだろうな、と。

――どうして学校に行くのが嫌なのかな。

――何かあったのか。

学校に行かなくなった五月の初めにそんなふうに聞かれた時に、何も言わないで黙ってしまったから、先生もおそらく、今もこころのことを「怠け病」みたいに思っていると思っていた。

そして、それでいいと思っていた。むしろ、そう思われて当然だ。

小学校の頃から、そう。

学校の先生たちは、たいてい、真田美織みたいなクラスの中心人物の味方だ。教室の中で大きな声で話す、休み時間も外で友達とたくさん遊ぶ、溌剌《はつらつ》とした、ああいう真っ当な子の。

その彼女が本当はどんなことを自分にしたのか、話して先生を唖《あ》

二〇二〇年度 京華高等学校

【国　語】（五〇分）〈満点：一〇〇点〉

一　次の文章を読んで、あとの問いに答えなさい。

そんな日々の中で。

こころのお母さんが、クリスマスの近づいた夜に、「こころ、ちょっといい？」と聞いた。

声の表面に微《かす》かに緊張が感じられて、反射的に、こころは嫌な予感がした。お母さんがこういう声を出す時は、よくない時。その後にさらに胸が苦しくなって、おなかの底がずんと重たくなるような、そういう何かが待っている時――。

1声の先を聞きたいような、聞きたくないような気がした。

すると、お母さんが言った。

「明日の昼間、伊田《いだ》先生がうちに来たいって言ってるけど、いい？」と。

伊田先生は、こころの担任の先生だ。

入学した最初の四月だけ教室で一緒に過ごした、若い男の先生。学校に行かなくなった五月や六月にはうちにも時折来ていて、こころは、会ったり会わなかったりした。

それからも、お母さんは先生と会っていたのかもしれない。「心の教室」の喜多嶋《きたじま》先生とそうしていたように。

けれど、喜多嶋先生と伊田先生では決定的に違うことがある。

伊田先生が来るたび、こころはものすごく緊張する。緊張して、嫌な汗が止まらなくなる。

この人はこころが逃げてきたあの教室に、今さっきまでいた人だ。そう思うと、伊田先生が来るだけで胸が苦しい。来ないでほしい、と思ってしまう。

二学期が終わるから来るんだ――、と咄嗟《とっさ》に思った。

学校に来ない生徒のことも、節目節目で気にしなきゃならないのだろう。だって、それが先生の仕事だから。

そう思っていると、お母さんが言った。「こころ」と呼ぶ声がまだ緊張して聞こえた。

「先生が、今回は、クラスメートの……女の子のことで話があるって」

平然とした顔を作れたかどうか、自信がなかった。言葉が胸の真ん中で突き刺さる。

「クラスの、女の子？」

「――真田《さなだ》さんっていう、女の子。委員長の」

2耳の奥がわあん、と鳴って、音が一時的に消える。お母さんの顔が険しくなる。息が、苦しくなる。

「やっぱり何かあったの？　心当たり、あるの？」

「先生、何て言ってた？　お母さんに、どう言ってた？」

「――その子とこころが、ケンカをしたんじゃないかって」

背筋にぞわっと鳥肌が立った。

ケンカ。

なんて軽い響きだろう。猛烈な違和感で、頭が煮え立つような怒りが込み上げる。気が遠くなりそうになる。

あれはケンカなんかじゃない。

ケンカはもっと、お互いに言葉が通じる者同士がすることだ。もっと、対等なことだ。

こころがされたことは、断じてケンカなんかじゃない。

唇を引き結んで黙ったこころを前に、お母さんは何かを感じたようだった。

「――会おう」とこころに言った。

3「お母さんと一緒に、先生に会おう、こころ」

何があったの、とお母さんがもう一度言う。

こころは唇を噛《か》んだ。しばらくして、小さく言った。

――その子たち、うちに来た。

英語解答

1 1 F　2 T　3 F　4 F
5 T　6 T　7 T　8 T
9 F　10 F

2 1 (1)…エ　(2)…イ　(3)…ア　(4)…イ
(5)…エ　(6)…ア　(7)…ウ
2 イ

3 1 イ　2 ウ　3 エ　4 ウ
5 ア

4 1 エ　2 イ　3 エ

5 1 Look at this broken window.
2 Have you ever read this book?
3 There is a bag on the table.
4 That house is the oldest in this town.
5 Tom went to the park to meet them.

1 〔長文読解—内容真偽—説明文〕

≪全訳≫❶私たちを宇宙に連れていくエレベーターをつくるというアイデアがある。そのエレベーターは，地球上のステーションから宇宙空間の遠くまで伸びる非常に長いケーブルでつくられる。人々はケーブルを上下に移動する昇降機を利用して宇宙に行くことができる。このようなエレベーターは，ロケットのように大量の燃料を必要としないため，より安価で環境に優しいものになる。エレベーターに乗るのは，加速がよりゆっくりなため，ロケットに乗るよりもはるかに快適だ。❷宇宙エレベーターが現実のものとなった場合，多くの便利な方法で宇宙を利用できる。１つの重要な用途は製造だ。宇宙では，無重力または低重力環境を利用して，地球上ではつくれない有用な材料を製造できる。現時点では，商品を輸送するためには高価なロケットを使う必要があるため，宇宙に工場をつくることは賢明ではないが，宇宙エレベーターを使って低コストで商品を宇宙に輸送できるのであれば，宇宙工場は意味を持つ。❸また，宇宙エレベーターを利用して宇宙船を他の惑星に打ち上げることもできる。宇宙エレベーター・ケーブルの終着点付近は非常に速く移動するため，宇宙船を簡単に打ち上げることができる。地上から約４万7000キロメートルの位置から宇宙船を打ち上げるだけで，地球の重力圏から簡単に離れることができる。実際，宇宙船はコースを調整する以外にエンジンを使用する必要が全くない。同様に，約５万7000キロメートルの地点からだと，宇宙船は簡単に火星まで行ける。宇宙探査は，現在よりもはるかに簡単で安価になる。❹宇宙エレベーターのもう１つの可能な用途は観光だ。宇宙エレベーターは，宇宙への移動をより簡単かつ安価にする。宇宙に行けば，地球を上から見ることができ，宇宙の美しい星を楽しむこともできる。また，無重力または低重力状態を経験することもでき，それは楽しいだろう。❺しかし，最近まで，人々は宇宙エレベーターの実用的な可能性について疑っていた。実際，克服すべき多くの問題がある。最大の問題の１つは，ケーブルの材料だ。このケーブルは非常に頑丈かつ軽量でなければならないが，ナノテクノロジーの進歩により，この問題を解決できる可能性が出てきた。別の問題は，宇宙ゴミなどの危険を回避することだ。地球の周りにはたくさんの宇宙ゴミがある。ゴミはどんなものでも宇宙エレベーターに損傷を与える可能性があるため，それらを回避する方法を見つける必要がある。また，エレベーター・ケーブルに発生する可能性のある損傷を修復する方法を考え出す必要もある。❻エレベーターの昇降機の設計も課題だ。重いバッテリーを昇降機に搭載することは得策ではないので，エンジニアはレーザーまたはマイクロ波によってワイヤレスで昇降機に電力を供給することを考えている。別の重要な問題は潤滑だ。普通の潤滑油は宇宙では急速に蒸発するからだ。人類は宇宙でも機能する潤滑の技術を持っているが，非常に長いケーブルを上下に移動できる昇降機をつくるには，現在の技術を向上させる必要がある。❼克服すべき多くの問題があるが，技術は進歩しており，エンジニアはそれらに取り組んでいる。宇宙エレベーターは，私たちが考えるよりも早く実現するかもしれない。

1．「宇宙エレベーターに乗ることは，ロケットよりもはるかに速く移動するため，より快適だ」…× 第1段落最終文参照。加速はエレベーターの方が遅い。 2．「宇宙では，地球上ではつくれない有用な素材をつくることができる」…○ 第2段落第3文に一致する。 3．「多くの国がすでに宇宙に工場をつくっている」…× そのような記述はない。 4．「宇宙エレベーターを使用できる場合，宇宙工場をつくる必要はない」…× 第2段落最終文に反する。 5．「宇宙船が宇宙エレベーターから打ち上げられる場合，火星に簡単に到達する」…○ 第3段落後半に一致する。 6．「地上から約4万7000キロメートルの地点から宇宙船を打ち上げる場合，エンジンはコースを調整するためだけに必要とされる」…○ 第3段落第3，4文に一致する。 7．「宇宙エレベーターを利用すると，宇宙旅行が簡単かつ安価になる」…○ 第4段落第1，2文に一致する。 8．「克服すべき問題の1つは，頑丈で軽量のケーブルをつくることだ」…○ 第5段落第4文に一致する。 9．「克服すべき問題の1つは，重いバッテリーを地球から輸送することだ」…× 第6段落第2文以下参照。重いバッテリーを昇降機に搭載することは得策ではないので，レーザーまたはマイクロ波によってワイヤレスで昇降機に電力を供給することが考えられている。 10．「人類は，非常に長いケーブルを上下に動かすことができる潤滑技術を持っている」…× 第6段落最終文参照。非常に長いケーブルを上下に移動できる昇降機をつくるには，現在の技術を向上させる必要がある。

2〔長文読解総合―エッセー〕

≪全訳≫❶私のめいのジュリアはずっとシェフになりたいと思っていた。彼女は4年前に料理学校を卒業し，しばらくフレンチレストランで働いていた。しかし，彼女が本当にやりたいのはイタリア料理だった。そこで彼女は転職し，ピザだけでなく立派なディナーも提供するイタリアンレストランで働いた。そこで2年働いた後，そこを辞め，イタリアのレストランで3年間働いた。そのうちの半分はローマに，6か月間はミラノに，残りの期間は他の地域に滞在した。彼女は数か月前にカリフォルニアに戻ってきた。❷私は先日彼女に会い，彼女はここでピザレストランを開く計画の全貌を私に話してくれた。調査の1つとして，彼女は最終メニューを決定する前に米国中を見て回りたいと考えている。彼女は，世界中で知られているピザはイタリア風よりもアメリカ風であると説明した。ジュリアは，彼女のレストランでは適切なバランスをとるために，伝統的なイタリアの手法，感性，風味や香りとアメリカ人が好むものとを組み合わせたいと考えている。彼女にはすでに何人かの出資者がいるので，彼女は何を提供するかを決めるだけでよい。❸彼女はまずニューヨークに行き，ロンバルディーズという店を訪れる予定だ。1905年，ジェンナロ・ロンバルディはアメリカ初のピザレストランの免許を取得した。ジュリアがロンバルディーズを研究したいと考えているのは，そこの歴史と，そこがピザをつくるために最高品質の材料のみを使用し，最後にソースをかけるという事実のためである。❹次に彼女が関心を寄せている都市はシカゴだ。シカゴは，1943年にピッツェリア・ウーノで働いていたシェフによって最初につくられた深皿ピザ発祥の地である。厚い生地のピザは当時非常に珍しかったので，最初は売るのではなく，ただで分けなければならなかった。なぜなら，誰もそのようなものを見たことがなく，買わなかったからだ。今日では，人々は特に深皿ピザを食べるためにシカゴに行く。ジュリアは深皿ピザがあまり好きではないが，シカゴで人気のスタッフド〔詰め物をした〕ピザが好きだ。❺スタッフドピザは，下と上の両方に生地があり，中央にたくさんの材料がある。ジュリアは，スタッフドピザはなかなか独特なものなので自分のレストランで出したいと考えている。ショッピングモールにあるフランチャイズレストランの１つを除いて，シカゴ以外にはスタッフドピザがほとんどないため，ここサンタバーバラでは本物のスタッフドピザが良い売り物になると考えている。❻３番目の，最後のピザを研究するため，ジュリアはミシガン州グランドヘブンのレストランに行くつもりだ。そこでは極薄ピザをつくっている。コスモ・フリカーノが1949年にピザの薄い生地をつくり始めた。ジュリアはフリカーノズに関心がある。なぜなら，５つのトッピングのみを提供することにこだわっているからだ。そこのトッピングは，レストランで混ぜて調味する特別にブレンドしたスパイス，スパイシー・ペパロニ，輸入キノコ，細かくさいの目に切ったピーマン，それに地中海のアンチョビだけである。❼ジュリアは，ニューヨーク風のピザをつくっている他の都市のピザレストランも何軒か訪れる予定だ。彼女は彼らがどれほど本物かを見たいと思っている。ニューヨークの水に含まれるミネラルが，ピザ生地の味がとても良い理由の１つだと考える人もいる。ジュリアは特別なミネラルを水に入れてニューヨークのような味を出しているアリゾナ州のピザ店のことを本で読んでおり，そのピザを味わいたかったのだ。彼女は自分のレストランで特別な水をつくるかもしれない。シカゴのピザはシカゴの水でしか味わえないという人もいるので，ジュリアはピザごとに異なるミネラルを考慮する必要があるかもしれないと考えている。

１＜内容一致＞⑴「ジュリアは私の(　　)だ」―エ．「姉〔妹〕の娘」　第１段落第１文参照。niece とは「めい」のこと。　⑵「ジュリアはフレンチのシェフになることをやめた。なぜなら(　　)からだ」―イ．「イタリア料理が好きだった」　第１段落第３文参照。　⑶「下線部が意味するのは(　　)」―ア．「ジュリアに利用可能な資金源があることだ」　下線部は「彼女にはすでに何人かの出資者がいるので，彼女は何を提供するかを決めるだけでよい」という意味。　⑷「ニューヨークには(　　)」―イ．「アメリカ風ピザを生み出したピザレストランがある」　第３段落参照。　⑸「ジュリアは(　　)シカゴのピザが好きだ」―エ．「スタッフドの〔詰め物をした〕」　第４段落最終文参照。　⑹「フリカーノズには(　　)について強い信念がある」―ア．「トッピングを５種類のみにすること」　第６段落第４文参照。　⑺「この記事で話し合われているのは(　　)だ」―ウ．「ピザの研究に対するシェフの関心と計画」　ジュリアがピザレストランを開くにあたって，アメリカ風ピザの調査を行う，という内容である。

２＜段落分け＞①第３段落：ニューヨーク　②第４，５段落：シカゴ　③第６段落：グランドヘブン　④第７段落：他の都市

3〔対話文完成―適文選択〕

１．Ａ：見て，誰かが浜辺に財布を忘れている。／Ｂ：どうすればいいかな？／Ａ：警察に届けよう。そこの方が安全だ。／Ｂ：そうだね，置いたままにしておくよりはたぶんいいよね。〃Ｂが，財布を浜辺に置いたままにしておくよりも良い方策だ，と言っていることから，Ａが提案したのは，イ．「警察に届けよう」だと判断できる。

２．Ａ：携帯電話の信号が弱すぎる。もっと良い場所を見つけないと。／Ｂ：私たちは今，地下室にいる。良い信号を得るには，１階上にあがる必要があるよ。／Ａ：わかった。１階上にあがって電話をかけるよ。最寄りのエレベーターはどこ？／Ｂ：向こうに行ったところにあるけど，階段の方が近いし速いよ。〃この後，Ｂが「階段の方が近いし速い」と言っている。上に上がる手段として階段と比較されるものはエレベーターである。

３．Ａ：イヌを散歩させるのはあなたの番よね。／Ｂ：わかっているけど，このレポートを完成させなければならないんだ。／Ａ：わかった。じゃあ，あなたの代わりに私が行くわ。／Ｂ：理解して

くれてありがとう。／／この後Bは感謝しているので，Aが代わりにイヌの散歩に行くことを申し出たのだと考えられる。

4．A：あなたの日本語は前よりずっとうまくなりましたね。どうやって勉強しているの？／B：実は勉強なんかじゃないんです。いつも日本のマンガを読んでいるんですよ。／A：それだけ？　日本語の教科書とか使わないのですか？／B：楽しめる物から学ぶのが一番効果的だと思います。／／直前の「それだけ？」から，日本語を上達させるために利用した，マンガ以外の方法を尋ねようとしていることがわかる。

5．A：今夜は何時に家に帰るの？／B：映画が午後6時に始まるので，少し遅くなるよ。／A：わかったわ，気をつけてね。家に帰ったとき夕食はいる？／B：いや，いいよ。モールで食べてくるので心配いらないよ。／／この後のBの返事から，Aは夕食を用意しておくべきかどうかをBに確認したことがわかる。

4〔適語句選択〕

1．‘形容詞〔副詞〕+ enough to ～’の文において，to不定詞の目的語が文の主語と一致するときは，省かなければならない。したがって，it は不要。　「その本は私のポケットに入れられるほど小さい」　ア．「その本は平易な英語で書かれている」　イ．「その本は非常に難しいので理解できない」　ウ．「この本はその2倍の値段だ」

2．疑問詞から始まる疑問文が文の中に入ると，疑問詞以下が‘疑問詞+主語+動詞...’という順になる。したがって，whose book this isとしなければならない。　「あなたはこれが誰の本であるか知っていますか」　ア．「あなたはあそこを泳いでいる動物を知っていますか」　ウ．「あなたは，木の下でバイオリンを弾いているあの少年を知っていますか」　エ．「あなたはなぜティムがそのような愚かなことを言ったか知っていますか」

3．先行詞 The girl は3人称単数なので，who の後の play は plays にしなければならない。　「テニスがとてもうまいその女の子は私のクラスメートだ」　ア．「先日野菜の種を植えた少女は私のクラスメートだ」　イ．「ジムが昨日図書館で会った女の子は私のクラスメートだ」　ウ．「ソファで寝転んでファッション雑誌を読んでいる女の子は私のクラスメートだ」

5〔和文英訳―完全記述〕

1．「～を見なさい」は命令文で Look at ～. とする。「この壊れた窓」は，「壊れた」を「壊された」と考えて過去分詞で表し，一語で修飾することから「窓」の前に置いて，this broken window とする。

2．「あなたは今までに～したことがありますか」は，現在完了形の‘経験’用法の疑問文で表す。語順は‘Have/Has + 主語 + 過去分詞...?’となる。「今までに」を表す ever は過去分詞の前に置く。

3．「…に～がある」は‘There is/are ～ + 場所を表す語句’で表せる。

4．「一番古い」は最上級で the oldest とする。「この町で」は前置詞に in を使い，in this town とする。

5．「Tom はその公園に行きました」を Tom went to the park とした後，「彼らに会うために」は‘目的’を表す to 不定詞の副詞的用法で to meet〔see〕them とする。

2020年度／京華高等学校

数学解答

1 (1) $-\frac{25}{72}$　(2) $10xy$
(3) $x=10$, $y=-2$　(4) $19-8\sqrt{2}$
(5) $\frac{3\pm\sqrt{41}}{8}$　(6) $55°$　(7) 70

2 (1) $\frac{1}{16}$　(2) $\frac{5}{16}$

3 (1) $\frac{2}{5}x-3$ 枚　(2) 255

4 (1) $\frac{1}{2}$　(2) $(4,\ 8)$　(3) $\left(5,\ \frac{25}{2}\right)$

5 (1) 4cm　(2) $3\sqrt{5}\text{cm}$　(3) $11:4$

6 (1) $2\sqrt{3}\text{cm}$　(2) $4\sqrt{2}\text{cm}^2$
(3) $\frac{6\sqrt{22}}{11}\text{cm}$

1〔独立小問集合題〕

(1)＜数の計算＞与式 $=\left(\frac{1}{3}\times\frac{1}{4}+2\right)^2\div\left(-\frac{25}{2}\right)=\left(\frac{1}{12}+2\right)^2\times\left(-\frac{2}{25}\right)=\left(\frac{25}{12}\right)^2\times\left(-\frac{2}{25}\right)=\frac{25^2}{144}\times\left(-\frac{2}{25}\right)=-\frac{25^2\times2}{144\times25}=-\frac{25}{72}$

(2)＜式の計算＞求める単項式を A とすると，$-3x^3y^4\div5xy^5\times A=-6x^3$，$-\frac{3x^3y^4}{5xy^5}\times A=-6x^3$，$-\frac{3x^2}{5y}\times A=-6x^3$，$A=-6x^3\div\left(-\frac{3x^2}{5y}\right)=6x^3\times\frac{5y}{3x^2}=\frac{6x^3\times5y}{3x^2}=10xy$ である。

(3)＜連立方程式＞$\frac{x-1}{3}-\frac{2-3y}{4}=1$ より，両辺を12倍して，$4(x-1)-3(2-3y)=12$，$4x-4-6+9y=12$，$4x+9y=12+4+6$，$4x+9y=22$……①とする。また，$x=y+12$……②とする。②を①に代入して，$4(y+12)+9y=22$，$4y+48+9y=22$，$13y=-26$　$\therefore y=-2$　これを②に代入して，$x=(-2)+12$　$\therefore x=10$

(4)＜平方根の計算＞$\sqrt{18}=\sqrt{3^2\times2}=3\sqrt{2}$，$\sqrt{\frac{1}{8}}=\frac{1}{\sqrt{8}}=\frac{1}{\sqrt{2^2\times2}}=\frac{1}{2\sqrt{2}}=\frac{1\times\sqrt{2}}{2\sqrt{2}\times\sqrt{2}}=\frac{\sqrt{2}}{4}$ より，与式 $=(3\sqrt{2}-1)^2-8\times\frac{\sqrt{2}}{4}=(3\sqrt{2})^2-2\times3\sqrt{2}\times1+1^2-2\sqrt{2}=18-6\sqrt{2}+1-2\sqrt{2}=19-8\sqrt{2}$

(5)＜二次方程式＞$3x^2+2x-3x-2=2x-x^2$，$3x^2-x-2-2x+x^2=0$，$4x^2-3x-2=0$　解の公式を利用して，$x=\frac{-(-3)\pm\sqrt{(-3)^2-4\times4\times(-2)}}{2\times4}=\frac{3\pm\sqrt{41}}{8}$ である。

(6)＜図形—角度＞右図のように点A，B，C，D，E，F，Gを定めると，$l /\!/ m$ より，同位角は等しいので，∠ABC＝∠DEF＝45°となる。また，△ABCで内角と外角の関係より，∠BAC＝∠ACG－∠ABCである。よって，$\angle x=100°-45°=55°$ である。

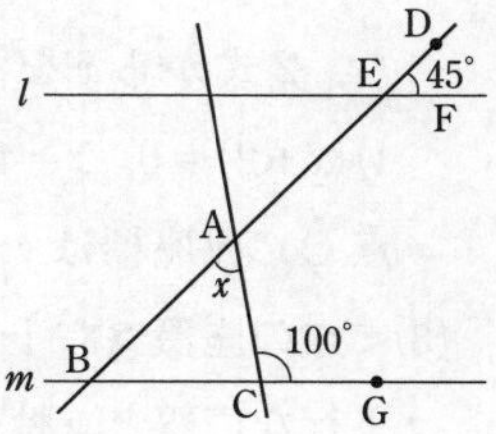

(7)＜数の性質＞280を素因数分解すると，$280=2^3\times5\times7$ である。よって，$280n=2^3\times5\times7\times n$ が自然数の平方となるような最も小さい自然数は $n=2\times5\times7=70$ である。

2〔確率—カード〕

(1)＜確率＞a，b，c がとる値はそれぞれ4通りあるから，a，b，c の組は全部で $4\times4\times4=64$（通り）ある。また，$a=b=c$ となるとき，取り出された3枚のカードの数は1，2，3，4のどれかになるから，$a=b=c$ となる a，b，c の組は4通りある。よって，求める確率は $\frac{4}{64}=\frac{1}{16}$ である。

(2)＜確率＞$a\leqq b\leqq c$ となる a，b，c の組は，$a=1$ のとき，$(b,\ c)=(1,\ 1)$，$(1,\ 2)$，$(1,\ 3)$，$(1,\ 4)$，

(2, 2)，(2, 3)，(2, 4)，(3, 3)，(3, 4)，(4, 4)の10通りある。$a=2$のとき，$(b,\ c)=(2,\ 2)$，(2, 3)，(2, 4)，(3, 3)，(3, 4)，(4, 4)の6通り，$a=3$のとき，$(b,\ c)=(3,\ 3)$，(3, 4)，(4, 4)の3通り，$a=4$のとき，$(b,\ c)=(4,\ 4)$の1通りある。よって，$a \leqq b \leqq c$となるa，b，cの組は$10+6+3+1=20$(通り)あるから，求める確率は$\dfrac{20}{64}=\dfrac{5}{16}$である。

3 〔一次方程式の応用〕

(1)<式の計算>まず，Aは全体の$\dfrac{1}{3}$を受け取った後，さらに25枚のカードを受け取るから，Aが受け取るカードは$\dfrac{1}{3}x+25$枚である。次に，Bが30枚カードを受け取ると，残りのカードは$x-\left(\dfrac{1}{3}x+25\right)-30=x-\dfrac{1}{3}x-25-30=\dfrac{2}{3}x-55$(枚)となる。よって，Bは30枚受け取った後，さらに残りの枚数の6割を受け取るので，Bが受け取るカードは，$30+\dfrac{6}{10}\left(\dfrac{2}{3}x-55\right)=30+\dfrac{3}{5}\left(\dfrac{2}{3}x-55\right)=30+\dfrac{2}{5}x-33=\dfrac{2}{5}x-3$(枚)である。

(2)<方程式の応用>(1)より，Cが受け取ったカードは$x-\left(\dfrac{1}{3}x+25\right)-\left(\dfrac{2}{5}x-3\right)=x-\dfrac{1}{3}x-25-\dfrac{2}{5}x+3=\dfrac{15}{15}x-\dfrac{5}{15}x-\dfrac{6}{15}x-25+3=\dfrac{4}{15}x-22$(枚)と表せる。よって，Cが受け取ったカードが46枚のとき，$\dfrac{4}{15}x-22=46$が成り立つ。これを解くと，$\dfrac{4}{15}x=68$，$x=255$である。

4 〔関数—関数 $y=ax^2$ と直線〕

≪基本方針の決定≫(3)　等積変形を利用して，点Pを通り直線lに平行な直線の式を求める。

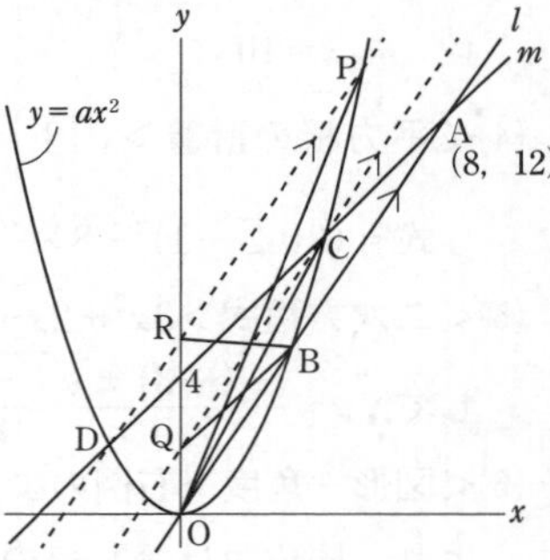

(1)<比例定数>右図で，直線mはA(8, 12)と点(0, 4)を通るので，傾きは$\dfrac{12-4}{8-0}=1$，切片は4である。よって，直線mの式は$y=x+4$である。点Dは直線m上にあり，x座標は-2だから，点Dのy座標は$y=(-2)+4=2$より，D$(-2,\ 2)$である。放物線$y=ax^2$はD$(-2,\ 2)$を通るので，$2=a\times(-2)^2$より，$a=\dfrac{1}{2}$である。

(2)<座標>右図で，点Cは放物線$y=\dfrac{1}{2}x^2$と直線$y=x-4$の交点だから，2式からyを消去して，$\dfrac{1}{2}x^2=x+4$より，$x^2-2x-8=0$，$(x-4)(x+2)=0$，$x=4$，-2となり，点Dのx座標が-2だから，点Cのx座標は4である。よって，点Cのy座標は$y=\dfrac{1}{2}\times4^2=8$だから，C(4, 8)である。

(3)<点の座標>右上図で，点Cを通り直線lと平行な直線とy軸の交点を点Q，点Pを通り直線lと平行な直線とy軸の交点をRとする。このとき，QC∥OBより△OBQ＝△OBC，RP∥OBより，△OBR＝△OBPである。△OBPの面積が△OBCの面積の$\dfrac{5}{2}$倍であるとき，△OBQ：△OBR＝△OBC：△OBP＝1：$\dfrac{5}{2}$＝2：5となる。△OBQと△OBRの底辺をそれぞれOQ，ORと見ると，これらの三角形は高さが等しいから，底辺の比は面積の比に等しくなる。よって，OQ：OR＝△OBQ：△OBR＝2：5である。直線lは原点と点Aを通るので，傾きは$\dfrac{12-0}{8-0}=\dfrac{3}{2}$だから，QC∥OBより，直線QCの傾きも$\dfrac{3}{2}$である。直線QCの式を$y=\dfrac{3}{2}x+b$とおくと，C(4, 8)を通るから，$8=\dfrac{3}{2}\times4+b$より，$b=2$となり，その式は$y=\dfrac{3}{2}x+2$だから，Q(0, 2)より，OQ＝2である。

このとき，OQ：OR＝2：5より，OR＝$\frac{5}{2}$OQ＝$\frac{5}{2}$×2＝5となるから，R(0, 5)である。さらに，直線RPは直線lに平行だから，その式は$y=\frac{3}{2}x+5$である。点Pは放物線$y=\frac{1}{2}x^2$と直線RPの交点だから，2式からyを消去して，$\frac{1}{2}x^2=\frac{3}{2}x+5$より，$x^2-3x-10=0$，$(x-5)(x+2)=0$，$x=5$，$-2$となり，点Pの$x$座標は正だから，点Pの$x$座標は5である。したがって，点Pの$y$座標は$y=\frac{1}{2}\times5^2=\frac{25}{2}$だから，$\mathrm{P}\left(5,\ \frac{25}{2}\right)$である。

5 〔平面図形─円と長方形〕

≪基本方針の決定≫(2)　△AQD∽△CEDである。　(3)　点PはCEの中点である。

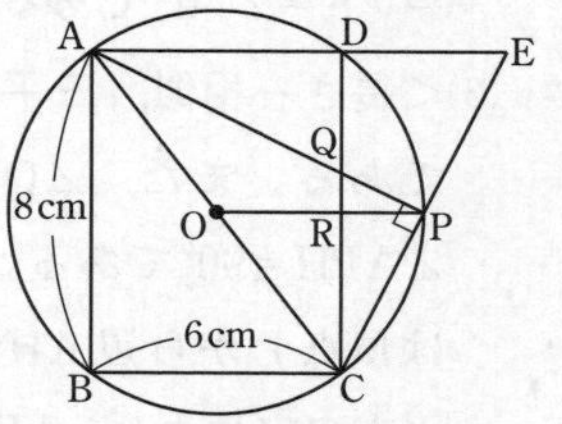

(1)＜長さ─三平方の定理＞右図で，四角形ABCDは長方形なので，∠ABC＝90°である。△ABCで三平方の定理より，$\mathrm{AC}=\sqrt{\mathrm{AB}^2+\mathrm{BC}^2}=\sqrt{8^2+6^2}=\sqrt{100}=10$だから，AE＝AC＝10である。よって，DE＝AE－AD＝10－6＝4(cm)である。

(2)＜長さ─相似，三平方の定理＞右図の△CEDで三平方の定理より，$\mathrm{CE}=\sqrt{\mathrm{CD}^2+\mathrm{DE}^2}=\sqrt{8^2+4^2}=\sqrt{80}=4\sqrt{5}$である。また，∠ADQ＝∠CDE＝90°，円周角の定理より∠QAD＝∠DCEだから，2組の角がそれぞれ等しく，△AQD∽△CDEである。よって，相似比は，AQ：CE＝AD：CD＝6：8＝3：4となるから，$\mathrm{AQ}=\frac{3}{4}\mathrm{CE}=\frac{3}{4}\times4\sqrt{5}=3\sqrt{5}$(cm)である。

(3)＜面積比＞右上図で，(2)より△AQD∽△CEDだから，DQ：DE＝3：4より$\mathrm{DQ}=\frac{3}{4}\mathrm{DE}=\frac{3}{4}\times4=3$である。ここで，△ACEはAC＝AEの二等辺三角形で，ACは円Oの直径だから，∠APC＝90°である。つまり，点PはCEの中点となるから，$\mathrm{PC}=\mathrm{PE}=\frac{1}{2}\mathrm{CE}=\frac{1}{2}\times4\sqrt{5}=2\sqrt{5}$であり，△APEで三平方の定理より，$\mathrm{AP}=\sqrt{\mathrm{AE}^2-\mathrm{PE}^2}=\sqrt{10^2-(2\sqrt{5})^2}=\sqrt{80}=4\sqrt{5}$となる。よって，〔四角形EDQP〕＝△APE－△AQD＝$\frac{1}{2}$×AP×PE－$\frac{1}{2}$×AD×DQ＝$\frac{1}{2}\times4\sqrt{5}\times2\sqrt{5}-\frac{1}{2}\times6\times3=20-9=11$である。さらに，2点O，PはそれぞれAC，ECの中点だから，△CAEで中点連結定理より，OP∥AEであり，同位角は等しいから，∠CRP＝∠CDE＝90°である。また，平行線と比の性質よりCR：CD＝RP：DE＝CP：CE＝1：2だから，$\mathrm{CR}=\frac{1}{2}\mathrm{CD}=\frac{1}{2}\times8=4$，$\mathrm{RP}=\frac{1}{2}\mathrm{DE}=\frac{1}{2}\times4=2$である。したがって，△CPR＝$\frac{1}{2}$×CR×RP＝$\frac{1}{2}$×4×2＝4だから，〔四角形EDQP〕：△CPR＝11：4である。

≪別解≫右上図で∠CRP＝∠CPQ＝∠CDE＝90°で，∠Cは共通だから，△CPR∽△CQP∽△CEDである。また，CQ＝CD－DQ＝8－3＝5である。よって，△CPR：△CQP：△CED＝$\mathrm{CP}^2:\mathrm{CQ}^2:\mathrm{CE}^2=(2\sqrt{5})^2:5^2:(4\sqrt{5})^2=20:25:80=4:5:16$である。したがって，〔四角形EDQP〕：△CPR＝〔△CED－△CQP〕：△CPR＝(16－5)：4＝11：4である。

6 〔空間図形─正四面体〕

≪基本方針の決定≫(3)　OA⊥〔面PQR〕を利用する。

(1)＜長さ─特別な直角三角形＞次ページの図1で，△OABは正三角形だから，∠AOB＝60°である。よって，OQ：OP＝4：2＝2：1より，△OPQは3辺の比が$1:2:\sqrt{3}$の直角三角形である。よって，$\mathrm{PQ}=\sqrt{3}\mathrm{OP}=\sqrt{3}\times2=2\sqrt{3}$(cm)である。

(2)＜面積―三平方の定理＞右図1で，2点Q，Rはそれぞれ OB，OC の中点だから，△OBC で中点連結定理より，$\mathrm{QR}=\frac{1}{2}\mathrm{BC}=\frac{1}{2}\times 8=4$ である。また，△OPQ≡△OPR だから，(1)より $\mathrm{PR}=\mathrm{PQ}=2\sqrt{3}$ であり，△PQR は右図2の二等辺三角形となる。ここで，図2のように，頂点Pから辺 QR へ垂線 PH を引くと，点Hは OR の中点だから，$\mathrm{QH}=\frac{1}{2}\mathrm{QR}=\frac{1}{2}\times 4=2$ である。よって，△PQH で三平方の定理より，$\mathrm{PH}=\sqrt{\mathrm{PQ}^2-\mathrm{QH}^2}=\sqrt{(2\sqrt{3})^2-2^2}=\sqrt{8}=2\sqrt{2}$ である。したがって，$\triangle\mathrm{PQR}=\frac{1}{2}\times\mathrm{QR}\times\mathrm{PH}=\frac{1}{2}\times 4\times 2\sqrt{2}=4\sqrt{2}\,(\mathrm{cm}^2)$ である。

図1

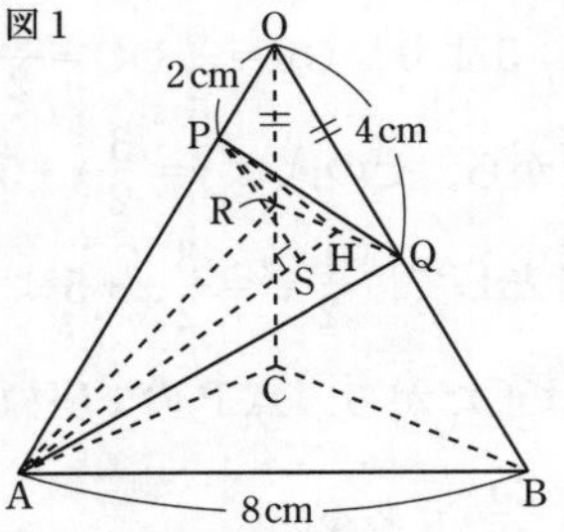

図2

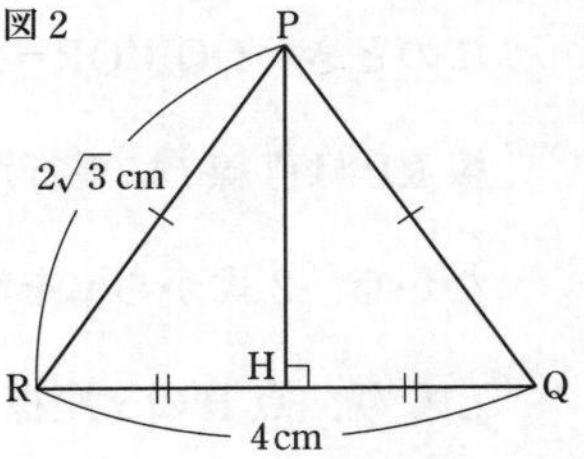

(3)＜長さ―相似，三平方の定理＞右上図1で，$\mathrm{AP}=\mathrm{OA}-\mathrm{OP}=8-2=6$ である。また，$\angle\mathrm{OPQ}=\angle\mathrm{OPR}=90^\circ$ より，OA⊥〔面 PQR〕だから，$\angle\mathrm{APH}=90^\circ$ である。よって，△APH は右図3の直角三角形で，点Sは頂点Pから辺 AH へ引いた垂線と AH の交点となる。△APH で三平方の定理より，$\mathrm{AH}=\sqrt{\mathrm{AP}^2+\mathrm{PH}^2}=\sqrt{6^2+(2\sqrt{2})^2}=\sqrt{44}=2\sqrt{11}$ である。したがって，PS の長さを $x$cm とすると，△APH の面積について，$\frac{1}{2}\times\mathrm{AP}\times\mathrm{PH}=\frac{1}{2}\times\mathrm{AH}\times\mathrm{PS}$ より，$\frac{1}{2}\times 6\times 2\sqrt{2}=\frac{1}{2}\times 2\sqrt{11}\times x$ が成り立つ。これを解くと，$x=\frac{6\sqrt{22}}{11}$(cm)である。

図3

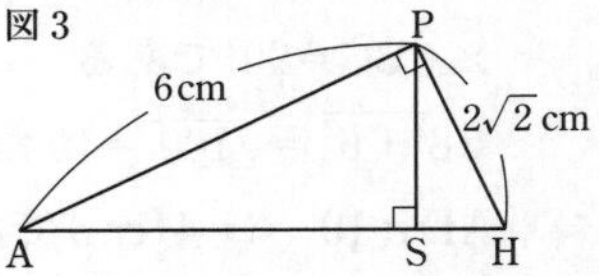

国語解答

一 1 イ　2 エ

3 （例）「真田さん」や「ケンカ」という言葉を聞いてこころが表情を変えたのを見て，そこに学校に行けなくなった原因があると悟り，一緒に先生と会わなくてはいけないと感じている。

4 学校の先生　5 ア　6 エ

7 ウ

二 1 A…エ　B…イ　C…ウ　D…ア

2 人生の幅を広げてくれる［という利点］

3 Ⅰ 本屋で本を探すこと

Ⅱ 精神の自由さの度合

Ⅲ 「寄り道」の感覚

4 心が満たされた人生を生きるため

5 ア　6 ⑫

7 ア…×　イ…○　ウ…×　エ…×　オ…○

三 ① 吟味　② 水彩　③ 錯覚　④ 寂〔淋〕　⑤ 染

四 ① しんぎ　② あんしょう　③ もしゅ　④ くわだ　⑤ ふ

一〔小説の読解〕出典；辻村深月『かがみの孤城』。

1＜心情＞お母さんの「声の表面に微かな緊張が」感じられたため，お母さんの話は，自分が半年以上も学校へ行っていないことに関係があると，こころは，直感的に感じた。そのため，こころは，お母さんの話が，今の自分の状況を変える手がかりになるのではないかと期待すると同時に，学校へ行っていないことについては話したくないとも思った。

2＜心情＞自分が学校へ行けなくなったのは真田美織が原因であるため，お母さんの言った「真田さん」という名前を聞いて，こころは，突然不快感が湧き起こり，感覚や思考が一時的に停止したような状態になった。

3＜心情＞自分が「真田さん」や「ケンカ」という言葉を口にしたときのこころの表情の変化を見て，お母さんは，顔が険しくなり，「何かを感じたよう」であった。お母さんは，真田さんとの間にあった何かが，こころが学校へ行かなくなった原因であり，それを解決するためには，自分とこころが一緒に伊田先生と会って話し合わなくてはいけないと感じている。

4＜文章内容＞こころは，伊田先生が真田美織やその周りの子たちに「イダ先」と呼ばれても，怒らず笑っていたときの光景を覚えている。だから，こころは，先生が自分のことを気にかけてくれても，仕事だから気にかけてくれるだけであり，学校の先生たちはたいてい，真田美織のような，活発でクラスの中心になる子の味方だと思っている。

5＜文章内容＞こころは，四月に真田美織たちとの間であった出来事を話せば，お母さんは彼女たちのことを怒ると思っていた。しかし，お母さんは，こころの話を聞いて目に涙を浮かべ，気づかなかったことをわびて，こころを抱き寄せた。お母さんにとって，真田美織たちの行為に対しての怒りよりも，こころの気持ちを理解しなくて申し訳なかったという思いの方が強かったのである。

6＜表現＞こころとお母さんの会話を軸に，こころの回想を挟んで物語が展開し，母が子を理解していく様子が描かれている（ア…×）。十二月の現在の時間の中に，四月の出来事の回想が挿入されたり，伊田先生が来た火曜日の午前中の後，前日の夜のことが描かれたりなど，時間が前後して語られている(イ…×)。お母さんとこころの会話で使われている「――」は，話し手が，言いづらくてためらうときや，相手に伝わる適切な言葉を探すときの間として使われており，地の文で使われている「――」は，文の最後の場合は，語られていることに深みを持たせ，文の頭の場合は，その文が会話であることを示している(ウ…×)。全てが主人公であるこころの視点で描かれているため，お母さんに自分の口から学校へ行けなくなった理由を聞いてほしいこと，伊田先生が気にかけてくれるのは仕事だからと思ってしまうこと，真田美織たちに悪者扱いされて傷ついたことなど，こころの気持ちを，読者は詳しく理解することができる(エ…○)。

7＜要旨＞伊田先生が他の子たちと同じようにこころのことを呼び捨てにしたり，優しく話しかけたりするのは，先生という仕事だからそうしているだけだと，こころは思い込んでいる(ア…×)。こころは，伊田先生が家に来る前の日の夜，真田美織との間であったことを，全てお母さんに話した(イ…×)。お母さんは，自分が「真田さん」や「ケンカ」という言葉を口にしたときのこころの表情の変化から，こころの心情を敏感に感じ取り，また，打ち明けられた話を親身になって聞いて，こころの精神的な助けになろうとしている(ウ…○)。真田美織は，「教室の中で大きな声で話す，休み時間も外で友達とたくさん遊ぶ，溌剌とした」子であるため，自然に皆に好まれて，クラスの中心人物になったと思われる(エ…×)。

二〔論説文の読解―哲学的分野―人生〕出典；諸富祥彦『孤独の達人　自己を深める心理学』。

≪本文の概要≫常に計画的に生きているだけでは，人生の幅が狭くなる。本屋で目的の本だけではなく，気になる本も手に取って見るように，心に誘いかけてくるものに意識を向ける姿勢を保つことで，人生の幅を広げることができる。人生の使命，運命の道は，毎日の同じことの繰り返しの中で，突然姿を現すことがあるから，「寄り道」をしてみると，人生にとって本当に大事なものと出会えることがある。豊かな人生を送るためには，「寄り道」の感覚が大切なのである。その一方で，こだわりたいことには徹底的にこだわることも，重要である。物事に全く執着しなければ，魂の抜けたような人生になってしまう。執着することは，自分の魂を大切にして生きるための重要な役割を果たす。心が満たされた人生を生きるためには，こだわりたいことにとことんこだわる姿勢を保つことが大事であり，そうすることによって，私たちの心は，本当に自由になれるのである。

1＜接続語＞A．忙しいときは，「目的の本だけを買ってすぐに本屋を後にする」方がいいし，今多くの人は「アマゾンで注文してしまう」けれども，「せっかく時間とエネルギーを使って本屋に行ったのだったら，目的の本だけ買って帰るのでは，あまりにもったいない」のである。　B・C．気になるものに「意識を向けて，寄り道をすることが大事」であることについて例を挙げれば(…B)，あるレストランに置いてあったチラシのイベントが気になって行ってみたら，そこで出会った人と交際して結婚することになったり，または，親友が見つかったりするかもしれない(…C)。D．「僕は勉強したい」と言う子どもに，お母さんが「駄目よ，まだ休んでなきゃ。疲れているんだから」と言おうとしたところ，この子は，「僕は徹底的に勉強したいんだ」と言い始めた。

2＜文章内容＞目的の本を探しながらも，「気になる本を手に取ってパラパラめくりながら本屋の中を歩く」というような，心に引っかかるものや気になるものを大切にする姿勢は，「人生の幅を広げてくれる」という利点をもたらす。

3＜文章内容＞「『本屋で本を探すこと』と，人生とは似ている面が」ある(…Ⅰ)。本屋で目的の本を買うだけではなく，気になる本を手に取って見ながら歩くことができるかどうかで，自由を楽しめる精神的なランクの高さ，すなわち，「精神の自由さの度合」がわかる(…Ⅱ)。それを高めて，豊かな人生を送るためには，「『寄り道』の感覚」が重要である(…Ⅲ)。

4＜文章内容＞「これだけはこだわりたいということにはとことんこだわる」という姿勢を保つことは，「心が満たされた人生を生きるためには」大事なことなのである。

5＜文章内容＞物事にこだわらず，手放すだけではなく，「こだわりたいことにはとことんこだわるということが本当の意味での自由」である。

6＜段落関係＞⑪までの段落では，豊かな人生を送るためには，「寄り道」の感覚を持つことが重要であり，計画にこだわらないことの大切さが述べられている。⑫以降の段落では，それまでとは一転して，心が満たされた人生を生きるためには，物事に執着すること，言い換えれば，こだわりたいことには徹底的にこだわる姿勢を保つことが重要である，ということが述べられている。

7＜要旨＞「あらかじめ決めていた目的の本だけを買ってすぐに本屋を後にする」ような，自分で決めたことだけに制限して行動する人は，「時間を無駄にしない，目的合理性に富んだ人」であり，エネルギーも無駄にしない(ア…×)。「毎日の一見シンプルに見える同じことの繰り返しの中で」，いつもとは違う行動をとったり，ふと気になった直感に従ったりすると，例えば，脇道にお寺があり，そのお寺での講座で勉強したことが自分の人生の大事なものになったというように，思いがけないものと出会えることがある(イ…○)。物事にこだわらず，「寄り道」を大事にする，言い換えれば，精神を自由にしていれば，私たちの人生は「突然開かれていくもの」である(ウ…×)。「頑固さは，しばしば柔軟性がないと言われて，低く評価されがち」であり，「損得で考えたら，物事にこだわると損になってしまうことが多い」のである(エ…×)。執着しないことも大切であるが，「心が満たされた人生を生きるためには」，何かに執着することが重要な役割を果たす(オ…○)。

三〔漢字〕

①内容・品質などを念入りに調べること。　②水で溶いた絵の具で描くこと。　③事実とは違うのに，本当にそうであると思い込むこと。　④「寂」の音読みは「静寂」などの「ジャク」。「淋」の音読みは「淋雨」などの「リン」。　⑤音読みは「染色」などの「セン」。

四〔漢字〕

①本当かうそか，ということ。　②「暗礁」は，海面の下に隠れて見えない岩のこと。「暗礁に乗り上げる」は，思わぬ障害があって，物事の進行が妨げられる，という意味。　③葬式を執り行う代表者のこと。　④音読みは「企画」などの「キ」。　⑤訓読みは，他に「さら(に)」がある。音読みは「更新」などの「コウ」。

Memo

Memo

Memo

2019年度　京華高等学校

【英　語】　(50分)　〈満点：100点〉

1　次の英文を読んで，後の問いに答えなさい。

In the same way that humans have a need to communicate, animals have the need to send and receive messages with each other. This communication may be to tell others where food is. It may be to tell others when danger is near. Animals communicate with each other during *mating season to attract *mates or fight off competition. They also use forms of communication to show emotions (　①　) happiness, sadness, or anger.

How do animals communicate ? In movies, animals may talk in language that is clear to humans. But this is not how animals in nature communicate, of course. (　②　), there are actually many things animals do to communicate with each other—and it is usually not the same for different types of animals.

The first and most obvious way that animals communicate is by using sound. [A] If the monkey spots a snake, it will give an alarm call for the other monkeys to climb into the trees. If the monkey spots an eagle, then the alarm call will tell other monkeys to get close to the ground. Another example of an animal that uses sound to communicate is the dolphin. Each dolphin has a unique whistle to identify it. This is similar to calling someone by his or her name. Even more amazing is that scientists think that dolphins have their own language. They think dolphins will whistle to talk to each other about a situation or the day's events.

A second way animals communicate is through nonverbal signals. [B] A cat that is scared or feels that it is in danger will stand with its back high. Bees also use a type of nonverbal communication. They will dance in patterns to tell other bees where and how far food is.

Another type of animal communication is touch. [C] Horses touch their noses together as a sign that they are comfortable with another horse. Some monkeys will touch their hands together to say "Hello."

People, much like animals, also use more than words to communicate with each other. How do you think people use sounds, nonverbal signals, and touch to communicate with each other ?

(注)　mating season　動物の交尾期　　mate　(動物・鳥の)つがいの片方

1．空欄①・②に入る最も適切な語句をそれぞれ1つずつ選び，記号で答えなさい。ただし，文頭に来る語も小文字で書かれている。

ア．in fact　　イ．such as　　ウ．in addition　　エ．even if

2．次の語句が意味する英単語1語をそれぞれ本文中から抜き出しなさい。ただし，(　)内の文字で始まる英単語を答えること。

(1)　everything in the physical world that is not controlled by humans, like wild plants and animals (n)

(2)　being the only one of its kind　(u)

(3)　not using words or speech　(n)

3．空欄 [A] ～ [C] に入る最も適切な英文をそれぞれ1つずつ選び，記号で答えなさい。

ア．For example, those with a pet dog will know how a dog happily moves its tail.

イ．For example, elephants and giraffes will wrap their trunks or necks together if they like each other.

ウ．For example, certain monkeys will give loud alarm calls.

4．科学者は，イルカは独自の言語で何について会話していると考えているか。最も適切なものを1つ選び，記号で答えなさい。

ア．その日の出来事

イ．食べ物のある場所

ウ．天敵の居場所

5．動物がコミュニケーションを必要とする理由として<u>本文中に述べられていないもの</u>を1つ選び，記号で答えなさい。

ア．To tell where food is.

イ．To tell stories about the past.

ウ．To express emotion.

6．人間と動物のコミュニケーションについて筆者の考えを最も正しく述べた文を1つ選び，記号で答えなさい。

ア．People communicate by only using words.

イ．Different animals communicate in different ways.

ウ．Animals talk in language that people can understand clearly.

7．この英文のタイトルとして最も適切なものを1つ選び，記号で答えなさい。

ア．How animals tell each other things

イ．How nature helps communication

ウ．How to talk to an animal

2　次の英文を読んで，後の設問1～10の英文が本文の内容と一致していればTを，一致していなければFを答えなさい。

Westerners in Japan seem to be loud. In Japan, their voices can be heard up and down the train. Their hands fly wildly in gestures.

It's not entirely their fault. Growing up in a country with plenty of space creates a totally different way of thinking.

Still, on behalf of all those noisy Westerners with their big suitcases, Ben would like to apologize. "We're not all like that !" he says.

Ben is a big, tall American guy. You probably wouldn't want to sit next to him on the train. Actually, Ben never sits on the train, because he knows he takes up too much space—and also because he still keeps some old Western habits. In the West, men aren't supposed to sit on the train ; the seats are for women and old people. Ben gets mad when he sees other Western men sitting on the train ; he thinks they've come to Japan and gotten lazy.

Ben isn't lazy. He works for an IT company. He's always been a shy, quiet, hard-working guy. That's why he loves living in Japan. "I hope I can stay here forever," he says. "It is so comfortable for me here."

In America, talking is everything. Families sit around the dinner table talking. Friends sit at the bar talking. Parties require mingling and talking to new people. Work requires networking and presenting ideas.

In New York, where Ben went to college, you can hardly cross the street without someone talking to you. Last time Ben went back to visit, a stranger talked to him about rent prices while he waited for the light to change. Ben just smiled and nodded.

Later, he went to a supermarket to buy some cheese. He picked up one kind that looked good to him. A woman shopping nearby told him to pick a different kind instead. Ben didn't know what to do, if he should listen to the woman or ignore her. He just stood there in the cheese aisle holding two pieces of cheese until the woman went away.

"Why does everyone in America have to have an opinion about everything ?" Ben wondered. He couldn't wait to get back to Japan. There, nobody would talk to him ! In fact, they would often try to get out of his way.

In America, talking is considered natural. So if you don't like it—or aren't good at it—people think there is something wrong with you.

At parties in college, people would ask Ben :

"Why so silent ? Aren't you having a good time ?"

"What's the matter, man ? You're so quiet."

"You don't say much, do you ?"

These questions stressed Ben out. He was having a good time, just in his own quiet way. He was happy just to listen to what other people were talking about—politics or sports, for example—but he didn't really have an opinion on those things. So he didn't really have anything to say about them. And when Ben didn't have anything interesting to say, he preferred not to say it—unlike most Americans !

But still, Ben felt different, and this made him feel sad.

Ben's shy nature also caused problems with dating. In America, the first date always requires lots of conversation. Americans thinks it is important for couples to have similar opinions and ideas. So during the first few dates, men and women talk about their opinions and ideas to see if they match. Sure, eating good food is important, too, but the conversation is the most important thing. However, Ben would be so stressed about what to say that he couldn't even enjoy the meal.

When he didn't say much, Ben could tell that his date was bored. Or that she was uncomfortable with his silence. "What are you thinking ?" she would ask. But Ben could only reply, "Nothing."

Even a movie date was not relaxing for him. This was because he knew that after the movie, he and his date would go to a coffee shop to talk about it. During the movie, he tried to think of interesting things to say.

"This must come naturally to other people," Ben thought. "But not to me."

Ben wished he could meet a woman who was happy just to sit quietly with him. They could enjoy food and movies and the warm space between them—without having to talk about anything.

Ben loved going on dates in Japan. He especially loved dates at Japanese restaurants. He was happy to sit side-by-side at the counters. Sitting face-to-face at a table, there is only the option to talk or stare at the plate of food. It would be weird to just stare silently at each other ! But side-by-side at the counter, there is no pressure to talk. Sitting side-by-side, he felt less shy. Ben was happy to discover this way of dining in Japan.

Also, at the counter, Ben and his date could watch the chef work. Ben liked that ; he thought it was interesting to see how the food was made. He also liked that the staff explained all the different dishes. Every time a new dish came, it gave him a new conversation topic. Ben liked that!

More than anything, Ben liked that the focus was on eating and not talking.

He loved that Japanese restaurants were so peaceful and quiet. Well, except for the pubs. Ben didn't understand Japanese pub behavior. So quiet one minute, Japanese people suddenly would become so noisy upon entering a pub. In Ben's mind, you were either a quiet person or a noisy person. This was a natural condition, not a social one, he thought.

Ben was naturally a quiet person, so he was pretty much quiet all the time. Whether he was in an expensive restaurant or a cheap pub, Ben stayed the same. He didn't understand this double-personality many Japanese people seemed to have. But he didn't mind. At least they didn't make him feel bad about being quiet and shy.

Something else surprised Ben about Japan. Here, he met other Western people who were just like him—shy and quiet. It seemed like he wasn't the only one who felt more comfortable in Japan!

Ben had always thought that he was unusual. However, in Japan, he learned that there were many quiet and shy people in the world! He felt lucky to have met them. He also felt lucky to have found a place where being quiet and shy is considered natural.

"The world is made up of many different kinds of people. And the world is made up of many different kinds of places," Ben says. "It is great when the people and the places match. But sometimes they don't. When that happens, people should travel to find the place that suits them. That's what I did, and I'm so much happier."

"I know there must be some Japanese people who don't match Japan. Maybe they like to talk a lot and have strong opinions. These people should try America!" says Ben.

設問

1. Ben does not sit on the train only because he knows he takes up too much space.
2. In America you have to talk on every occasion.
3. When Ben was shopping at a supermarket, a woman told him not to buy cheese at the supermarket.
4. Ben usually didn't have an opinion on the topics at the parties in college, so he kept quiet there.
5. In America, men and women talk about their opinions and ideas during the first few dates to see if they have similar opinions and ideas.
6. Ben liked to sit side-by-side at Japanese restaurants because he felt he didn't have to talk with his date.
7. Ben didn't like Japanese pubs because people there are not noisy at all.
8. In Japan Ben found a lot of Western people who are shy and quiet like himself.
9. In Ben's opinion people and places are almost similar all over the world.
10. Ben suggests that you should go to America if you like to talk much and have strong opinions.

3　次の各組の英文がほぼ同じ意味になるように，空欄に入る英単語１語を答えなさい。

1．I'm so tired that I can't walk.
I'm (　　　) tired to walk.

2．She is proud that she is a nurse.
She is proud of (　　　) a nurse.

3．Russia is the largest country in the world.
Russia is larger than any (　　　) country in the world.

4．I don't live near the sea, so I can't go swimming every day.
If I (　　　) near the sea, I could go swimming every day.

5．He said, "Lisa is angry."
He said that Lisa (　　　) angry.

6．I was sick, so I went home early.
I went home early (　　　) I was sick.

7．Don't forget to turn the light off before leaving home.
(　　　) to turn the light off before leaving home.

4　次の日本文を英文にしなさい。

1．私たちは子どものころから知り合いです。
2．私はあなたにお会いするのを楽しみにしています。
3．東京から京都までは電車で２時間かかります。
4．子どもたちがその川で泳ぐのは危険だ。
5．私は明日，早く起きなければならない。

【数　学】　（50分）〈満点：100点〉

1

次の各問いに答えよ。

(1)　$-4^3-(-3)^2\times(-2^2)$ を計算せよ。

(2)　連立方程式 $\begin{cases}\dfrac{x+y}{2}-\dfrac{6x-y}{7}=1\\4x+3y=-1\end{cases}$ を解け。

(3)　$x^2-y^2-2x-2y$ を因数分解せよ。

(4)　$(4+\sqrt{2})(4-\sqrt{2})-(3-\sqrt{5})^2$ を計算せよ。

(5)　2次方程式 $x^2+6x-6=ax+3a-8$ の1つの解が4のとき，a の値を求めよ。

(6)　右の図で，点Oは円の中心である。$\angle x$ の大きさを求めよ。

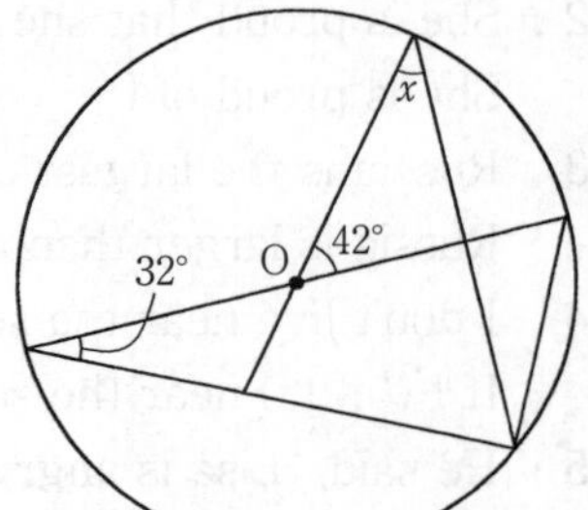

2

大小2個のさいころを投げて，大きいさいころの出た目の数を a，小さいさいころの出た目の数を b とするとき，次の各問いに答えよ。

(1)　a と b の最大公約数が奇数になる確率を求めよ。

(2)　$\sqrt{(a+1)(b+2)}$ が正の整数になる確率を求めよ。

3

右の図のように，直線 $y=\dfrac{1}{2}x$…①と直線 $y=\dfrac{1}{2}x+3$…②がある。点Aは x 軸上の正の部分を動く点であり，Aを通り x 軸に垂直な直線と，直線①，②との交点をそれぞれB，Cとする。また，半直線AO上に，△ACDが直角二等辺三角形となるように点Dをとる。次の各問いに答えよ。

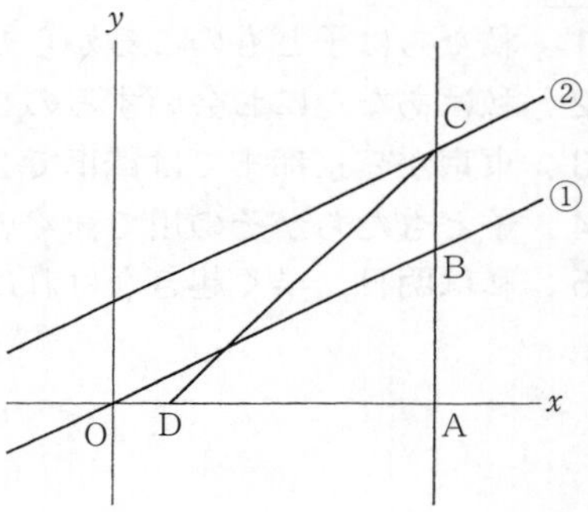

(1)　点Aの x 座標が5のとき，線分BCの長さを求めよ。

(2)　点Dが原点Oに一致するとき，△OBCの面積を求めよ。

(3)　直線①と直線CDの交点をEとする。点Eの x 座標が8のとき，線分ABと線分BCの長さの比を求めよ。

4

右の図のように，放物線 $y=\dfrac{1}{2}x^2$…①と直線 $y=x+12$…②の交点をA，Bとする。また，点Cは①上の点で，x 座標は2である。点Dは線分AB上にあり，△OABと四角形OADCの面積は等しい。次の各問いに答えよ。

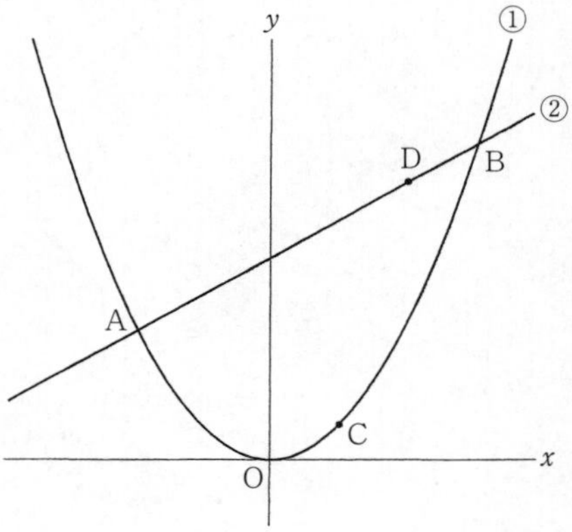

(1)　点Aの座標を求めよ。

(2)　点Dの座標を求めよ。

(3)　線分OBと線分CDの交点をEとする。四角形OADEの面積を求めよ。

5　右の図のように，１辺の長さが８cmの正方形がある。点E，Fはそれぞれ辺AB，BC上の点で，AE＝3BE，BF＝3CFである。次の各問いに答えよ。

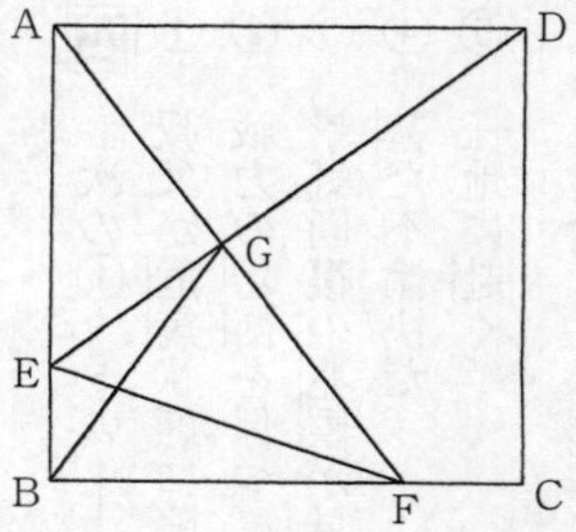

(1)　線分EDの長さを求めよ。

(2)　線分AGの長さを求めよ。

(3)　△GBFの面積は△GEFの面積の何倍か。

6　右の図のように，１辺の長さが２cmの立方体があり，辺AB，ADの中点をそれぞれM，Nとする。次の各問いに答えよ。

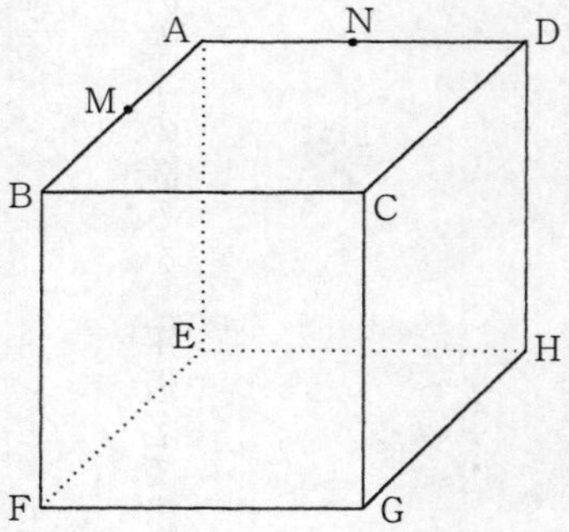

(1)　△MNEの面積を求めよ。

(2)　４点M，N，H，Fを通る平面でこの立方体を切るとき，頂点Cを含む立体の体積を求めよ。

(3)　３点M，N，Gを通る平面でこの立方体を切るとき，切り口の図形の周りの長さを求めよ。

生徒イ「う～ん。それはどうだろうか。たしかに携帯電話は便利だし、私もツイッターなんかのSNSはよく利用するよ。でもSNSを始めてから周りからどのように見られているかばかりを意識するようになったし、情報が多すぎて結局自分が欲しい情報が見つからないことも多い気がする。」

生徒ウ「たしかにそうだね。もともと便利なツールとして作られたはずのネットに依存しすぎている気がする。周りばかり気になるのも、人との関わりが薄れて自分を見失っているからなのかな。そう考えるとネットとの付き合い方を見なおさないといけないかもしれないね。」

生徒エ「そうだね。これからますますグローバルな社会になるはずだから、色々な国や文化の人と会う機会も増えるしね。だからこそ出会った人にすぐに影響を受けたり流されたりすることなく、自分の個性や考えを持つことが一番大切になってくると思うよ。」

三 次の①～⑤の――線部のカタカナを、漢字で書きなさい。

① 外国にボウメイする。
② ハクガイされた民族。
③ 親からのカンショウは避けたい。
④ 計画をキドウにのせる。
⑤ おかしのツめ放題に挑戦する。

四 次の①～⑤の――線部の漢字の読みを、平仮名で書きなさい。

① 叔父が危篤状態に陥った。
② 戦力の均衡を保つ。
③ 景気回復の兆候が見える。
④ 甚だ不愉快だ。
⑤ 任地に赴く。

コンピュータが神になるとは恐ろしいことである。
だからもう一度、情報と機械と人間について、根本から考え直してみなくてはいけない。

（西垣　通『ネットとリアルのあいだ　生きるための情報学』による）

＊注　ヒューマン…人間らしいさま。なお、「ヒューマニズム」は人間らしさを尊重する思想。
ローカル…地域的な。限定的な。
アトム…これ以上分割し得ないもの。原子。
二分心時代…ジュリアン・ジェインズが『神々の沈黙』で提唱したもので、人の心は二つに分かれており、一方は神々の声であったとする時代。

1. ――線部1「歯車のような存在」と同じことを表現している部分を、八字で抜き出しなさい。

2. A・B にあてはまることばとして最も適当なものをそれぞれ選び、符号で答えなさい。
A　ア　独自性　イ　透明性　ウ　偶然性　エ　安定性
B　ア　断片化　イ　実体化　ウ　複雑化　エ　具体化

3. ――線部2に「情報をオープンにする」とありますが、それを説明した次の文の空欄にあてはまることばを指定字数でそれぞれ抜き出しなさい。

人間が Ⅰ（十一字） ときの基準として、一人一人の持つ Ⅱ（六字） を数量データとしてしめす。

4. ――線部3に「『客観的リアル』そのものが、大してあてにならない」とありますが、それはなぜですか。「～から」につづくように六十四字でさがし、初めと終わりの五字をそれぞれ抜き出しなさい。

5. ――線部4「ナイーヴな楽観主義」を説明した部分を「～という考え」につづくように三十六字でさがし、初めと終わりの五字をそれぞれ抜き出しなさい。

6. ――線部5に「サブプライム・ローン破綻」とありますが、「サブプライム・ローン」が「破綻」した原因を説明した部分を「～こと」につづくように十九字で抜き出しなさい。

7. ――線部6に「自分が数値の虜となり、空洞化していること」とありますが、それを説明した次の文の空欄にあてはまることばを指定字数でそれぞれ抜き出しなさい。

ウォール街の金融工学専門家たちが Ⅰ（十七字） を持たずに、人間を Ⅱ（六字） と捉えてしまい、人間の尊厳を奪うということ。

8. 本文の内容の説明としてあてはまるものには「○」、そうでないものには「×」をそれぞれつけなさい。
ア　資本主義は人間を数字で処理して管理することで、最大限の利益を求めようとする特徴を持っている。
イ　本来人間は多様な他者とグローバルにつながる存在であり、特定の社会に組み込まれるべきではない。
ウ　確率は正確な予測を可能にするため、社会の今後の動向を考えることにおいては万能である。
エ　現代社会では人は他者と切り離され孤立することで、結果的に自己を確立できなくなっている。
オ　能力が高い人々は過去の神のように、自分たちに及ばない人々を支配することに必死になっている。

9. 次にしめすのは四人の生徒が「現代社会」について会話している場面である。生徒ア～エがしめした考えのうち、筆者の考えに最も近いものを選び、符号で答えなさい。
生徒ア「現代社会は昔に比べてとても便利になったよね。昔は携帯電話もなかったし、パソコンでメールを送ることもできなかった。インターネットで色々な知識や考えもすぐに検索できるようにもなったし。そう考えると昔よりも物理的にも精神的にも豊かになったと思う。」

って市場はつねに揺れ、およそ安定にはほど遠い。

要するに、市場が数値でおしつけてくる3「客観的リアル」そのものが、大してあてにならないのだ。具体的にはたとえば、少々偏差値のたかい大学卒の肩書きなど、幾度か職場を変わればほとんど就職や昇進の役にたたないのである。

身体的・言語的な「私のリアル」が消失し、空っぽになった自分を感じるとき、ふとネットのなかのアバター（キャラクター）への変身願望が出てこないだろうか。

ＩＴ革命が人間を数値に還元し、アトムのように［B］してしまうと言えば、米国のネット礼賛《らいさん》論者たちは憤慨するだろう。パソコンやネットはもともと人間の尊厳をまもり、主体的な自由をのばすものだというのが彼らの主張である。ＩＴがささえる情報社会は民主的であり、誰もが自由に意見をのべられる。ネットで他の人々と連携し、ビジネスチャンスをひろげることもできる。

そこではヒューマニズムとアメリカン・ドリームとが直結しているのだ。

しかし、4ナイーヴな楽観主義が悲劇をまねくことも多い。その典型例が二〇〇七年におきた5サブプライム・ローン破綻《はたん》による世界的な金融不況だろう。

これは奇妙な事件である。ふつうなら住宅ローンなど借りられない信用度のひくい低所得の人々に「あなたも庭つきの家をもてる」と多額の金を貸し付けていれば、いつか返済がとどこおって大変な事態になるというのは常識だ。破綻しない方がおかしい。

ところが、「破綻はしない」という前提のもとに狂った金融操作をしていたのは、世界でもトップクラスの頭脳集団だった。ウォール街の金融工学専門家たちである。

冷戦終了後、軍事産業にたずさわっていた理系の秀才たちは職をうしない、こぞってウォール街に進出した。彼らはそこで、得意の数学とくに確率論を駆使し、さまざまな金融商品をひねりだした。大ざっぱに言えば、損をするリスクをできるだけ減らし、最大の利益をえるための巧妙な金融商品である。

もちろん、神でない以上、未来のリスクの完全予測などできるはずもない。だが予測が可能だという幻想をあたえるのが確率論なのだ。たとえば住宅ローンが貸し倒れ（返済不能）となる確率の基礎値があたえられたとしよう。そうすると、債権の証券化や保証料によるリスク移転などを組みこんだ、複雑な金融商品のリスクと期待利益が確率論によって理論的に計算できる。つまりそれらは表面上、いかにもリスクの少ない優良商品に化けてしまうのだ。

だが実は、確率論の有効性は応用の仕方で大きくかわる。たとえば、分子の運動から気体の温度や圧力などをみちびく場合は、ぴったり実測値と一致する。これは、ひとつひとつの分子の動作が単純で、しかも数がものすごく多いので、確率の基礎値がきちんと算出できるからだ。

サブプライム・ローンの場合、過去の住宅価格が右肩あがりだったこともあって、貸し倒れ確率を不当に低く見積もっていた。基礎値が不正確なら、確率論の凝った数式も砂上の楼閣にすぎない。こうして世界をまきこむ金融不安がおこった。

人間は分子ほど単純ではない。ウォール街の金融工学専門家たちは、数式操作の名手ではあっても、人間とその行動に対する根本的洞察力がまったく欠けている。

ウォール街の金融関係者やネット礼賛論者たちが、意図的に人間の尊厳を奪い、人間を情報処理単位におとしめているわけではない。むしろ彼らは自分がヒューマニストだとナイーヴに信じている。6自分が数値の虜《とりこ》となり、空洞化していることに気づかないのだ。ここに最大の問題がある。

ぶんぶん唸《うな》りをあげて回っているのは社会的なメガマシンである。人間はみな、コンピュータが出力する数値表を憑《つ》かれたようにのぞき込み、走り回っている。そこに＊二分心時代の「神々」の姿をさがしているのだろうか。

(2) 明良はどのようなことに「不満」を抱いていましたか。四十五字以内でまとめなさい。

8. 本文の特徴の説明に合致するものとして最も適当なものを選び、符号で答えなさい。

ア 新入生のころのできごとを挟み込むことで、明良のバスケットへの熱い思いと部活に戻りたい気持ちを描いている。

イ 「……」という表現を多用することで、真野の自信のなさと説得によって悩む明良の優柔不断な性格を描いている。

ウ 明良の視点で物語を進めており、明良に対する真野の誠実な姿と自分を深く見つめ直す明良の姿を描いている。

エ テンポの良い会話を繰り返しており、真野の仲間への熱い思いと明良のバスケへの冷めた思いを描いている。

二 次の文章を読んで、あとの問いに答えなさい。

チャップリンが一九三〇年代につくった映画「モダン・タイムス」は、産業革命によって傷つけられる人間の尊厳という＊ヒューマンなテーマをあつかった。工場で朝から晩までネジを回している人間は、やがて[1]歯車のような存在にされてしまう。

ではIT革命は何をもたらすのか？――それは「社会全体のメガマシン（巨大電子機械）化」である。すくなくとも現代はその方向に走っている。

「モダン・タイムス」の主人公チャーリーは貧しい工員で、工場の機械の一部とされてしまった。工場での労働はつらいものである。ITによる自動化はチャーリーの労苦をへらし、労働者を単純作業から解放した。だが他方でそれは、頭脳活動をふくめた人間の機械部品化をさらに徹底的にすすめたのである。

かわいそうなチャーリーも、いったん工場をクビになれば、少女と恋をし、二人で夢と自由をもとめるチャンスもあった。だが、社会全体が一個のメガマシンと化したとき、すべての人間はそのなかに機能的な情報処理単位としてキッチリ組みこまれてしまう。労働者だけでなく、投資家も、経営者も、役人も、教員も、学生もみな例外ではない。もう逃げ場はないのだ。

もともと人間とは、家族をはじめとする＊ローカルなコミュニティ（共同体）のなかで暮らす生物であり、そこで身体的・言語的な「全体としての自己」を確立して生活してきた。メガマシンは人間をコミュニティから引きはがし、「私（自己）のリアル」を解体してしまう。

今や人間は、メガマシンのなかの孤立した＊アトムのような行動単位である。なぜなら建前上、人間は自由で平等でなくてはならないからだ。

自由も平等も、伝統的なコミュニティの束縛をきらう人々には快い言葉である。しかしその実質は決してヒューマニズムではない。あくまで競合市場で選び選ばれる「自由」と、その際のハンデの有無をしめす「平等」でしかないからだ。

メガマシンには次のような前提がある。――人間は企業とおなじく、利益の最大化をもとめて合理的行動をおこなう機能単位だ。だから企業を格付けするのと同じように、人間も、成績や年収などのデータで数量的に格付けしなくてはならない。その数値こそが「客観的なリアル」なのであり、市場の［A］をたかめるためには「[2]情報をオープンにする」ことが何より大切なのだ。――何と明快な前提ではないか。

こうして、人間は一群の数値データに還元されてしまう。つまり、ITの処理対象となっていくのである。

もちろん、これは資本主義社会の特徴であって、豊かな消費生活をおくるためには仕方がないと割り切ることはできるだろう。評価数値をあげようとして、組織や人間が努力すること自体は悪いことではない。

しかし問題は、ITの急激な発達によって、組織や人間を評価する数値データが際限なく増え続けるだけでなく、その変動速度がおそろしく大きくなっていることである。投機マネーや政治情勢によ

「待ってるから」

ふり向いて、明良を見る目は、真剣そのものだった。だけど、明良は返事ができなかった。帰っていく真野を、ただだまって見送ることしかできなかった。

（草野たき『リリース』による）

＊注　吉田がキレたあのとき…バスケ部の全国大会常連校から転校してきた小杉は、明良のいるバスケ部に入部したものの、他の部員とかかわろうとしない。小杉と明良がコーチから特別に指導をされていることに不満を持った部員の吉田は、怒りの矛先を小杉に向ける。明良はその様子を見て、小杉に他の部員とかかわるように促した。

1. □にあてはまる漢字一字を答えなさい。

2. ――線部1に「真野だってさ。玄関で待ってるぞ」とありますが、真野が明良のもとを訪れたのはなぜですか。三十字以内で答えなさい。

3. ――線部2に「もう、オレ、バスケやめると思うから、キャプテンたのむよ」とありますが、このときの明良の心情として最も適当なものを選び、符号で答えなさい。

ア　明良が退部した後のキャプテンは真野しか考えられないため引き受けてくれることを期待している。

イ　明良がバスケットボール部を続けることは当然であるかのような顔をしている真野に腹を立てている。

ウ　練習をずる休みしていることを真野にとがめられ、退部しなければならなくなることを恐れている。

エ　バスケットボールに対する情熱を失いつつあり、クラブにいることの意味を見失っている。

4. ――線部3に「自分にあきれて言葉もでない」とありますが、その理由を説明した次の文の空欄にあてはまることばを指定字数でそれぞれ抜き出しなさい。

> 明良は自分の気持ちを理解してもらうために、実は［Ⅰ（十二字）］ことを白状したが、隠してきたつもりのその浮ついた気持ちをみんなに［Ⅱ（六字）］いたことを知ったから。

5. ――線部4に「真野は……くもらせていった」とありますが、その理由として最も適当なものを選び、符号で答えなさい。

ア　あまり思い出したくない過去に触れなければならないと思ったから。

イ　明良のこれまでの努力を否定してしまうことになると思ったから。

ウ　明良に借りをつくっている劣等感をさらけ出すことになると思ったから。

エ　チームがバラバラになってしまったことを認めることになると思ったから。

6. ――線部5に「うちのチームには、恩があるんだ」とありますが、その理由を説明した次の文の空欄にあてはまることばを指定字数でそれぞれ抜き出しなさい。

> 幽霊部員だったころに、チームメイトから［Ⅰ（九字）］ことが、自分の［Ⅱ（三字）］をつくるきっかけになったと考えているから。

7. ――線部6「そんなチームに、不満を持つようになった」について、次の問いに答えなさい。

(1) 「そんなチーム」の説明として最も適当なものを選び、符号で答えなさい。

ア　部員一人ひとりのわがままを互いに許し合うチーム。

イ　実力は及ばないものの練習への意識がとても高いチーム。

ウ　後輩でも実力があれば試合に出場することができるチーム。

エ　努力しようとするメンバーを全力で応援できるチーム。

「でも、オレは声をかけてもらえたのが、スゲーうれしくてさ」
真野は照れているのをかくすように、両手で顔をこすって汗をふいている。
「それで何気ない顔して、体育館にいったらさ。まず、吉田や谷口《たにぐち》がオレのこと見て『おかえり!』っていってくれたよ」
明良はそんな真野をじっと見つめた。
「久野《くの》が『さびしかったわよぉ』って、抱きついてくれて、和田《わだ》が『大丈夫、オレたち全然上達してないから』って、肩組んできたよ」
指先でおでこをぽりぽりとかいて、照れまくっているその様子は、さわやかで、やさしくて、おおらかないつもの真野らしくなかった。
「そして、おまえは夢中になって練習してたよ。スゲー楽しそうに、ボールを追ってたよ」
新入生のころ……。
シュート以外の練習ができるのが楽しくて、パスを受けとるだけで、ドリブルでコートをかけぬけるだけで、爽快だった。愉快だった。興奮していた。
それで将来、プロの選手になりたいという夢を抱くようになったのだ。NBAで活躍するような選手になるのだと、心に誓ったのだ。
「なんか、ここ、いいじゃんて思ったよ。いいヤツらが集まってるじゃんってさ」
弱小チームのくせにはりきって練習する明良のことを、笑うヤツはひとりもいなかった。三年生の引退試合のときは、親切な先輩が「やってみるか?」と試合に出場させてくれたほどだった。そんなひいきは、弱小だから、試合に勝つつもりなんかないチームだからこそ、可能だったのだ。そんな明良を、メンバーはひがむことなく応援してくれた。
「ここにいたいって思ったよ」
6 そんなチームに、不満を持つようになったのはいつからだろう。
「ここを自分の居場所にするんだって、この居心地のよさを自分が守っていこうって思ったよ」
このチームに失望するようになったのは……。
「男子バスケ部は、いいチームだよ」
初めて出場したその試合でボロ負けして、早々と試合会場を去らなければならなかったあのときだ。むなしかった。くやしかった。もっと試合がしたかった。でも、負けたらそれでおしまい。もう試合はさせてもらえない。
バスケを楽しみたかったら、勝たなきゃ意味がないと思った。それなのに、うちのチームはこんなに簡単に負けてしまう。しかも負けたことをちっともくやしがっていない。
メンバーと自分の意識のギャップに、愕然《がくぜん》とした。中学時代をこんなのんきな部活ですごして、今、すでに地区大会で優勝するようなヤツらに、追いつけるのだろうかと、不安になった。
急に心配になったあのときから、チームに不満を持ちはじめた。このノリにそまるわけにいかないと思った。そして、おばあちゃんの家でのシュート練習にくわえて、夜のトレーニングをはじめた。勝つチームにいるヤツらに少しでも追いつくように。里中高《さとなかこう》に入学したときにはすでに手遅れでしたということになっていないように。
「男子バスケ部は弱いけど、いいヤツらが集まってる」
だけど、バスケを楽しいと思わせてくれたのは、ほかでもないこのチームだったからだ。
夢中になっている明良のことを、だれもバカにしなかった。なにがんばっちゃってんの的な邪魔は、一度もされたことがない。だから、練習にこないヤツに「面白いよ」と声をかけてしまうほど、無邪気でいられた。のびのびと、ボールを追いかけていられた。
たとえば小杉みたいに、チームメイトとうまくいってなかったら、どうだっただろう。はたして、バスケを楽しいと思えただろうか。プロになりたいと思えるほど、夢中になれただろうか。
「だからこれ以上、貴重なメンバーを失いたくない。小杉だってちゃんときてるし、後藤にも、やめてほしくない」
真野はそういうと、立ち上がった。

完全に、見透かされている。
「ねぇ、バスケ続けなよ。お父さんの跡を継がなくても、後藤はバスケを続けたほうがいいよ」
　それでもなお、真野は嫌味のない明るい声でいった。
「おまえ、オレをゆるせるわけ」
「ゆるすもなにも、後藤は初めから悪いことなんてなにもしてないじゃん」
　一生懸命に、明良をフォローしているその姿は、まるでテレビドラマの熱血教師みたいだった。
「バスケを本気でやりたかったら、小杉みたいなチームメイトができて舞い上がるのは当然だし、コーチにひいきされたら、うれしいに決まってる。それでも、オレたちにあわせてくれてたじゃん」
「でも、裏切ってた」
　明良は真野の情熱に□をさすつもりでいった。
「でも、チームを見限らないでいてくれた」
　真野も、負けない。
「あのさぁ」
　明良は大きく息を吐いた。
「小杉にしても、オレにしても、どうしてそこまでひきとめようとするわけ？」
　すると、4真野は今までのさわやかな笑顔を少しくもらせていった。
「……恩、がある」
　急に目をふせて、いいにくそうに続ける。
「5うちのチームには、恩があるんだ」
「なんの？」
　少なくとも、明良は真野に恩など売った覚えはなかった。
「おまえ、一年のとき、オレが一時期幽霊部員になってたの覚えてない？」
　真野は立っているのが辛《つら》くなったのか、明良が座っている玄関のたたきに腰をおろした。
「そうだっけ……」
　明良のとなりに座った真野に、さっきのさわやかさはもうなかった。
「入部して、一ヶ月くらいのころかな」
「へぇ」
　明良がおどろけないのも無理はなかった。いちいちだれが、なんて覚えてられないくらいに、頻繁に消えていくのが、男子バスケ部だ。
「オレ、中学受験失敗して、まだふてくされてた時期だったし、こんな弱小チームでやってられるかって、すぐに見限ったんだ」
　そんな理由でやめていくのも、めずらしいことじゃない。
「だけど、ほかにはいりたい部活もなかったし、とりあえず幽霊部員のままでいたんだ」
　真野は背中をまるめてぼそぼそと話し続けていた。
「だけど、毎日退屈でさ。居場所はないし、やりたいことはないしで、スゲーきつかったよ」
　そのころを思いだしているのか、首を倒してうなだれている。
「そんなときにさ。後藤が声をかけてくれたんだよ」
「オレ？」
　また身に覚えのないことをいわれて、明良はすっとんきょうな声をあげた。
「スゲー無邪気な笑顔を見せて『今日、練習こないの？』ってさ」
　明良は必死で自分の記憶の回路をさぐったけれど、まったく思いだせない。
「返事に困って口ごもってたら『最近一年でもゲーム形式の練習に参加させてくれるんだよ。面白いからきたほうがいいよ』って誘ってくれてさ」
「……覚えてない」
　明良の言葉に真野は「やっぱりね」と笑った。

二〇一九年度　京華高等学校

【国語】（五〇分）〈満点：一〇〇点〉

一　次の文章を読んで、あとの問いに答えなさい。

今日が後半の強化練習がはじまる日だということはわかっていた。

お昼近くに、携帯が何度も鳴っていることにも気づいていた。

だけど明良《あきら》は、朝からずっと、茶の間で寝転がってテレビを見ていた。玄関のチャイムが鳴って、台所で片付けをしていた兄ちゃんがあたふたと玄関へとびだしていく。

「おい、友だちだぞ」

明良は兄ちゃんにそういわれても、心も身体《からだ》も動かなかった。

「1真野《まの》だってさ。玄関で待ってるぞ」

「うーん……」

明良はだるい身体を起こして立ち上がると、のろのろと玄関に向かった。

開け放たれた玄関から、気持ちのいい風がはいってくるのを感じると同時に、真野の姿を見つける。真野は玄関に置いてある、兄ちゃんが漬けている梅ジュースのボトルをしゃがんでのぞきこんでいた。

「真野」

明良が声をかけると、真野はゆっくりと立ち上がって、さわやかな笑顔を見せた。

「どうしたの？　今日」

「べつに、どうもしないよ」

明良は玄関のたたきに座って、寝ぐせだらけの頭をもしゃもしゃとかいた。

「2もう、オレ、バスケやめると思うから、キャプテンたのむよ」

「なんで……？」

真野が心配そうな声をだす。

「オレの小三のときの作文、インターハイとか医者になるっていうの、忘れてよ。もう、そういう目標、今は持ってないから」

「どうしたんだよ、なんかあったの？」

やさしい真野のことだ。簡単にあきらめないだろうことは予測がついた。だから明良は大きくため息をつくと、覚悟を決めた。ちゃんと真野が自分をあきらめたくなるような真実を話そうと思った。

「白状するけど、＊吉田《よしだ》がキレたあのとき、オレ、キャプテンとして小杉《こすぎ》と話したわけじゃないんだ」

もうバスケもキャプテンもやめるのだ。本当のことを知られたってかまわない。

「オレ、コーチにひいきされて、小杉とコンビプレイさせてもらって、本当はよろこんでたんだよ。だからあのとき、これからもコンビを強化させようって、ふたりでこっそり自主トレしようって、誘ったんだよ。まあ……きっぱりと断られたけどね」

だけど、真野はちっともおどろかずにうなずいた。

「小杉がきてよろこんでいたのは、わかってたよ」

明良は言葉を失った。

「ほかのヤツらも気づいていたと思う」

そんな失敗は、したつもりがなかった。

「だって、おまえ、小杉がきてから、スゲー生き生きと練習してたもん」

みんなのグチに積極的に参加したし、コーチを揶揄《やゆ》したり、小杉をつき放そうとしてきた。浮かれる気持ちはしっかりかくしてきたはずなのに……。

「あんな後藤《ごとう》を見るの、新入生のころ以来だったよ」

明良は大きく息を吐きながら、頭を抱えた。3自分にあきれて言葉もでない。

「だから、小杉の捻挫がウソだったのがわかったとき、あんなに怒ってたんだろ？」

英語解答

1
1 ①…イ ②…ア
2 (1) nature (2) unique
(3) nonverbal
3 A…ウ B…ア C…イ
4 ア 5 イ 6 イ 7 ア

2
1 F 2 T 3 F 4 T
5 T 6 T 7 F 8 T
9 F 10 T

3
1 too 2 being 3 other
4 lived 5 was 6 because
7 Remember

4
1 We have known each other since we were children.
2 I am looking forward to seeing you.
3 It takes two hours from Tokyo to Kyoto by train.
4 It is dangerous for children to swim in the river.
5 I have to get up early tomorrow.

1〔長文読解総合―説明文〕

≪全訳≫❶人がコミュニケーションを必要とするのと同じように，動物も互いにメッセージを送ったり受け取ったりする必要がある。このコミュニケーションは，他の動物に食べ物のありかを教えるためのものかもしれない。危険が近くに迫っているときに，他の動物に伝えるためのものかもしれない。動物は交尾期に，つがいをひきつけたり競争相手と戦ったりするのに，互いにコミュニケーションをとる。喜びや悲しみ，怒りといった感情を伝えるのにも，コミュニケーションの形式を用いる。❷動物はどのようにしてコミュニケーションをとるのだろうか。映画では，動物は人間にもわかる言葉で話すかもしれない。しかし，これはもちろん，自然の動物がコミュニケーションをとる方法ではない。実際には，互いにコミュニケーションをとるために動物がする多くのことがある――そして，それはたいてい，動物の種類によって異なる。❸動物がコミュニケーションをとる，1つ目の最も明らかな方法は，音を使うことによるものだ。A例えば，ある種のサルは，大きな警告音を出す。ヘビに気づくと，サルは他のサルに木に登るよう警告音を出す。ワシを見つけると，警告音は，他のサルに地面に近づくよう伝える。コミュニケーションをとるのに音を使う動物のもう1つの例は，イルカだ。どのイルカも，自分を特定する独特のホイッスル音を持つ。これは，誰かを名前で呼ぶのと似ている。さらに驚くべきことは，科学者たちが，イルカは独自の言語を持つと考えていることだ。イルカはその場の状況やその日の出来事について互いに話すためにピーピー鳴くのだと，彼らは考えている。❹動物がコミュニケーションをとる2つ目の方法は，非言語の信号によるものだ。B例えば，ペットのイヌを飼っている人は，イヌがうれしそうに尻尾を振ることを知っている。怖がったり危険な状況にいると感じていたりするネコは，背中を高くして立つ。ハチもまた，一種の非言語のコミュニケーションを用いる。食べ物がどこに，どれだけ遠くにあるかを他のハチに伝えるため，いくつかのパターンでダンスをする。❺別のタイプの動物のコミュニケーションは，触れることだ。C例えば，ゾウやキリンは，互いを好きなら鼻や首を巻きつけ合う。ウマは，別のウマといると快適だということを示すサインとして，鼻をくっつける。サルの中には，「こんにちは」と言うために手と手を合わせるものもいる。❻人々も動物と同じように，互いにコミュニケーションをとるために言葉以上のものを使う。互いにコミュニケーションをとるために，人が音や非言語信号，スキンシップを用いることを，あなたはどう思うだろうか。

1＜適語句選択＞①直後の happiness, sadness, or anger「喜び，悲しみや怒り」は，空欄直前の emotions「感情」の具体例なので，イが適切。 *A* such as *B*「*B*のような*A*」 ②直前の３文で，動物のコミュニケーションは人には理解できない方法で行われていることが示されており，空欄の後でその具体的な説明が始まるので，アが適切。 in fact「実際，実は」 actually「実は」

2＜単語の定義＞⑴「野生の動植物のような，人間によって調整されない自然界の全て」―「自然」 ⑵「その種の唯一のものであること」―「独特な」 ⑶「言葉や発話を用いないこと」―「非言語の」

3＜適文選択＞A．直前の文から，音を使うコミュニケーションの話とわかるので，loud alarm calls「大きな警告音」を含むウが適する。 B．直前の文の nonverbal signals「非言語の信号」や，直後のネコの例から，「イヌがうれしそうに尻尾を振る」という動作を含むアが適切。 C．touch「触れること」についての話なので，wrap their trunks or necks together「鼻や首を巻きつけ合う」とあるイがふさわしい。

4＜文脈把握＞第３段落最終文参照。

5＜文脈把握＞ア.「食べ物がどこにあるかを伝えるため」は第１段落第２文，ウ.「感情を表すため」は第１段落最終文に記述がある。イ.「過去についての話を伝えるため」については，記述が見られない。

6＜要旨把握＞第２段落最終文で，「動物たちはコミュニケーションをとるためにいろんなことをし，それは動物の種類によって異なる」という内容が述べられており，第３～５段落でそのコミュニケーションの方法について説明されていることから，イ.「さまざまな動物が違った方法でコミュニケーションをとる」が適する。

7＜表題＞動物のコミュニケーションの方法について述べているので，ア.「動物が互いに物事を伝える方法」が適する。

2〔長文読解―内容真偽―エッセー〕

≪全訳≫❶日本にいる西洋人たちは声が大きいようだ。彼らの声は，日本の電車のあちこちで聞かれる。彼らの手はジェスチャーで大きく振られる。❷全てが彼らのせいというわけではない。たっぷりとした空間のある国で育つと，考え方が全く異なる。❸それでも，大きなスーツケースを持ったそのようなうるさい西洋人たち全員を代表して，ベンは謝りたい。「僕たちみんながそんなふうだというわけではありません！」と彼は言う。❹ベンは大きくて背の高いアメリカ人だ。おそらく，電車で彼の隣に座りたくはないだろう。実際，ベンは電車で座らない。というのも，彼は自分が幅をとりすぎると知っているし――いくつかの古い西洋の習慣を今でも持ち続けているからだ。西洋では，男性は電車では座らないものとされている。座席は女性とお年寄りのためのものなのだ。ベンは，電車に座っている他の西洋人の男を見ると，腹が立つ。彼らは日本に来て怠け癖がついてしまったのだ，と彼は思う。❺ベンは怠け者ではない。彼はＩＴ企業に勤めている。彼はいつも内気で，寡黙で，勤勉な男だ。そんなわけで，彼は日本で暮らすのが大好きだ。「ずっとここにいられたらなあ」と彼は言う。「僕にとってここはとても快適だ」❻アメリカでは，話すことが全てだ。家族は食卓を囲んでしゃべる。友達どうしがバーで座ってしゃべる。パーティーでは，歩き回ってしゃべり，初めての人に話しかける必要がある。仕事では，人脈づくりや考えを述べることが必要だ。[7]ニューヨーク，ベンが大学に通っていた場所だが，そこでは誰かに話しかけられずに通りを渡れることはほとんどない。前回，ベンが戻って訪ねたときは，信号が変わるのを待つ間に，知らない人が家賃について彼に話しかけてきた。ベンはただほほ笑んでうなずくばかりだった。[8]その後，彼はチーズを買いにスーパーへ行った。おいしそうに見えた１つを選んだ。そばで買い物をしていた女性が，代わりに別の物を選ぶように彼に言った。ベンは，女性の言うことを聞くべきなのか無視するべきなのか，どうしたらよいかわからなかった。彼は女性が立ち去るまで，２つのチーズを持ったまま，チーズ売り場に立ちつくしていた。[9]「なぜアメリカの人はみんな，何にでも意見を言わないといけないんだろう？」とベンは思った。彼は日本に戻るのが待ちきれなかった。そこでは，誰も彼に話しかけてこないだろう！　実際，彼らは，彼の好きなようにさせようとしてくれることが多いのだ。[10]アメリカでは，話すことは当然だと考えられている。だから，それを好まない――もしくはそれが得意ではないのなら，人々は，あなたがどこかおかしいと思うだろう。[11]大学のパーティーで，人々はベンに尋ねたものだ。[12]「なぜそんなに静かなの？　楽しんでないの？」[13]「どうかした？　とても静かじゃない」[14]「あんまりしゃべらないんだね？」[15]これらの質問はベンをストレスで参らせた。彼は独自の静かな方法で，楽しんでいたのだ。彼は――例えば政治やスポーツなど，他人が話していることを聞いているだけで楽しかった――が，彼はそれらのことについて，特に意見を持たなかった。だから，彼はそれらについて本当に何も言うことがなかったのだ。そして，言うべきおもしろいことが何もないとき，ベンは話すのを好まなかった――他のアメリカ人たちとは違って！[16]しかし，それでも，ベンは自分が人と違っていると感じており，そのことで悲しくなった。[17]ベンの内気な性質は，デートに関する問題も引き起こした。アメリカでは，初めてのデートには常に，多くの会話が必要だ。アメリカ人は，カップルが同じ意見や考えを持つことは大切だと考える。だから，最初の数回のデートの間，男女は意見や考えが合うかどうか確かめるために，それらについて話すのだ。もちろん，おいしい食べ物を食べることも大切だが，会話は最も大切なことなのだ。しかし，ベンは何を話すかについてストレスを感じすぎて，食事を楽しむことすらできなかった。[18]ベンがあまりしゃべらなかったら，デート相手は退屈だったというだろう。もしくは，彼女が彼の沈黙を不快に感じていたと。「何を考えているの？」とデートの相手は尋ねたものだ。しかし，ベンは，「何も」としか答えられなかった。[19]デートでの映画ですら，彼にとってはリラックスできるものではなかった。映画の後，彼はデート相手と映画について話すために喫茶店に行くと知っていたからだ。映画の間，彼は話すべきおもしろいことについて考えようとした。[20]「他人には，こういうことが自然に思い浮かぶに違いない」とベンは思った。「でも僕には思い浮かばない」[21]ベンは，ただ彼と静かに座っているだけで幸せになれるような女性に出会えたらいいのに，と思った。彼らは食べ物と映画，そして彼らの間の温かい空間を楽しむことができるだろう――何を話す必要もなく。[22]ベンは日本でデートするのが大好きだった。特に日本のレストランでのデートが大好きだった。カウンターで並んで座れるのがうれしかった。テーブルで向かい合わせに座ると，話すか食べ物の皿を見るかしか選択肢がないのだ。黙ってただお互いを見るのは変だ！しかし，カウンターで並んで座ると，話さないといけないというプレッシャーがない。並んで座ると，彼の内気さは薄れた。ベンは日本のこの食事の仕方を知って，喜んだ。[23]また，カウンターでは，ベンとデート相手はシェフが働くのを見ることができた。ベンはそれが好きだった。彼は，食べ物がどのようにつくられるかを見るのはおもしろいと思っていたのだ。店員が全ての異なる料理を説明してくれるのも好きだった。新しい料理がくるといつも，それは彼に新しい話題をくれた。ベンはそれが好きだった！㉔何よりもベンは，焦点がしゃべることではなく食べることなのが気に入っていた。㉕日本のレストランがとても穏やかで静かなのが大好きだった。ただ，パブを除いては。ベンは日本のパブの習慣が理解できなかった。1分前はとても静かだった日本人が，パブに入ると突然騒がしくなるのだ。ベンの頭の中では，人は静かな人か，騒がしい人かのどちらかであった。これが自然な状態で，社交的なものではないのだ，と彼は思っていた。㉖ベンはもともと静かな人だったので，いつでもとても静かだった。高級レストランにいるときでも，安いパブにいるときでも，ベンは同じだった。多くの日本人が持っているようなこの二面性を，ベンは理解できなかった。しかし，彼は気にしなかった。少なくとも，彼らは彼に，彼が静かで内気なことに関して申し訳なく思わせるようなことはなかったのだ。㉗日本について，他のあることがベンを驚かせた。彼はここで，ちょうど彼と同じように――内気で静かな他の西洋人に会った。日本の方が居心地がいいと感じるのは彼だけではないようだった！㉘ベンはいつも，自分は普通ではないと思っていた。しかし日本で，世界には静かで内気な人がたくさんいるのだとわかった！　彼らに会えて運が良かったと思った。静かで内気でいることが自然だと思われる場所を見つけることができて幸運だ，とも思った。㉙「世界は多くの異なる人々でできている。そして，多くの異なる場所でできているんだ」とベンは言う。「人と場所が合っているなら最高だ。でも，そうでない場合もある。そうしたときに，人は自分に合う場所を見つけるため，旅をするべきだ。僕がしたのはそれであり，僕はすごく幸せだ」㉚「僕は，日本が肌に合わない日本人もいるに違いないということを知っている。たぶん，彼らはたくさん話すのが好きで，強い意見を持っているのだろう。こういう人はアメリカに行ってみるべきだ！」とベンは言う。

1.「ベンは電車では座らない。その唯一の理由は，自分が幅をとりすぎると知っているからだ」…×　第4段落第3，4文参照。　2.「アメリカでは，どんな場合でもしゃべらなければならない」…○　第6段落に一致する。　3.「ベンがスーパーで買い物をしていたとき，ある女性が彼に，そのスーパーではチーズを買わないように言った」…×　第8段落第3文参照。　4.「ベンはたいてい，大学のパーティーでの話題に意見を持たなかったので，そこでは静かにしていた」…○　第11～15段落に一致する。　5.「アメリカでは，男女は自分たちが同じ意見や考えを持っているかどうか確かめるために，初め数回のデートでそれらについて話す」…○　第17段落第2～4文に一致する。　6.「ベンは日本のレストランで並んで座るのが好きだった。というのも，デート相手と話す必要がないと感じたからだ」…○　第22段落に一致する。　7.「日本のパブにいる人々は全くうるさくないので，ベンはそこを好まなかった」…×　第25段落第3，4文参照。　8.「ベンは日本で，自分と同じように内気で静かな多くの西洋の人々を見つけた」…○　第27段落に一致する。　9.「ベンの意見では，人や場所は世界中でほとんど同じだ」…×　第29段落第1，2文参照。　10.「たくさん話すのが好きで強い意見を持っているならアメリカに行くべきだ，とベンは薦めている」…○　最終段落に一致する。

3〔書き換え〕

1.「私はとても疲れているので歩けない」　‘so ～ that＋主語＋cannot …’「とても～なので―は…できない」は，‘too ～ to …’で書き換えられる。

2.「彼女は看護師であることに誇りを持っている」　前置詞 of の後にくる動詞は，動名詞(～ing)

にする。 be proud of ～「～に誇りを持っている」

3.「ロシアは世界で最大の国だ」→「ロシアは世界の他のどの国よりも大きい」 ‘比較級＋than any other＋単数名詞’「他のどの～よりも…」で，最上級の意味を表すことができる。

4.「私は海の近くに住んでいないので，毎日泳ぎに行けない」→「海の近くに住んでいたら，毎日泳ぎに行けるのに」 ‘If＋主語＋動詞の過去形，主語＋could＋動詞の原形’で「もし～なら…できるのに」という，現実に反する仮定を表すことができる。

5.「彼は『リサは怒っている』と言った」→「彼はリサが怒っていると言った」 thatの前の動詞(said)が過去形なので，thatの後の動詞も過去形にする。

6.「私は具合が悪かったので，早く帰宅した」 ‘*A*, so *B*’「*A*なので*B*」は，‘*B* because *A*’とも表せる。

7.「出かける前には忘れずに電気を消してください」 ‘forget to＋動詞の原形’「～するのを忘れる」 ‘remember to＋動詞の原形’「～するのを覚えている」

4〔和文英訳―完全記述〕

1.「私たちは子どものころからお互いをずっと知っている」と読み換えて，‘継続’用法の現在完了(‘have＋過去分詞’)で表すとよい。 each other「お互い」

2. look forward to ～ing「～するのを楽しみにする」 toの後が動詞の原形ではないことに注意。

3. ‘It takes＋時間＋from ～ to …’「～から…まで(時間が)かかる」 ‘交通手段’は‘by＋乗り物名’で表せる。このとき，‘乗り物名’にaやtheはつかない。

4. ‘It is ～ for … to ―’「…が〔…にとって〕―するのは～だ」

5.「～しなければならない」は‘must＋動詞の原形’または‘have/has to＋動詞の原形’で表せる。

2019年度／京華高等学校

数学解答

1 (1) -28　(2) $x=-1,\ y=1$
(3) $(x+y)(x-y-2)$
(4) $6\sqrt{5}$　(5) 6　(6) 37°

2 (1) $\frac{3}{4}$　(2) $\frac{1}{6}$

3 (1) 3　(2) 9　(3) 7：3

4 (1) $(-4,\ 8)$　(2) $(4,\ 16)$　(3) 54

5 (1) 10cm　(2) $\frac{24}{5}$cm　(3) $\frac{4}{3}$倍

6 (1) $\frac{3}{2}\mathrm{cm}^2$　(2) $\frac{17}{3}\mathrm{cm}^3$
(3) $\sqrt{2}+2\sqrt{13}$cm

1〔独立小問集合題〕

(1)＜数の計算＞与式 $=-64-9\times(-4)=-64-(-36)=-64+36=-28$

(2)＜連立方程式＞$\frac{x+y}{2}-\frac{6x-y}{7}=1$……①，$4x+3y=-1$……②とする。①×14より，$7(x+y)-2(6x-y)=14$，$7x+7y-12x+2y=14$，$-5x+9y=14$……①′，②×3−①′より $12x-(-5x)=-3-14$，$17x=-17$　∴$x=-1$　これを①′に代入すると，$-5\times(-1)+9y=14$，$5+9y=14$，$9y=9$　∴$y=1$

(3)＜因数分解＞与式 $=(x+y)(x-y)-2(x+y)$ とし，$x+y=A$ とすると，与式 $=A(x-y)-2A=A(x-y-2)=(x+y)(x-y-2)$ となる。

(4)＜平方根の計算＞与式 $=\{4^2-(\sqrt{2})^2\}-\{3^2-2\times3\sqrt{5}+(\sqrt{5})^2\}=(16-2)-(9-6\sqrt{5}+5)=14-(14-6\sqrt{5})=14-14+6\sqrt{5}=6\sqrt{5}$

(5)＜二次方程式―a の値＞与式に $x=4$ を代入して，$4^2+6\times4-6=4a+3a-8$，$16+24-6=7a-8$，$-7a=-42$，$a=6$ となる。

(6)＜図形―円周角＞右図のように，円周上の点をA～Dとし，半径ODの延長が辺ABと交わる点をEとする。弦ACは円の直径であり，∠ABCは半円の弧に対する円周角なので，∠ABC＝90°となる。また，∠CBDは$\overset{\frown}{\mathrm{CD}}$に対する円周角だから，円周角と中心角の関係より，$\angle\mathrm{CBD}=\frac{1}{2}\angle\mathrm{COD}=\frac{1}{2}\times42°=21°$ となる。よって，∠ABD＝∠ABC－∠CBD＝90°－21°＝69°となる。さらに，対頂角は等しいので，∠AOE＝∠COD＝42°，△AOEの外角と内角の関係から，∠DEB＝∠OAE＋∠AOE＝32°＋42°＝74°となる。△DEBの内角の和は180°なので，∠x＝180°－∠ABD－∠DEB＝180°－69°－74°＝37°となる。

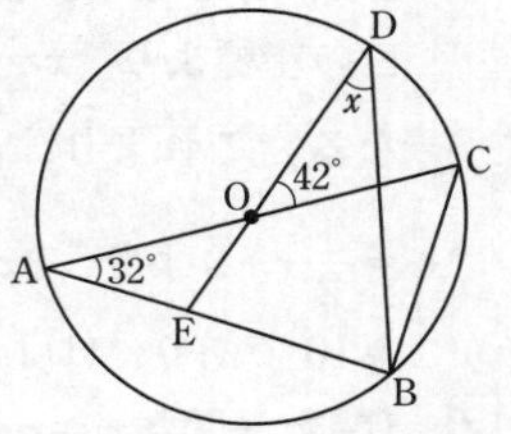

2〔確率―さいころ〕

(1)＜確率＞さいころの出た目の数 a，b の組は全部で，6×6＝36(通り)ある。このうち，a と b の最大公約数が奇数になるのは，a と b の少なくとも一方が奇数となる場合，つまり，(i) a が奇数，b が偶数の場合，(ii) a が偶数，b が奇数の場合，(iii) a と b がともに奇数の場合である。さいころの目は，奇数の目が1，3，5の3通り，偶数の目が2，4，6の3通りだから，(i)の場合は3×3＝9(通り)あり，(ii)の場合は3×3＝9(通り)，(iii)の場合は3×3＝9(通り)ある。よって，a と b の最大公約数が奇数になる場合は，9×3＝27(通り)あるから，求める確率は $\frac{27}{36}=\frac{3}{4}$ となる。

(2)＜確率＞a と b はどちらも1以上6以下の整数なので，$a+1$ は2以上7以下の整数，$b+2$ は3以上8以下の整数である。これより，$(a+1)(b+2)$ の値は最小で2×3＝6，最大で7×8＝56となるから，$\sqrt{(a+1)(b+2)}$ が整数になるのは，$(a+1)(b+2)=3^2,\ 4^2,\ 5^2,\ 6^2,\ 7^2$ となる場合である。$(a+1)(b+2)=3^2=9$ となる場合は $(a,\ b)=(2,\ 1)$ の1通りあり，$(a+1)(b+2)=4^2=16$ となる場合は $(a,\ b)=(1,\ 6)$，$(4,\ 4)$ の2通り，$(a+1)(b+2)=5^2=25$ となる場合は $(a,\ b)=(4,\ 3)$ の1通り，$(a+1)(b$

$+2)=6^2=36$ となる場合は $(a,\ b)=(5,\ 4)$ の1通り，$(a+1)(b+2)=7^2=49$ となる場合は $(a,\ b)=(6,\ 5)$ の1通りある。よって，$\sqrt{(a+1)(b+2)}$ が整数になる場合は，$1+2+1+1+1=6$(通り)あるから，求める確率は $\frac{6}{36}=\frac{1}{6}$ となる。

3 〔関数──一次関数のグラフと図形〕

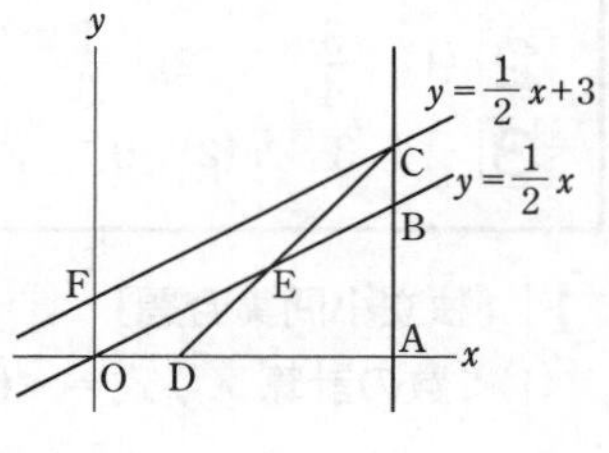

⑴＜長さ＞右図のように，直線 $y=\frac{1}{2}x+3$ と y 軸との交点をFとすると，直線 $y=\frac{1}{2}x+3$ と直線 $y=\frac{1}{2}x$ は傾きが等しいから CF∥BO であり，FO∥CB なので，四角形 OBCF は平行四辺形である。これより，BC＝OF となるので，点Aの座標に関係なく，線分 BC の長さは線分 OF の長さに等しい。よって，直線 $y=\frac{1}{2}x+3$ の切片よりF(0, 3)で，OF＝3 となるから，BC＝OF＝3 である。

⑵＜面積＞右上図の △ACD は直角三角形で，AC＝AD だから，直線 CD の傾きは $\frac{\mathrm{AC}}{\mathrm{AD}}=\frac{\mathrm{AD}}{\mathrm{AD}}=1$ となる。よって，点Dが原点Oに一致するとき，直線 DC の式は $y=x$ となり，点Cはこの直線と直線 $y=\frac{1}{2}x+3$ の交点となる。これら2直線の式から y を消去して，$x=\frac{1}{2}x+3$ より，$2x=x+6$，$x=6$ となり，点Cの x 座標は6である。ここで，△OBC の底辺を BC と見ると，⑴より BC＝3 であり，高さは点Cの x 座標より6だから，$\triangle\mathrm{OBC}=\frac{1}{2}\times3\times6=9$ となる。

⑶＜線分の比＞右上図で，点Eは直線 $y=\frac{1}{2}x+3$ 上にあり，x 座標が8なので，$y=\frac{1}{2}\times8=4$ より，E(8, 4)となる。また，⑵より直線 CD の傾きは1なので，その式は $y=x+b$ と表せる。この式に点Eの座標より，$x=8$，$y=4$ を代入すると，$4=8+b$，$b=-4$ となるので，直線 CD の式は $y=x-4$ となる。これより，点Cは，この直線と直線 $y=\frac{1}{2}x+3$ の交点なので，2式から y を消去して，$x-4=\frac{1}{2}x+3$ より，$2x-8=x+6$，$x=14$ となり，$y=14-4=10$ だから，C(14, 10)である。よって，AC＝10 であり，⑴より BC＝3 だから，AB＝AC−BC＝10−3＝7 より，AB：BC＝7：3 となる。

4 〔関数─関数 $y=ax^2$ のグラフと直線〕

≪基本方針の決定≫⑵　等積変形を利用する。　⑶　四角形 OCBD が平行四辺形になることに気づきたい。

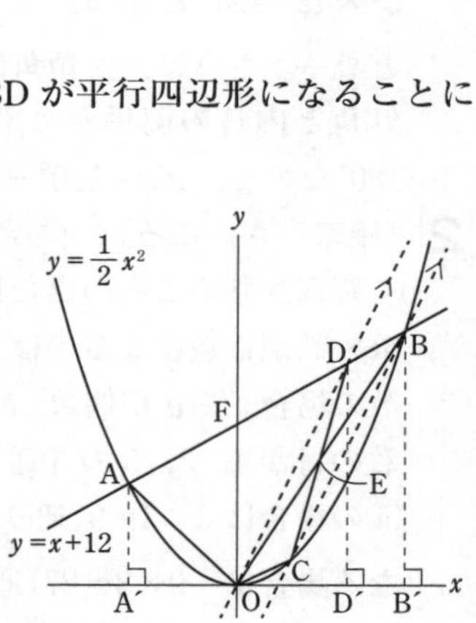

⑴＜交点の座標＞右図で，点Aは，放物線 $y=\frac{1}{2}x^2$ と，直線 $y=x+12$ の交点のうち，x 座標が負の点である。2式から y を消去して，$\frac{1}{2}x^2=x+12$，$x^2=2x+24$，$x^2-2x-24=0$，$(x-6)(x+4)=0$ より，$x=6$，-4 となるので，点Aの x 座標は -4 となる。よって，点Aの y 座標は，$y=-4+12=8$ となるので，A(−4, 8)となる。

⑵＜点の座標＞右図のように，直線 OD，直線 CB を引く。△OAB＝△OAD＋△OBD，〔四角形 OADC〕＝△OAD＋△OCD と見ると，△OAB＝〔四角形 OADC〕だから，△OAD＋△OBD＝△OAD＋△OCD より，△OBD＝△OCD となり，OD∥CB が成り立つ。点Cは，放物線 $y=\frac{1}{2}x^2$ 上にあり，x 座標が2なので，$y=\frac{1}{2}\times2^2=2$ より，C(2, 2)となる。また，⑴より点Bの x 座標は6なので，$y=\frac{1}{2}\times6^2=18$ より，B(6, 18)となる。これより，直線 CB の傾きは $\frac{18-2}{6-2}=\frac{16}{4}=4$ となるから，直

線ODの傾きも4となり，直線ODの式は$y=4x$となる。よって，点Dは直線$y=x+12$と直線$y=4x$の交点だから，2式からyを消去すると，$4x=x+12$より，$x=4$となる。したがって，$y=4\times4=16$より，D(4, 16)となる。

(3)＜面積＞前ページの図のように，直線ABとy軸との交点をFとすると，直線の切片の値が12より，F(0, 12)だから，OF＝12となる。そこで，△OABをy軸によって，△OAFと△OBFに分け，それらの底辺をOFと見ると，高さは2点A，Bのx座標から，それぞれ4，6となる。よって，△OAB＝△OAF＋△OBF＝$\frac{1}{2}\times$OF$\times4+\frac{1}{2}\times$OF$\times6=\frac{1}{2}\times12\times4+\frac{1}{2}\times12\times6=24+36=60$となる。また，C(2, 2)より，直線OCの傾きは1となり，直線ADの傾きと等しいので，OC∥ABとなる。これとOD∥CBより，四角形OCBDは平行四辺形であり，平行四辺形の対角線はそれぞれの中点で交わるので，OE＝BEとなる。よって，△ODE＝△BDEとなるから，△BDE＝$\frac{1}{2}$△OBDである。ここで，3点A，D，Bからx軸に対して垂線を引き，x軸との交点をそれぞれA′，D′，B′とすると，A′(−4, 0)，D′(4, 0)，B′(6, 0)となり，AD：DB＝A′D′：D′B′＝{4−(−4)}：(6−4)＝8：2＝4：1となる。これより，△OAD：△OBD＝4：1となるから，△OBD＝$\frac{1}{4+1}$△OAB＝$\frac{1}{5}\times60=12$である。したがって，△BDE＝$\frac{1}{2}\times12=6$より，〔四角形OADE〕＝△OAB−△BDE＝60−6＝54となる。

5 〔平面図形—正方形〕

≪基本方針の決定≫(2)　合同な図形に着目する。　(3)　共通な辺を底辺としたときの高さの比をとらえる。

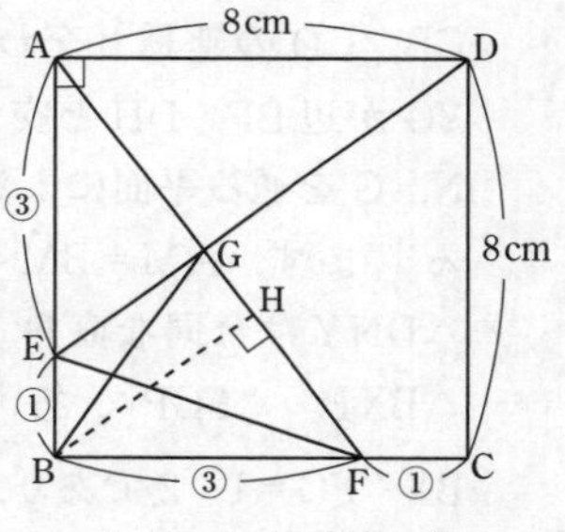

(1)＜長さ—三平方の定理＞右図で，AE＝3BEより，AE：EB＝3：1だから，AE＝$\frac{3}{3+1}$AB＝$\frac{3}{4}\times8=6$となる。よって，△AEDで三平方の定理より，ED＝$\sqrt{\mathrm{AE}^2+\mathrm{AD}^2}=\sqrt{6^2+8^2}=\sqrt{100}=10$(cm)となる。

(2)＜長さ＞右図で，BF＝3FCより，BF＝6となるから，AD＝BA＝8，AE＝BF＝6，∠EAD＝∠FBA＝90°より，△AEDと△BFAは2組の辺とその間の角がそれぞれ等しく，△AED≡△BFAとなる。これより，∠ADE＝∠BAFであり，△AEDと△GEAで，∠AED＝∠GEA(共通)だから，2組の角がそれぞれ等しく，△AED∽△GEAとなる。よって，DA：AG＝ED：EAより，8：AG＝10：6が成り立ち，これを解くと，AG×10＝8×6より，AG＝$\frac{24}{5}$(cm)である。

(3)＜面積比＞(2)で△AED∽△GEAより，∠DAE＝∠AGE＝90°となり，GF⊥EGなので，△GEFの底辺をGFと見ると，高さはEGとなる。また，頂点Bから辺FGに垂線BHを引くと，BHは△GBFの底辺をGFと見たときの高さとなる。これより，△GEFと△GBFは底辺を共有するので，面積比は，高さの比EG：BHと等しくなる。EG∥BHより，△GEA∽△HBAであり，これらの相似比は，AE：EB＝3：1より，AE：AB＝3：(3＋1)＝3：4となる。よって，EG：BH＝3：4より，△GEF：△GBF＝3：4となるので，△GBFの面積は，△GEFの面積の4÷3＝$\frac{4}{3}$(倍)となる。

6 〔空間図形—立方体〕

≪基本方針の決定≫(2)　相似比と体積比の関係を利用する。

(1)＜面積—三平方の定理＞次ページの図1で，AM＝$\frac{1}{2}$AB＝1，AN＝$\frac{1}{2}$AD＝1より，△AMNは直角二等辺三角形なので，MN＝$\sqrt{2}$AM＝$\sqrt{2}\times1=\sqrt{2}$となる。また，△AMEで三平方の定理より，ME＝$\sqrt{\mathrm{AM}^2+\mathrm{AE}^2}=\sqrt{1^2+2^2}=\sqrt{5}$，△AME≡△ANEより，NE＝ME＝$\sqrt{5}$となり，△MNEは二

図1
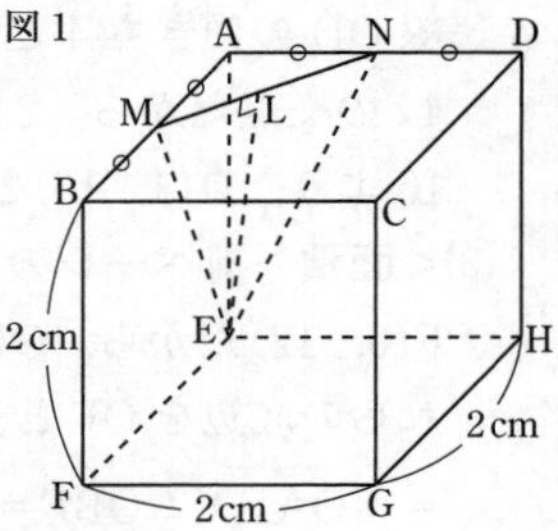

等辺三角形となる。よって，図1のように，△MNEの頂点Eから辺MNに垂線を引き，辺MNとの交点をLとすると，点Lは辺MNの中点となる。$\mathrm{ML}=\frac{1}{2}\mathrm{MN}=\frac{\sqrt{2}}{2}$，$\mathrm{ME}=\sqrt{5}$より，$\mathrm{EL}=\sqrt{\mathrm{ME}^2-\mathrm{ML}^2}=\sqrt{(\sqrt{5})^2-\left(\frac{\sqrt{2}}{2}\right)^2}=\frac{3\sqrt{2}}{2}$となる。したがって，$\triangle\mathrm{MNE}=\frac{1}{2}\times\mathrm{MN}\times\mathrm{EL}=\frac{1}{2}\times\sqrt{2}\times\frac{3\sqrt{2}}{2}=\frac{3}{2}(\mathrm{cm}^2)$である。

図2
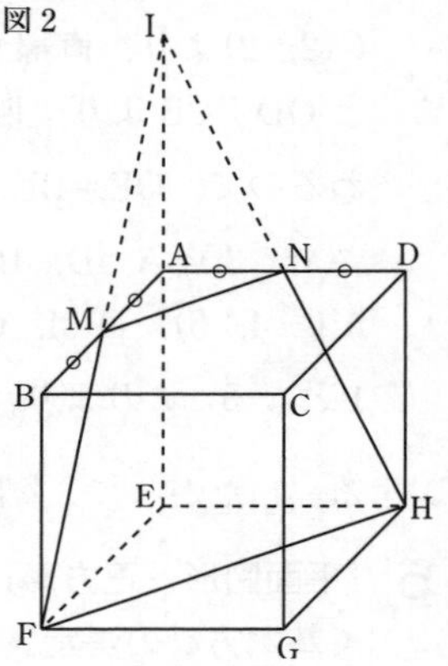

(2)＜体積—相似＞右下図2のように，4点M，N，H，Fを通る平面が辺EAの延長と交わる点をIとすると，〔面EFGH〕∥〔面ABCD〕より，三角錐I-EFHと三角錐I-AMNは相似な立体となる。これらの相似比はEF：AM＝2：1なので，面積比は〔三角錐I-EFH〕：〔三角錐I-AMN〕＝$2^3:1^3=8:1$となる。また，IE：IA＝2：1より，IA：AE＝1：(2−1)＝1：1となるから，IA＝AE＝2である。よって，〔三角錐I-AMN〕＝$\frac{1}{3}\times\triangle\mathrm{AMN}\times\mathrm{IA}=\frac{1}{3}\times\left(\frac{1}{2}\times1\times1\right)\times2=\frac{1}{3}$となり，〔三角錐I-EFH〕：〔三角錐I-AMN〕＝8：1だから，三角錐I-EFHから三角錐I-AMNを除いた立体AMNEFHの体積は，$\frac{1}{3}\times(8-1)=\frac{7}{3}$となる。したがって，頂点Cを含む立体は$2^3-\frac{7}{3}=8-\frac{7}{3}=\frac{17}{3}(\mathrm{cm}^3)$となる。

(3)＜長さ—合同，三平方の定理＞右図3のように，直線MNが辺CB，CDの延長と交わる点を，それぞれX，Yとして，線分XG，YGが辺BF，DHと交わる点をそれぞれP，Qとすると，3点M，N，Gを通る平面による立方体の切り口は，五角形MPGQNとなる。まず，AM＝BM＝1，AN＝DN＝1より，△AMN，△MBX，△DNYは合同な直角二等辺三角形である。次に，BX∥FGより，△BXP∽△FGPであり，BX＝BM＝1，FG＝2より，BP：FP＝BX：FG＝1：2であり，$\mathrm{BP}=\frac{1}{1+2}\mathrm{BF}=\frac{1}{3}\times2=\frac{2}{3}$となる。よって，

図3
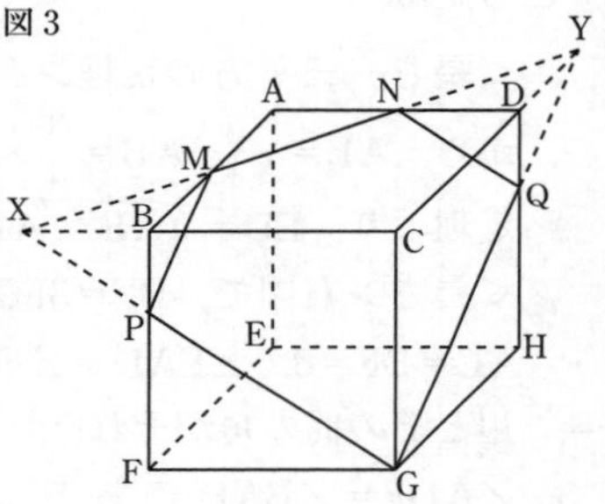

△BPMで三平方の定理より，$\mathrm{MP}=\sqrt{\mathrm{MB}^2+\mathrm{BP}^2}=\sqrt{1^2+\left(\frac{2}{3}\right)^2}=\frac{\sqrt{13}}{3}$となる。さらに，$\mathrm{PF}=\mathrm{BF}-\mathrm{BP}=2-\frac{2}{3}=\frac{4}{3}$なので，△FGPで三平方の定理より，$\mathrm{PG}=\sqrt{\mathrm{PF}^2+\mathrm{FG}^2}=\sqrt{\left(\frac{4}{3}\right)^2+2^2}=\frac{2\sqrt{13}}{3}$となる。そして，五角形MPGQNの対称性により，$\mathrm{NQ}=\mathrm{MP}=\frac{\sqrt{13}}{3}$，$\mathrm{QG}=\mathrm{PG}=\frac{2\sqrt{13}}{3}$となる。したがって，(1)より$\mathrm{MN}=\sqrt{2}$だから，切り口の周りの長さは，$\mathrm{MN}+\mathrm{MP}+\mathrm{PG}+\mathrm{QG}+\mathrm{NQ}=\sqrt{2}+\frac{\sqrt{13}}{3}+\frac{2\sqrt{13}}{3}+\frac{2\sqrt{13}}{3}+\frac{\sqrt{13}}{3}=\sqrt{2}+2\sqrt{13}\,(\mathrm{cm})$となる。

国語解答

一 1 水

2 強化練習を無断で欠席した明良の様子を確かめようと思ったから。(30字)

3 エ

4 Ⅰ 小杉がきてよろこんでいた

Ⅱ 見透かされて

5 ア

6 Ⅰ 声をかけてもらえた

Ⅱ 居場所

7 ⑴…エ

⑵ チームが簡単に試合に負けてしまうことと，メンバーが少しもくやしがっていないこと。(40字)

8 ウ

二 1 工場の機械の一部

2 A…イ B…ア

3 Ⅰ 競合市場で選び選ばれる

Ⅱ ハンデの有無

4 ＩＴの急激～なっている[から]

5 パソコンや～ばすものだ[という考え]

6 貸し倒れ確率を不当に低く見積もっていた[こと]

7 Ⅰ 人間とその行動に対する根本的洞察力

Ⅱ 情報処理単位

8 ア…○ イ…× ウ…× エ…○ オ…×

9 [生徒]ウ[の考え]

三 ① 亡命 ② 迫害 ③ 干渉 ④ 軌道 ⑤ 詰

四 ① きとく ② きんこう ③ ちょうこう ④ はなは ⑤ おもむ

一〔小説の読解〕出典；草野たき『リリース』。

1＜慣用句＞「水をさす」は，物事の進行の邪魔をする，という意味。

2＜文章内容＞今日は「後半の強化練習がはじまる日」だったのにもかかわらず，明良は，練習に行かずに，「朝からずっと，茶の間で寝転がってテレビを見て」いて，「携帯が何度も鳴って」いても，出なかった。真野は，強化練習を欠席した明良のことを気にかけて，様子を見にきたのである。

3＜心情＞小学生のときの明良は，「インターハイとか医者になる」など，将来の目標を持っていたが，今は，「もうバスケもキャプテンもやめる」と考えてしまうほどに，目標を見失い，バスケットボールへの情熱も失いつつある。

4＜文章内容＞明良は，「みんなのグチ」に参加して，「小杉をつき放そうとして」いたが，実は「小杉がきてよろこんで」いた(…Ⅰ)。だが，真野や他のメンバーに，その自分の本心を「見透かされて」いたと知って(…Ⅱ)，明良は，本心を隠せていると思っていた自分にあきれたのである。

5＜文章内容＞真野が明良をチームに引き止めようとするのは，幽霊部員だったとき，明良に声をかけてもらったからである。それを説明するには，自分が精神的に「きつかった」時期のことにふれなければならないため，真野は，話すのを少しためらう気持ちになったのである。

6＜文章内容＞真野は，幽霊部員になって，精神的に「きつかった」ときに，明良や他のチームメイトから，温かく「声をかけて」もらって(…Ⅰ)，チームに戻ることができた。そして，「いいヤツらが集まっている」このチームを，真野は「自分の居場所にするんだ」と思ったのである(…Ⅱ)。

７＜文章内容＞⑴明良のチームは，弱小チームだったが，「はりきって練習する明良のことを，笑うヤツはひとりも」おらず，明良が「三年生の引退試合」に出場したときも，チームメイトは，「ひがむことなく応援してくれた」のである。　⑵初めて出場した試合で負けたとき，明良は，自分のチームが「こんなに簡単に負けてしまう」ことや，他のメンバーが「負けたことをちっともくやしがっていない」ことに不満を持ち，「このノリにそまるわけにいかないと思った」のである。

８＜文章内容＞本文では，バスケ部をやめようとする明良に対して，真野が，明良やチームのメンバーに自分が救われたことを話して，懸命に明良を引き止めようとする姿や，その話を聞いて，明良が，バスケやチームに対する自分の思いを再確認していく姿を，明良の視点から描いている。

二〔論説文の読解―社会学的分野―情報〕出典；西垣通『ネットとリアルのあいだ　生きるための情報学』。

≪本文の概要≫IT 革命は，「社会全体のメガマシン(巨大電子機械)化」を進めた。人間は本来，ローカルなコミュニティの中で，「全体としての自己」を確立する生き物だが，メガマシン化した社会は，人間をコミュニティから引きはがし，「私(自己)のリアル」を解体してしまう。そして人間は，数値データに還元されて格付けされ，IT の処理対象となっていく。だが，IT の急激な発達によって，人間を評価する数値データは際限なく増え続け，しかも変動速度が恐ろしく大きくなっているため，実は，数値によって判断される「客観的リアル」は大してあてにならない。米国のネット礼賛論者は憤慨するかもしれないが，IT に対するナイーブな楽観主義は，悲劇を招くことも多い。例えば，サブプライム・ローン破綻は，確率論によってリスクの完全予測が可能だという幻想を，人間が抱いたことから起きた悲劇である。現代の人間たちは，コンピュータが出力する数値表の虜となってしまっている。もう一度，情報と機械と人間について，根本から考え直してみなくてはいけない。

１＜表現＞「モダン・タイムス」において，工場で働く人間は，人間性を否定され，「工場の機械の一部」である「歯車」のような存在にされて，ひたすら「ネジを回している」作業を繰り返している。

２＜表現＞Ａ．市場の状況について，第三者が明確に判断できるようにするためには，「情報をオープンにする」ことで，客観的な判断材料を示すことが大切である。　Ｂ．IT 革命は，「人間を数値データに還元」することで，人間をコミュニティと切り離して，アトムのように「孤立」させてしまうのである。

３＜文章内容＞人間が「競合市場で選び選ばれる」ときの客観的な判断基準として(…Ⅰ)，一人ひとりの「ハンデの有無を示す」情報を(…Ⅱ)，数量的に明確に示すことが，大切とされるのである。

４＜文章内容＞IT が急激に発達した結果，「組織や人間を評価する」基準となる数値データが，「際限なく増え続ける」うえ，「その変動速度がおそろしく大きくなっている」ので，市場の示すデータの客観性や信頼性が確保できないのである。

５＜文章内容＞「パソコンやネット」が「人間の尊厳をまもり，主体的な自由をのばす」という，米国のネット礼賛論者たちの単純な前向きの考え方は，IT 革命の欠点を無視して，悲劇を招くことにもつながる。

６＜文章内容＞サブプライム・ローンの場合，「貸し倒れ確率を不当に低く見積もって」いて，この不正確な基礎値にもとづいて計算がなされたため，「損をするリスク」は低いという予測が立てられてしまったのである。

7＜文章内容＞人間の行動は本来，分子の動きのように単純ではなく，容易に数値で表すことはできない。だが，ウォール街の金融工学専門家たちは，「人間とその行動に対する根本的洞察力」を欠いたまま(…Ⅰ)，人間を数値データで表して，「情報処理単位におとしめて」しまっているのである(…Ⅱ)。

8＜要旨＞人間は本来，「家族をはじめとするローカルなコミュニティ(共同体)のなかで暮らす生物」だが，現代社会は「メガマシン」となって，人間をコミュニティから引きはがして，「孤立したアトムのような行動単位」にしてしまい，「私(自己)のリアル」を解体してしまっている(イ…×，エ…○)。資本主義社会は，人間を「一群の数値データに還元」して，その数値をもとに人間を「格付け」することで，「利益の最大化」を求めるという特徴を持つ(ア…○)。未来のリスクは，完全予測できるものではないが，確率論は，「予測が可能だという幻想」を人間に与えてしまう(ウ…×)。現代社会の人間は皆，「コンピュータが出力する数値表」を，「二分心時代の『神々』」のように絶対的なものと考えて，数値にとりつかれたように走り回っているが，「コンピュータが神になるとは恐ろしいこと」である(オ…×)。

9＜主題＞現代社会が「コンピュータが出力する数値表」に依存し，人間まで数値データ化した結果，人間は，コミュニティから引きはがされて，孤立してしまっている。インターネットの普及によって，「人との関わりが薄れて自分を見失っている」問題も，そうした現代社会の状況の一例である。だからこそ，「情報と機械と人間について，根本から考え直して」みる必要があるのである。

三〔漢字〕

①「亡命」は，政治的な事情によって，異国に逃れること。　②「迫害」は，弱者を弾圧して，苦しめること。　③「干渉」は，他人の事情や意見に立ち入って，自分の意見を押しつけようとすること。　④「軌道」は，レールの敷かれた道のこと，あるいは，物事の一定の道筋のこと。　⑤ここでの「詰める」は，すきまなく押し込む，という意味。

四〔漢字〕

①「危篤」は，今にも死にそうな状態であること。　②「均衡」は，物事のバランスがとれていること。　③「兆候」は，何かの変化が起きることを示す前触れのこと。　④音読みは「甚大」などの「ジン」。　⑤音読みは「赴任」などの「フ」。

═読者へのメッセージ═

草野たきは，1999年に『透きとおった糸をのばして』という作品で，小説家としてデビューしました。『ハッピーノート』や『ハチミツドロップス』など，小学生や中学生を主人公にした作品を多く書いています。

Memo

Memo

Memo

高校を受験する生徒とご父母のための…

2025 年度用 高校合格資料集

■首都圏有名書店にて今秋発売予定！

内容目次

※表紙は昨年のものです。

1. まず試験日はいつ？
推薦ワクは？競争率は？
2. この学校のことは
どこに行けば分かるの？
3. かけもち受験のテクニックは？
4. 合格するために大事なことが二つ！
5. もしもだよ！
試験に落ちたらどうしよう？
6. 勉強しても成績があがらない
7. 最後の試験は面接だよ！

定価1430円（税込）

2025年度用
高校スーパー過去問

■編集人 声の教育社・編集部
■発行所 株式会社 声の教育社
〒162-0814 東京都新宿区新小川町8-15
☎03-5261-5061(代) FAX03-5261-5062
https://www.koenokyoikusha.co.jp

※本書の内容についての一切の責任は当社にあります。内容・解説・解答その他の質問等は文書にて当社に御郵送くださるようお願いいたします。

京華高等学校

別冊解答用紙

丁寧に抜きとって、別冊としてご使用ください。

★合格者最低点

2024年度	2023年度	2022年度	2021年度	2020年度	2019年度
進　学165	進　学150	進　学150	進　学154	進　学166	進　学142
特　進181	特　進176	特　進179	特　進178	特　進191	特　進179
Ｓ特進221	Ｓ特進207	Ｓ特進203	Ｓ特進201	Ｓ特進220	Ｓ特進212

解けると春が来るんだね。

注意

- ○ 解答用紙は、収録の都合により縮小したものや、小社独自に作成したものもあります。
- ○ 学校配点は学校発表のもの、推定配点は小社で作成したものです。
- ○ 無断転載を禁じます。
- ○ 解答用紙を拡大コピーする場合、表示した拡大率に対応する用紙サイズは以下のとおりです。
  101%～102%＝B5　103%～118%＝A4　119%～144%＝B4　145%～167%＝A3
  （タイトルと配点表は含みません）

２０２４年度　　京華高等学校

英語解答用紙

番号		氏名		評点	／100

1

1

2 ②　③　④　⑤

3

4

5 (1)　(2)　(3)　(4)

2

1 (1)　(2)

2

3

4 (1)　(2)　(3)　(4)

3

①　②　③　④　⑤

⑥　⑦　⑧　⑨　⑩

4

1　2　3　4　5

5

1

2

3

4

5

6

（注）この解答用紙は実物を縮小してあります。Ａ３用紙に156％拡大コピーすると、ほぼ実物大で使用できます。（タイトルと配点表は含みません）

推定配点		計
	1 　1　3点　2，3　各2点×5　4　3点　5　各2点×4 2〜4　各2点×23　5　各5点×6	100点

2024年度　京華高等学校

数学解答用紙

番号		氏名	

評点	／100

1

(1)

(2)

(3) $x=$ 　　　, $y=$

(4)

(5) $x=$

(6) 　　　度

2

(1)

(2)

3

(1)

(2) 　　　皿

(3) 　　　皿

4

(1) $y=$

(2) D（　　，　　）

(3)

5

(1) 　　　cm

(2) 　　　cm^2

(3) 　　　cm^2

6

(1) 　　　cm

(2) 　　：

(3) 　　　cm^3

（注）この解答用紙は実物を縮小してあります。Ａ４用紙に110％拡大コピーすると、ほぼ実物大で使用できます。（タイトルと配点表は含みません）

推定配点		計
	1～6　各５点×20	100点

二〇二四年度　京華高等学校

国語解答用紙

番号	
氏名	

評点	/100

一
1
2
3
4
5
6 Ⅰ こと Ⅱ こと Ⅲ
7

二
1 A B C D
2 ア イ ウ
3
4 (1) (2)
5
6 X Y Z
7

三
① ② ③ ④ える ⑤ く

四
① ② ③ ④ ⑤ る

(注) この解答用紙は実物を縮小してあります。Ａ３用紙に152%拡大コピーすると、ほぼ実物大で使用できます。(タイトルと配点表は含みません)

推定配点	
	一 1～5 各3点×5　6 Ⅰ、Ⅱ 各5点×2　Ⅲ 2点　7 3点 二 1 各3点×4　2 各2点×3　3、4 各3点×5　5 5点 6、7 各3点×4 三、四 各2点×10
計	100点

２０２３年度　京華高等学校

英語解答用紙

番号		氏名	

評点	／100

1

1 ①　②

2

3 (A)　(B)　(C)　(D)

4 (1)　(2)　(3)　(4)　(5)

2

1

2 (1)　(2)　(3)　(4)　(5)

(6)　(7)

3

1 [1]　[2]　2　3

4

1　2　3　4　5

6

5

1

2

3

4

5

（注）この解答用紙は実物を縮小してあります。Ｂ４用紙に143％拡大コピーすると、ほぼ実物大で使用できます。（タイトルと配点表は含みません）

推定配点		計
	1，2　各３点×20 3　１　各２点×２　２，３　各３点×３ 4　各２点×６　5　各３点×５	100点

２０２３年度　　京華高等学校

数学解答用紙

番号		氏名	

評点	／100

1

(1)	(2)	(3) $x=$ 　　,$y=$
(4)	(5) $x=$	(6) $a=$
(7) 　　度		

2

(1)	(2)

3

(1) 　　g	(2) $x=$ 　　,$y=$

4

(1) B (　　,　　)	(2) A (　　,　　)	(3) F (　　,　　)

5

(1) 　　度	(2) 　　cm	(3) 　　cm^2

6

(1) 　　cm^2	(2) 　　cm^3	(3) 　　cm

（注）この解答用紙は実物を縮小してあります。Ａ４用紙に116％拡大コピーすると、ほぼ実物大で使用できます。（タイトルと配点表は含みません）

推定配点		計
	1～6　各５点×20	100点

二〇二三年度 京華高等学校

国語解答用紙

番号
氏名
評点 /100

一
1
2
3
4
5
6
7 (1) (2) (3)

二
1 A B C D
2 初め ～ 終わり から。
3 初め ～ 終わり
4 (1) (2)
5 現代は 初め ～ 終わり から。
6
7 「一般的他者の視点」があることで

三
①
②
③
④
⑤ りた ぶ

四
①
②
③
④
⑤ る ます

(注) この解答用紙は実物を縮小してあります。A３用紙に145%拡大コピーすると、ほぼ実物大で使用できます。(タイトルと配点表は含みません)

推定配点	
一	1～3 各5点×3　4 4点　5 5点　6 各3点×2　7 各4点×3
二	1 各2点×4　2、3 各4点×2　4 (1) 5点 (2) 4点　5、6 各4点×2　7 5点
三、四	各2点×10
計	100点

２０２２年度　京華高等学校

英語解答用紙

番号		氏名		評点	／100

1

1 (1) (2) (3)

2 (1)

(2)

(3)

3 (1) (2) (3) (4) (5)

2

1 ① ② ⑤ ⑥ ⑨

2　3

4

5

3

1 ① ② ③ ④ ⑤

⑥ ⑦ ⑧ ⑨ ⑩

2 ① ② ③ ④ ⑤

⑥ ⑦ ⑧ ⑨ ⑩

4

1　2　3　4　5

5

1

2

3

4

5

（注）この解答用紙は実物を縮小してあります。A３用紙に154％拡大コピーすると、ほぼ実物大で使用できます。（タイトルと配点表は含みません）

推定配点		計
	1 各２点×11 2 １ 各１点×５　２～５ 各２点×４ 3, 4 各２点×25　5 各３点×５	100点

２０２２年度　　京華高等学校

数学解答用紙

番号		氏名	

評点	／100

1

(1)	(2)	(3) $x=$ 　,$y=$
(4)	(5) $x=$	(6) 度

2

(1)	(2)

3

(1)	(2)	(3)

4

(1) $a=$	(2) D (　　,　　)	(3) E (　　,　　)

5

(1) cm	(2) ：　：	(3) 倍

6

(1) cm^3	(2) cm	(3) cm

（注）この解答用紙は実物を縮小してあります。Ａ４用紙に112％拡大コピーすると、ほぼ実物大で使用できます。（タイトルと配点表は含みません）

推定配点		計
	1～6　各５点×20	100点

二〇二二年度　京華高等学校

国語解答用紙

番号　　氏名　　評点　/100

一

1　A　B　C　D

2

3

4

5　Ⅰ　Ⅱ　Ⅲ　Ⅳ

6

7

二

1　A　B　C

2

3

4　初め　〜　終わり

5　ア　イ　ウ　エ

6　(1)　(2)

7

8

三

①　②　③　④　⑤えて

四

①　②　③　④　⑤う

（注）この解答用紙は実物を縮小してあります。Ａ３用紙に154％拡大コピーすると、ほぼ実物大で使用できます。（タイトルと配点表は含みません）

推定配点

一 1、2　各3点×5　3、4　各5点×2　5　各2点×4
6、7　各3点×2

二 1　各2点×3　2　3点　3　5点　4〜8　各3点×9

三、四　各2点×10

100点　計

２０２１年度　京華高等学校

英語解答用紙

番号		氏名		評点	／100

1

1 (1)　(2)　(3)　(4)　(5)

2

3 (1)　(2)　(3)　(4)　(5)

2

1　2　3　4　5　6　7

3

1　2 (1)　(2)　3

4　59 percent.

5 (1)　(2)　(3)　(4)　(5)

4

1　2　3　4　5

5

1　2　3　4　5

6

1

2

3

4

5

（注）この解答用紙は実物を縮小してあります。B４用紙に133％拡大コピーすると、ほぼ実物大で使用できます。（タイトルと配点表は含みません）

推定配点		計
	1　１，２　各３点×６　３　各２点×５ 2　各３点×７ 3　１～３　各１点×４　４，５　各２点×６ 4，5　各２点×10 6　各３点×５	100点

２０２１年度　　京華高等学校

数学解答用紙

番号		氏名		評点	／100

1	(1)		3	(1)	cm^3
	(2)			(2)	秒後
	(3)	$x=$　　　, $y=$	4	(1)	$a=$
	(4)			(2)	オ：　　　カ：
	(5)	$x=$		(3)	
	(6)	cm	5	(1)	：
	(7)			(2)	：　：
	(8)	面		(3)	cm^2
2	(1)		6	(1)	度
	(2)			(2)	cm

（注）この解答用紙は実物大です。

推定配点		計
	1～6　各５点×20	100点

二〇二一年度 京華高等学校

国語解答用紙

番号 | 氏名 | 評点 /100

一

1 A B C D
2
3
4
5
6
7
8

二

1 A B
2
3 初め 〜 終わり 能力
4 がある社会
5
6
7 ア イ ウ エ オ
8 生徒

三

① ② ③ ④ むⓈ⑤ う

四

① ② ③ ④ みる⑤ れた

推定配点

一 1〜5 各3点×8 6 6点 7、8 各3点×2
二 1〜3 各3点×4〔3は完答〕 4 4点 5 7点
6〜8 各3点×7〔6は完答〕
三、四 各2点×10

100点 計

（注） この解答用紙は実物を縮小してあります。Ａ３用紙に152%拡大コピーすると、ほぼ実物大で使用できます。（タイトルと配点表は含みません）

２０２０年度　京華高等学校

英語解答用紙

番号		氏名		評点	／100

1

1 | 2 | 3 | 4 | 5 | 6 | 7 | 8 | 9 | 10

2

1 (1) | (2) | (3) | (4) | (5) | (6) | (7)

2

3

1 | 2 | 3 | 4 | 5

4

1 | 2 | 3

5

1

2

3

4

5

（注）この解答用紙は実物を縮小してあります。Ｂ４用紙に125%拡大コピーすると、ほぼ実物大で使用できます。（タイトルと配点表は含みません）

推定配点		計
	1　各３点×10　　2　1　各４点×７　２　３点　　3～5　各３点×13	100点

2020年度　京華高等学校

数学解答用紙

番号		氏名		評点	／100

1	(1)		3	(2)	$x =$
	(2)		4	(1)	$a =$
	(3)	$x =$ ， $y =$		(2)	C(，)
	(4)			(3)	P(，)
	(5)	$x =$	5	(1)	cm
	(6)	度		(2)	cm
	(7)	$n =$		(3)	：
2	(1)		6	(1)	cm
	(2)			(2)	cm^2
3	(1)	枚		(3)	cm

（注）この解答用紙は実物大です。

推定配点		計
	1～6　各５点×20	100点

二〇二〇年度 京華高等学校

国語解答用紙

番号　氏名　評点 /100

一
1
2
3
4
5
6
7

二
1 A B C D
2 という利点
3 I II III
4
5
6
7 ア イ ウ エ オ

三
① ② ③ ④ しい ⑤ める

四
① ② ③ ④ てる ⑤ ける

(注) この解答用紙は実物を縮小してあります。Ａ３用紙に145%拡大コピーすると、ほぼ実物大で使用できます。(タイトルと配点表は含みません)

推定配点	計
一 1、2 各4点×2 3 10点 4～7 各4点×4 二 1 各3点×4 2 5点 3 各2点×3 4 5点 5、6 各4点×2 7 各2点×5 三、四 各2点×10	100点

２０１９年度　　京華高等学校

英語解答用紙

番号		氏名	

評点	／100

1

1	①		②	

2	(1)		(2)		(3)	

3	A		B		C	

4		5		6		7	

2

1		2		3		4		5	
6		7		8		9		10	

3

1		2		3		4	
5		6		7			

4

1	
2	
3	
4	
5	

（注）この解答用紙は実物を縮小してあります。Ｂ４用紙に137％拡大コピーすると、ほぼ実物大で使用できます。（タイトルと配点表は含みません）

推定配点		計
	1　1，2　各３点×５　３　各４点×３　４，５　各３点×２ ６，７　各４点×２ 2　各３点×10　3　各２点×７　4　各３点×５	100点

2019年度　京華高等学校

数学解答用紙

番号		氏名		評点	／100

大問	小問	解答	大問	小問	解答
1	(1)		3	(3)	：
1	(2)	$x =$,$y =$	4	(1)	A(,)
1	(3)		4	(2)	D(,)
1	(4)		4	(3)	
1	(5)	$a =$	5	(1)	cm
1	(6)	度	5	(2)	cm
2	(1)		5	(3)	倍
2	(2)		6	(1)	cm^2
3	(1)		6	(2)	cm^3
3	(2)		6	(3)	cm

(注) この解答用紙は実物大です。

推定配点		計
	1～6 各5点×20	100点

二〇一九年度　京華高等学校

国語解答用紙

番号
氏名
評点　/100

一
1
2
3
4　Ⅰ　Ⅱ
5
6　Ⅰ　Ⅱ
7　(1)　(2)
8

二
1
2　A　B
3　Ⅰ　Ⅱ
4　初め　〜　終わり　から
5　初め　〜　終わり　という考え
6　こと
7　Ⅰ　Ⅱ
8　ア　イ　ウ　エ　オ
9　生徒　の考え

三
①　②　③　④　⑤　め

四
①　②　③　④　だ　⑤　く

（注）この解答用紙は実物を縮小してあります。Ａ３用紙に145％拡大コピーすると、ほぼ実物大で使用できます。（タイトルと配点表は含みません）

推定配点

一　1　4点　2　6点　3　4点　4　各2点×2　5　4点
6　各2点×2　7　(1)　4点　(2)　6点　8　4点
二　1〜3　各2点×5　4〜6　各4点×3　7、8　各2点×7
9　4点
三、四　各2点×10

計　100点

Memo

高校後見返し